# 大学生
# 心理健康教育

本书编写组　编

广东人民出版社
·广州·

图书在版编目（CIP）数据

大学生心理健康教育 / 本书编写组编. —广州：广东人民出版社，2022.9

ISBN 978-7-218-15912-6

Ⅰ. ①大… Ⅱ. ①本… Ⅲ. ①大学生—心理健康—健康教育—高等学校—教材 Ⅳ. ① G444

中国版本图书馆 CIP 数据核字（2022）第 140491 号

DAXUESHENG XINLI JIANKANG JIAOYU
## 大学生心理健康教育

本书编写组　编　　　　　　　　　　版权所有　翻印必究

出 版 人：肖风华

责任编辑：王庆芳　朱东岳　范先鋆
责任技编：吴彦斌　周星奎

出版发行：广东人民出版社
地　　址：广州市越秀区大沙头四马路 10 号（邮政编码：510199）
电　　话：（020）85716809（总编室）
传　　真：（020）83289585
网　　址：http://www.gdpph.com
印　　刷：广东鹏腾宇文化创新有限公司
开　　本：787 毫米 ×1092 毫米　1/16
印　　张：16　　字　　数：339 千
版　　次：2022 年 9 月第 1 版
印　　次：2022 年 9 月第 1 次印刷
定　　价：42.00 元

如发现印装质量问题，影响阅读，请与出版社（020-85716849）联系调换。
售书热线：（020）85716863

# 《大学生心理健康教育》
# 编 写 组

主　编：刘学兰

副主编：赵才勇　林海峰　钟青霖　于海峰　雍和明

　　　　陈文海　李华钢　杜国安　徐小增　郝世栋

编　者（以姓氏笔画为序）：

　　　　王玉洁　邓志洲　古　琴　卢倩怡　刘泓洋

　　　　关冬梅　江雅琴　李一平　李美华　杨相宜

　　　　余小乔　赵冬梅　贾艳锋　鲁丹凤　曾保春

## 嗨~ 该和心理压力说拜拜了！

快扫码添加智能阅读向导，获取：

**💬 拜拜，沟通压力**
✔ 实用沟通技巧帮你快速提升人际交往能力。

**🤍 拜拜，恋爱烦恼**
✔ 用幽默的方式解读恋爱，恋爱大神教你谈恋爱。

**💼 拜拜，就业迷茫**
✔ 教你如何应对面试，更好地规划自己的职业。

**📖 拜拜，挂科噩梦**
✔ 备考干货分享，再也不怕大学期末考试挂科啦！

**另外，还可聆听：**
★ 心理学专著　★ 心理学知识

微信扫码

# 序 言

我国经济社会的快速发展和巨大变化,特别是2020年新冠肺炎疫情的暴发,对人们的社会心理形成了巨大的冲击,也直接影响着大学生的心理健康状况,大学生的心理问题和心理危机都呈增多的趋势。因此,加强大学生的心理健康教育具有非常重要的意义,这已经成为教育者的共识。在高校加强心理健康教育工作对于个体和社会都具有重要价值。就个体层面而言,心理健康教育能够满足大学生的心理需要,提高其心理素质,形成积极的心理品质,促进其学业成功和良好品德的形成,对于大学生全面和谐的发展具有重要价值。就社会层面而言,心理健康教育不仅可以避免和减少各种突发事件和异常事件,维护社会稳定,促进社会和谐,而且可以以素质教育为载体,为提高国民素质、提高全民族的整体素质作出贡献。

大学生心理健康教育是提高大学生心理素质、促进其身心健康和谐发展的教育,是高校人才培养体系的重要组成部分,也是高校思想政治工作的重要内容。党和政府历来高度重视大学生的心理健康教育工作。2018年7月,中共教育部党组印发了《高等学校学生心理健康教育指导纲要》;2021年7月,教育部办公厅颁发了《关于加强学生心理健康管理工作的通知》。这些文件对大学生心理健康教育的开展进行了明确的指引和规定。

开设心理健康教育课程是大学生心理健康教育的主渠道之一,《高等学校学生心理健康教育指导纲要》中明确指出,要健全心理健康教育课程体系,把心理健康教育课程纳入学校整体教学计划,规范课程设置,对新生开设心理健康教育公共必修课;要完善心理健康教育教材体系,组织编写大学生心理健康教育示范教材,科学规范教学内容。目前,大学生心理健康教育的教材虽然很多,但是针对广东大学生的特点,尤其是针对新冠肺炎疫情以来大学生的心理问题的教材非常少。鉴于此,我们联系和组织了广东财经大学、广东金融学院、华南师范大学、华南理工大学广州学院、广东

轻工职业技术学院、广东文理学院、佛山职业技术学院、阳江职业技术学院、广东东软学院等多所院校的领导和心理学教师，共同编写了这本《大学生心理健康教育》。

我们希望通过本教材的学习，大学生可以了解心理健康的基本知识，树立心理健康意识，掌握心理调适的方法，并由此提高全体学生的心理健康水平。我们在编写过程中，无论在内容的选择还是体系的构建上，都注意体现以下几个特色：（1）科学性。作为教材，科学性是其最基本的要求。在学科内容上我们力求概念准确、原理清晰，帮助学生掌握科学的心理学知识，形成正确的心理学观念。（2）应用性。我们遵循应用性原则，围绕大学生常见的心理现象及心理问题进行阐述，以问题解决为导向，强调理论和实践的结合，重点突出面对问题"如何做"，给学生切实的指导和帮助。这些内容都是大学生在生活、学习和今后的工作中迫切需要的，能满足他们的实际需求。（3）时代性。本教材选取了学习、情绪、压力与挫折、人际关系、恋爱、亲子关系、网络生活、求职择业等方面的内容，构建了内容体系，特别针对疫情下大学生的心理健康和心理问题进行了分析和阐述，使教材具有了鲜明的时代特点。（4）可读性。本教材在内容叙述上力求通俗易懂、引人入胜，尽量采用浅显易懂的语言，选用贴近实际的案例。在形式上，设置了丰富的版块，每一章都有"案例""人生名言"等，激发大学生的学习兴趣。

参加本书编写的专家教师分工如下：第一章，广东东软学院佘小乔；第二章，广东东软学院李一平；第三章，广东文理学院刘泓洋，阳江职业技术学院古琴；第四章，广东财经大学李美华；第五章，佛山职业技术学院江雅琴；第六章，华南理工大学广州学院贾艳锋，阳江职业技术学院关冬梅；第七章，广东轻工职业技术学院王玉洁，阳江职业技术学院关冬梅；第八章，广东金融学院杨相宜、赵冬梅；第九章，华南理工大学广州学院鲁丹凤；第十章，广东财经大学邓志洲；第十一章，广东金融学院卢倩怡、赵冬梅；第十二章，华南师范大学曾保春。最后由本人进行了修改和统稿。

本书在撰写与出版过程中，得到了广东人民出版社的大力支持，在此深表感谢。在编写过程中，我们参考了国内外大量的相关文献，在此谨向所附参考文献的原作者致以诚挚谢意。由于能力与水平所限，书中定有不少疏漏和不当之处，恳请同行专家和读者朋友不吝指正。

刘学兰

2022年7月于华南师范大学

# 目录

## 第一章 疫情下大学生心理健康概述

第一节　疫情下大学生的心理健康状况……………………………… 2

第二节　心理健康概述………………………………………………… 5

第三节　大学生的心理发展任务……………………………………… 8

## 第二章 大学生生活的心理适应

第一节　大学生的心理特点……………………………………………13

第二节　大学生的心理适应……………………………………………19

第三节　大学生常见适应问题及原因分析……………………………22

## 第三章 大学生的自我意识与人格完善

第一节　大学生自我意识概述…………………………………………28

第二节　大学生自我意识的发展………………………………………33

第三节　大学生的人格特点与健全人格培养……………………………………43

# 第四章
## 大学生压力管理与挫折应对

第一节　压力概述…………………………………………………………54
第二节　挫折概述…………………………………………………………58
第三节　大学生常见挫折及应对…………………………………………62

# 第五章
## 大学生学习与创新心理

第一节　大学生学习心理概述……………………………………………76
第二节　大学生的学习策略………………………………………………86
第三节　大学生的创新心理………………………………………………95

# 第六章
## 大学生的情绪与情感

第一节　情绪概述…………………………………………………………105
第二节　大学生的情绪问题及管理………………………………………111
第三节　我的情绪我做主…………………………………………………114

## 第七章
## 大学生人际关系与社会支持

第一节　大学生人际关系概述 ………………………………………… 119

第二节　大学生人际关系中的心理效应及心理障碍 ………………… 125

第三节　大学生人际交往的原则与技巧 ……………………………… 129

第四节　走出人际困境与冲突 ………………………………………… 132

## 第八章
## 大学生恋爱及性心理

第一节　爱情心理概述 ………………………………………………… 137

第二节　大学生恋爱问题及调适 ……………………………………… 144

第三节　大学生性心理问题及调适 …………………………………… 151

## 第九章
## 大学生的亲子关系

第一节　疫情下大学生亲子关系的特点 ……………………………… 162

第二节　亲子关系与个体心理发展 …………………………………… 167

第三节　建立和谐的亲子关系 ………………………………………… 170

## 第十章
## 大学生互联网行为的自我管理

第一节　网络对大学生的影响 ………………………………………… 176

　　第二节　大学生网络使用中的自我管理问题 …………………… 184

　　第三节　解决大学生网络心理问题的主要措施 ………………… 191

## 第十一章
### 大学生职业生涯规划与求职心理

　　第一节　职业生涯规划概述 ……………………………………… 202

　　第二节　如何进行自我评估 ……………………………………… 211

　　第三节　大学生求职心理问题及调适 …………………………… 219

## 第十二章
### 疫情下大学生心理问题及调适

　　第一节　疫情下大学生的心理问题 ……………………………… 228

　　第二节　大学生常见的心理障碍及防治 ………………………… 235

　　第三节　疫情下大学生心理的调适 ……………………………… 241

# 第一章 疫情下大学生心理健康概述

## 心理 引言

新冠肺炎疫情从2019年底暴发以来，已经两年多了。目前疫情防控形势依然严峻复杂。2022年4月29日，在国务院新闻办举行的新闻发布会上，国家卫生健康委员会副主任李斌介绍，我国新冠肺炎疫情防控经历了四个阶段。第一阶段，突发疫情应急围堵阶段。用了三个月左右取得了"武汉保卫战""湖北保卫战"的决定性成果，成功阻断了疫情本土的传播。第二阶段，常态化防控的探索阶段。以核酸检测为中心扩大预防，用2—3个潜伏期控制住疫情。第三阶段，全链条精准防控、动态清零阶段。立足抓早抓小抓基础，充分利用疫情发生后黄金24小时，力争在一个潜伏期左右控制住疫情。当前，我国已经进入全方位综合防控"科学精准、动态清零"的第四个阶段。

这是一场旷日持久的"战疫"，令每一个身处其中的人都感受到了压力和焦虑。高校是疫情防控的重要阵地，大学生的学习状态和生活方式都因为疫情而发生了巨大变化，居家隔离、返校复学、校园管控、线上教学等种种变化让学生的心理状态也发生了改变。有些学生因为不能适应这些变化产生了各种负面情绪和行为问题，甚至产生了心理疾病。如何提高大学生的心理"免疫力"，筑牢大学生的心理防线，是摆在各高校面前的重要问题。

### 思考

面对突发的疫情，人们在不同阶段会出现各种心理、情绪和生理问题，这是必然的"心理应激反应"。如疫情暴发初期的震惊、焦虑、恐慌；疫情中的悲观、愤怒、麻木、困惑、心力交瘁、无意义感、不安全感、失控感等；疫情结束学生返校后适应问题，对生活、学习场景的重新适应，疫情期间长期无聊懒散状态的延续而带来的身心痛苦。两年多过去，疫情尚未结束，防控压力依然很大，大学生依然接收源源不断的国际国内疫情信息，这可能给学生带来一定程度的心理压力。同时，因为疫情防控的需要，大学生返乡返校、出入校园都受到限制和影响，在自由受限情况下学生容易出现焦虑、烦躁等情绪，这些身心问题势必会给学生造成巨大的困扰。

公共卫生事件突发后开展及时有效的心理危机干预是国家救援体系的重要组成部分。疫情下大学生的心理状态如何？高等院校应如何引导大学生调整好心态、顺利度过疫情时期？

### 名人说

尊重生命、尊重他人也尊重自己的生命，是生命进程中的伴随物，也是心理健康的一个条件。
——艾瑞克·弗洛姆

真正有学问的人就像麦穗一样：只要它们是空的，它们就茁壮挺立，昂首睨视；但当它们成为臻于成熟、饱含鼓胀的麦粒时，它们便谦逊地低垂着头，不露锋芒。同样，人类经过了一切的尝试和探索，在这纷纭复杂的知识和各种各类的事物之中，除了空虚之外，找不到任何坚实可靠的东西，因此就抛弃了自命不凡的心理，承认了自己本来的地位。
——蒙田

如果做好心理准备，一切准备都已经完成。——莎士比亚

人只有在紧张的心理节奏中，才会体验到生活的意义。——松下幸之助

你若想尝试一下勇者的滋味，一定要像个真正的勇者一样，豁出全部的力量去行动，这时你的恐惧心理将会为勇猛果敢所取代。
——丘吉尔

# 第一节
## 疫情下大学生的心理健康状况

新冠肺炎疫情给社会全方位都带来了巨大影响，没有哪个人能够置身事外，社

会大众的心理健康状况也受到了巨大冲击。人们的心态从最开始的震惊无措、紧张恐惧，到支持、配合政府防控疫情，从2020年春节到现在，每个人的神经都被疫情牢牢牵引。随着疫情渐明，人们的注意力开始转向内心，疫情过后的心理问题会慢慢浮现，罹患心理疾病的人数可能会增多，一些人表现出悲观、沮丧、焦虑、抑郁，甚至无法面对疫情中的失去等。因此，疫情过后心理健康问题更应该得到重视。

疫情后大学生群体常见的心理健康问题有以下几种。

（1）睡眠问题：在疫情期间长久压力下的普通大众，或者宅在家里失去了往日生活规律，变得孤独、寂寞、无聊的人们，睡眠的节律变得紊乱，很多人会出现失眠（入睡困难）、早醒、睡眠不适、多梦、昼夜节律颠倒、醒后疲乏不振作等。原有的睡眠问题也可能复发、加重。

（2）强迫行为：具体表现在强迫性洗手、过度清洁等方面。因为新型冠状病毒通过飞沫、接触、气溶胶传播，疫情期间对洗手、消毒、通风都非常重视，在疫情结束后，仍然可能由于紧张导致这些过度清洁行为持续或强化。

（3）紧张、焦虑：疫情在我国虽然得到了有效的控制，但还远未结束，未来仍然充满了不确定性。面对不确定性，人很容易产生紧张、焦虑的情绪。担心疫情卷土重来，担心社会经济发展受影响，担心学习效果不好，担心就业困难……这些担心让有的大学生过度敏感，提心吊胆，焦虑不安。

（4）消极悲观、抑郁情绪：疫情过后，有的人看淡了一切，对生活、未来丧失了信心，丧失了对事物的兴趣，情绪变得消极悲观、抑郁、颓废，甚至自暴自弃等。

（5）网络、游戏、烟、酒精成瘾行为：为了转移注意、打发居家隔离时间，可能会带来物质滥用的风险，酒量、烟瘾逐步加大，上网时间过长，手机游戏难以中断，这些都预示着成瘾行为的形成。

（6）社交退缩：长期宅在家中无法适应外界环境，或因害怕感染而拒绝出门复学，回避与人交往。

（7）躯体症状：长期的紧张压力之下，情绪反应可能都会由躯体症状表达，比如心慌、胸闷、胃口不好、失眠、恶心、呕吐、头晕、疲乏、周身不适、疼痛等。

（8）精神疾病复发：疫情期间因就医不便导致断药、减药，或是因疫情因素引起精神疾病复发。

（9）病耻感：有的人因为自身感染或被隔离而遭到其他人的歧视，自身在这种无形的压力下会变得自卑、敏感、回避见人等。

（10）创伤后应激障碍：当高危人群（受疫情影响较大的人群）长时间被各种负面情绪困扰，疫情之后可能会出现创伤性再体验症状，即脑海中反复出现事发时的负

面感受，表现为做噩梦、回避社交、情感麻木、易激怒、警觉性增高症状、神经过度敏感等，甚至出现严重的抑郁情绪、自伤自杀行为。

大学生小亮平时是一个安静、话不多的男生，作为学习委员，小亮耐心认真、很负责任。真正地关注并了解小亮是在这场疫情中。2020年2月中旬的某一天，小亮给班主任发消息讲述了自己因为太过于担心自己的身体健康状况而导致体温异常，小亮还曾经到当地的医院去做了相关检查，医生告诉小亮，他的身体并无大碍，只是小亮最近太焦虑了。但是这样的诊断结果并不能让小亮彻底放下心来，小亮还时而出现体温升高的情况。前几天，听到复学的相关消息，小亮还主动咨询辅导员，学校有没有志愿者的岗位，他可以倾力付出。

### 案例分析

大学生小亮产生这样的心理问题，主要有以下几个方面原因。

首先，不合理的想象。由于小亮所在的地方离湖北较近，当时面对湖北疫情的严峻形势，小亮会不自觉地联想并过高地预估疫情在自己所在地的情况，这符合心理学中的"台风眼"效应。正是这些不合理的想象造成了自身心理上的恐慌，进而产生了生理反应，因此身体也会出现一些不舒服的感觉，比如心慌、头疼和疲劳等反应。

其次，疫情打乱了小亮的日常生活，小亮过于关注疫情。疫情居家隔离期间，我们的生活只是局限在家庭这个范围之内，这样局促的空间限制了我们与外界的交流，使我们的注意力过多地集中在疫情发展上，而不是主动地与家人、朋友交流、谈心等。在谈话中，小亮不止一次谈到自己因为过度关注自己的体温，控制不住上网搜索关于疫情的消息、自己这种情况产生的原因和相关的治疗方法。这样的心理和行为造成了心理的紧张感。

再次，相关科学知识的缺乏导致小亮出现心理应激反应。在突发事件来临时，我们会不自觉地产生紧张、担心、焦虑等情绪，这是正常的生理反应，也是人体自我保护的正常情况。但是小亮没有认识到这一点，老是疑心自己身体有病，用不断向医生确认这种方式来缓解自己的恐慌和焦虑。如果让小亮了解到这种焦虑和恐慌是正常的生理现象，就会具有较好的安抚和减压效果。

## 第二节 心理健康概述

### 一、心理健康的概念

《辞海》（2019版）对健康的定义为人体各器官各系统发育良好、功能正常、体格健壮、精力充沛；同时还要有良好的劳动效能，社会上和谐相处的表现和处理各种危险因素及应激的能力。通常以人体测量、体格检查和各种生理指标来衡量。这里，显然对健康的理解考虑的仅仅是身体健康方面。而世界卫生组织对健康的定义为，健康乃是一种生理、心理、道德和社会适应完善的状态，而不仅仅是没有疾病和虚弱的状态。此定义不仅描述了健康应该包括身体健康、心理健康、道德健康与社会适应健康四个方面，而且指出了健康是达到一种完满状态。第三届国际心理卫生大会对心理健康的定义为：心理健康是指在身体、智能以及情感上与他人的心理健康不相矛盾的范围内，将个人心境发展成最佳状态。具体表现为身体、智力、情绪协调适应环境，人际关系中彼此谦让，有幸福感；在工作和职业中，能充分发挥自己的能力，工作效率高。心理健康是能够充分发挥个人的最大潜能，能妥善处理和适应人与人之间、人与社会环境之间的关系。具体地说心理健康有两层含义：一是心理功能正常，没有心理疾病；二是能积极调节自己的心理状态，顺应环境，能有效地、富有建设性地完善个人生活，并具有一定积极发展的心理状态。

### 二、心理健康的评定标准

人的心理怎样才算健康，以什么作为健康的标志，是一个很复杂的问题。因为心理健康与不健康之间没有绝对的界限，也没有一个公认的、一致的标准。但是已有许多心理学家从不同的角度进行积极的探索，提出了各种观点。美国学者坎布斯认为一个心理健康、人格健全的人应该有四种特质：积极的自我观念、恰当地认同他人、面对和接受现实、主观经验丰富，这种观点可供参考。

著名心理学家马斯洛和密特尔曼提出人的心理是否健康的10条标准：①是否有充分的安全感；②是否对自己有较充分的了解，并能恰当地评价自己的能力；③自己的生活理想和目标能否切合实际；④能否与周围环境保持良好的接触；⑤能否保持自身人格的完整与和谐；⑥是否具备从经验中学习的能力；⑦能否保持适当和良好的人际关系；⑧能否适度地表达和控制自己的情绪；⑨能否在集体允许的前提下，有限度地发挥自己的个性;⑩能否在社会规范的范围内,适度地满足个人的基本要求。黄希庭、郑涌等综合各家的见解,将心理健康者的特征归纳为积极的自我观念、面对现实认知情绪、热爱生活、丰富的人生经验四方面,这些观点都有参考价值。

当代心理卫生工作始于20世纪初,至今已有百余年历史,其基本宗旨为"完全从事慈善的、科学的、文艺的、教育的活动,致力于维护世界各国人民的心理健康,增强对精神疾病与心理缺陷的研究、治疗和预防,增进全人类的幸福"(首届国际心理卫生大会,美国华盛顿,1930年)。其中心理卫生评估工作者研制了各种系统的评估方法,从生理、心理和社会诸方面了解个体或群体心理卫生状况,为开展心理卫生工作提供了大量的系统性科学依据,使心理卫生临床实践和科学研究更具科学性。

## 三 心理健康的判别依据

人心理是否健康?目前常用的判别依据有以下几种。

1. 统计常模

假设人的各项心理特质的测量值在人群中是呈正态分布的,一个人的某项心理特质的测量值如果偏离常模,他在这一方面就有可能是不健康的。例如,一个人在接受心理测试后被告知焦虑得分远远高于平均值,那意味着他比大多数人更焦虑。

2. 社会规范

一个人的行为如果符合社会规范、道德准则就被判断为健康的、正常的;偏离社会规范、道德准则的行为就被判断为不健康的、异常的。

3. 生活适应

生活适应良好者就是健康的;适应困难,给社会与个人造成危害的就是不健康的。

4. 主观感受

个体的主观感受如何,是消极的还是积极的,消极程度如何,这是我们判断一个人心理是否健康的重要依据。心理不健康的人,具有焦虑、忧郁、伤心、恐惧、烦躁等很多消极的主观感受,其主观体验是痛苦的。

5. 心理成熟度

一个人身心两方面成熟程度相当者就是心理健康的;心理成熟度远低于同龄人就是异常的。

需要强调的是,上面的每一项依据都不是万能的,都不能作为唯一的依据来对心理是否健康下结论。并非所有符合统计常模的行为都是正常的,并非所有不符合社会规范的行为都是异常的,并非所有主观体验积极愉快的都是健康的。例如,一些重度的精神病患者，虽然其心理出了严重问题，但他本人丝毫没有痛苦的感受，情绪愉快，精神饱满。他的行为完全不符合社会规范，也无法适应社会环境。因此，我们在判断一个人心理是否健康，不能只凭借一个依据来判断，要有综合的依据和慎重的态度。

> 小侯是某高校文科学院一名大二学生，来自农村，家庭经济困难，父亲有精神疾病史，母亲务农。小侯平时给辅导员印象：性格略孤僻，自尊心强，腼腆内向，话少，眼神非常小心，不愿与陌生人交流，宿舍关系基本和谐，但本人有比较严格的卫生习惯和防护意识，学习成绩优秀。疫情期间某日，辅导员接到该生通过聊天软件的留言，称自己情绪不佳，想跟老师倾诉。经过与该生谈心，辅导员了解情况如下：该生幼年和青少年时期曾经被狗咬伤过三次，虽已注射了狂犬疫苗，却一直担心自己罹患狂犬病，甚至认为只要和狗接触，就有患病可能，对此特别担心焦虑。在新冠肺炎疫情期间，由于身处环境、居家隔离等因素，对自身患病的恐惧已影响到该生的生活和学习。该生近期听到狗叫就无法入睡，碰到狗经过自己身边，就要反复检查自己身上是否有伤口。因养狗和卫生习惯问题几次与父母发生争执，之后又十分自责，情绪低落，学习时精神高度紧张，记忆力下降，注意力无法集中。

## 案例分析

根据心理诊断的病与非病三原则，大学生小侯的症状表现分析：

- ◆ 认知上：出现消极负面认知和想法，对曾经被狗咬伤这件事耿耿于怀，即使已经注射过狂犬疫苗，仍对狂犬病有较深的恐惧，坚持认为狂犬病很容易感染，甚至认为自己已经感染了病毒，整日沉浸在疑病状态中而无心学习，对周围环境很排斥，学习、生活状态受消极认知影响较大。
- ◆ 情绪上：该生深感孤独，不被他人尤其是家人理解，对专业认识的解答持怀疑态度，深陷恐惧中，常莫名落泪，易激动。
- ◆ 行为上：该生出现比较长时间的食欲不振、失眠较为严重的现象，常感觉自己莫名发热，但测量体温正常，手心常有冷汗、头晕、头痛，与家人发生过激烈的争执。
- ◆ 社会功能上：出现学习障碍，注意力无法集中，回避正常的人际交往，终日将自己反锁在房间里，不敢出门。

根据本案例中的大学生小侯的情况，将小侯产生心理问题的可能原因简要分析如下：

- ◆ 性格因素：经辅导员平时接触了解，该生性格偏内向、自尊心强但又胆小自卑、个性孤僻敏感，使得该生很容易将所有负面情绪内化而不能得到及时排解，加之疫情期间居住环境等因素影响，学生沉浸于怀疑自己患病的情绪中无法自拔。
- ◆ 成长经历：小侯出生在贫困家庭，从小学习成绩优异，对自己要求很严格。高考考上省内重点大学，入学后，常感到自卑。三次被狗咬伤的经历，未能及时得到创伤后应激障碍方面的疏导，家人对该生的恐惧不能理解，认为是矫情多事，父亲患有精神方面的疾病，给该生带来隐性压力，害怕自己遗传父亲的疾病。
- ◆ 家庭因素：一方面小侯成长早期父母忙于生计，对该生关注较少，父亲患精神疾病后，母亲和家人承受较大的经济和精神压力，平时与父母沟通困难，遇到问题时，该生得到的家庭支持极少。另一方面，由于父母受教育程度较低，不懂得科学的教育观念，多采用简单粗暴的批评、劝阻、压制等手段，这种落后的教育和生活方式，容易使子女产生敏感多疑、自卑易怒等不健康的心理品质。
- ◆ 社会因素：在该生未进入大学学习之前，受到的相关心理健康知识的宣传普及不到位，使得学生对自己的心理问题认识不够科学，未能及时寻求援助，对自己受到的应激性心理创伤未及时进行疏导。社会及家庭对孩子的成绩关注远胜过对学生心理健康状况的关注，认为该生对罹患狂犬病的恐惧不是一种心理偏差，将该生的疑虑、恐惧等同于个性不开朗、矫情，将孩子不出门看作是故作清高、看不起人的借口。
- ◆ 疫情突发事件的影响：新冠肺炎疫情的发生蔓延，给大学生心理健康带来冲击。随着疫情时间延长，大学生在居家隔离和网课学习期间承受着巨大的精神压力。因居住环境和卫生习惯而与家人发生的争吵导致了该生情绪的起伏，疫情期间相对封闭的学习生活方式，更让该生心理负担加重，情绪压抑无法排解。

该生这些心理负担，都需要家庭和学校必要的心理安慰和疏导。

# 第三节 大学生的心理发展任务

新冠肺炎疫情对大学生的学习和日常生活都造成了巨大影响，同时面临学业、就业、考研等短期内需要解决的难题，他们会感到紧张、心中充满焦虑。面对疫情，需要大学生积极主动地采取行动，化解心理矛盾与障碍。

## 一 加强自我关怀，树立积极认知

自我关怀并不意味着自私或是以自我为中心，也不是指个体要把个人需要放在第一位。相反，自我关怀意味着承认痛苦、失败和不足是全体人类经历的一部分，所有人（包括自己）都值得同情与关怀。大学生应当将自我关怀作为一种情绪调节策略，不回避挫折情境带来的负面情绪，而以善意、理解和普遍心态来对待负面情绪。在日常生活中，可以尝试运用正面词语解释身边的事情，树立积极而理性的认知。疫情期间，网络上常常可以看到类似这样的消极表达——"我也没有办法""我解决不了这些"，这样的表达方式是消极的，除了令人沮丧，还会使说话者陷入困境无法行动。大脑会跟随着思想去操纵身心，试着运用语言去改变思想从而使自己有更积极和健康的情绪出现，比如用"我要找到一个解决问题的方法""我有一个新的挑战"去替代那些让你陷入困境的说话方式，尽量在说话的时候使用正面词语，坚持下去你会发现自己变得更容易出现积极和正面的情绪，更开朗，做事更有效率。

## 二 适度接受信息，关注情绪变化

许多大学生虽不在疫情较为严重的地区，但心系疫区，内心也十分焦虑。每天刷着手机上的各类新闻、看着社交软件中传递的各种信息坐立难安，刷手机、看数据、骂坏人成为生活日常，其他什么事都不想做。长期下来，在疫情时期内心积聚的负面事件和非理性的信念会导致大学生酝酿严重的负面情绪，即使是正面的事件，读得太多也会导致压力增大。对大学生而言，要适当地放下手机，不要把时间全部用在频繁地刷新各种手机应用中，应当只关注主要官方媒体发布的消息，在朋友圈中发布一些正能量的信息，传递积极能量。人生中出现的每一次重大事件都会为我们提供学习的机会，大学生应关心自己的情绪变化，出现问题，及时处理。比如：试着每天写下三件发生的让你感到愉快的事情，哪怕这件事情很小，也把它找出来并写在便笺上，贴在显眼的地方让自己随时可以看到；用对待好朋友的方式对待自己，想象好友站在自己面前，如果他遇到问题自责难过时，你会怎么安慰他，然后把这些话说给自己听，宽容地对待自己。这些自我关怀的小举措可以有效地帮助大学生缓解负面情绪。

## 三 融入人际关系，寻求专业支持

重大疫情下一些大学生会出现心理应激，形成负面情绪是正常的，不必刻意压抑和否定这种情绪，适度的负面情绪有助于我们提高警惕，应对疫情。如果大学生一味地强迫自己不准焦虑、不要恐慌，结果就会适得其反。除了运用自己的力量调适情绪之外，还要和家人、朋友保持密切联系，这种支持力量很重要。比如：居家时不要总是待在自己的房间里，走出来与家人分享自己的所见所闻、观点和感受，通过交流获得理解和认同；承担力所能及的家务，和家人一起做饭，鼓励家人也鼓励自己，增加愉悦与轻松的情绪；一起做游戏、做运动，转移注意力，缓解焦虑情绪。另外，利用网络保持和同学、朋友的联系也十分重要。如果一些负面情绪的产生是因为具体的问题，是知识、技术、方法等层面的，可以向好友求助进而获取答案；即使是没有具体指向的问题，仅仅是自我困扰，也要和别人沟通，这样做你会发现自己并不孤独，通过朋辈关系的支持可以让自己的感受不再那么糟糕。如果觉察出自己一直陷在比较严重的恐惧、紧张和焦虑之中，大学生也可以寻求学校、社会心理咨询机构开通的心理热线或心理咨询公众号的专业援助，及时处理好应激障碍，把自己尽快地带离这种情绪，转而以更稳定的心理状态投入日常生活中。

疫情下人与人之间的交流减少，大学生需要学会承受孤独。心理学认为孤独是生命中重要的体验，乐于享受孤独是说起来容易、做起来难的事情。但是，如果你害怕孤独，你可能难以自持，也可能会在与人的关系中强迫别人，或者在人际关系中对他人存在过大的期待。你选择自由，代价是必须承受得起孤独；亲密关系让你回避孤独感，但需要失去相对的自由。自由与孤独是辩证的关系。

某大学三年级男学生小黄在疫情后总是觉得放不开、压抑，并且情况逐渐加重，白天走路时也觉得有人在看自己，感到很不自在，有时想法很消极、多疑，有时跟人吵架后睡不着，有些孤立自己，实际做事又显得畏首畏尾，找不到快乐，总是感到压抑。他很想克服这种负面情绪，很想使自己彻底放开，做真正的自己。疫情之前小黄是那种有威严、有主见的人，但现在在家里拘谨、放不开，在学校更是唯唯诺诺，所以小黄常常恨自己，唾弃自己，就连自己照的照片的气质也觉得和自己心里所想差距特别大。小黄在别人面前总要装作清高，别人感觉小黄很不容易接近，小黄自己却感觉很孤独，心里渴望友谊。小黄一个人走路时，会想如果别人在远处看到他一个人走路，会不会觉得他是那种很不好相处或者是自己系里没人理的人呢？所以小黄一个人走路总是匆匆忙忙，有时人多了甚至还会有想赶紧找个地方钻进去的感觉。小黄在系里不是学生会干部,系里同学过生日也不叫他。小黄认为自己永远都不是被别人看重的核心人物,认为自己没人缘,走在路上总是怕熟人看到自己。小黄近期学习成绩有所下降,食欲也有所减小。

### 案例分析

从发展心理学中得知,人在每个发展阶段都有其不同的发展任务和不同时期的行为模式。在刚刚进入大学校园时学生形成的伙伴关系阶段依次为:依从性集合关系、平行性集合关系、整合性集合关系。依从性集合关系时期是学生首先依从老师;平行性集合关系是形成集体;整合性集合关系常常是学生依从一个他们公认的德高望重的领导者,通常是班级里面的班长或者是辅导员。随着在校期间的正常学习和生活,大学生之间的交友范围缩小,将关注的重心从外转向内。在大学时期与异性之间的关系变化模式是"先疏远、后接近"。大学时期学生的人际关系再也不可能有整合的大的集团式的人际关系,学生的心理发展也体现在世界观、价值观的形成与发展上。因此,大学阶段不仅要进行必要的心理干预,更要加强世界观、价值观的引导。

## 参考文献

[1] 姜琪,谢芳琳,王江波. 疫情形势下大学生心理健康状况的分析和危机干预[J]. 法制与社会,2020(16):129-130.

[2] 于沛弘. 当代大学生心理健康状况及其影响因素[J]. 农家参谋,2020(09):234.

[3] 张婷,安步赢,杨育智. 大学新生心理健康状况分析及干预措施探究[J]. 牡丹江师范学院学报(哲学社会科学版),2018(06):120-125.

[4] 苏金连. 大学新生心理健康状况分析报告[J]. 牡丹江师范学院学报(哲学社会科学版),2015(02):133-134.

[5] 唐志红. 大数据背景下大学生心理危机的干预[J]. 西部素质教育,2019,5(24):87-88.

[6] 焦建英,胡志,何成森,等. 突发公共卫生事件心理危机干预研究进展[J]. 医学与社会,2014,27(3):78-81.

[7] 朱晓斌. 美国学校危机管理的模式与政策[J]. 比较教育研究,2004(12):45-50.

# 第二章 大学生生活的心理适应

## 心理 引言

 案例

小强是刚刚入学的新生,初入大学校园,对周围一切感到非常新鲜。进入学校之后相对其他学生来说适应得比较快。在军训期间,小强根据个人的兴趣爱好参加了多个学生社团组织。军训结束,大学生活逐渐步入正轨,小强发现紧凑的课程与大量的社团工作时间相冲突,特别是对当前开设的专业课程,学习起来比较困难,每天繁忙的学生工作压力和课业压力成了小强头上的两座大山。

新学期开学不久,学院学生会陆续组织了系列活动。小强作为学生会一员,承担着自己所负责的工作,工作占用了大量的个人时间,忙到深夜已成了家常便饭,更严重的是各个任务背后所带来的精神压力巨大。小强时常觉得每天的忙碌并没有意义,反倒成了自己的负担,每天都在任务无法完成的担忧中度过。

小华也是刚入学的新生,相比小强,她比较拘谨,进学校后,似乎一切都匆匆忙忙,匆忙的军训,匆忙地从一间教室转向另一间教室上课,匆忙地参加各种会议,似乎没有跟同学们有接触的机会。她总觉得很孤独,大学不像高中那样和同学们有那么熟悉和亲密的交流,有时莫名怀念高中生活,不免充满伤感。

### 思考

经过激烈的竞争,同学们终于跨进大学校园,这是我们人生的一个重大转折点。入学一段时间,大学是我们自己想象的模样吗?在陌生的校园环境、陌生的群体、全新的学习方式和管理模式中,你是如何适应的?是否像小强那样困在多项工作中,应接不暇,还是和小华很像,还没有找到朋友,无比孤独和迷茫?一系列问题是每个同学都要面临的变化和挑战。同时,迷茫、困惑、无聊、无助、无奈等不良情绪也会时时涌来,这种不适应的感觉会对大学校园生活各个方面产生影响,甚至会影响到个人的成长与发展。

作为大学生,同学们是否思考过大学四年要怎样度过?在忙碌的社团、学业、自我发展中如何找到一个平衡?作为大学生,入学第一件事情就是适应新环境,努力适应新的变化。

### 名人说

人的一生就像一趟旅程,沿途有数不尽的坎坷泥泞,但也有看不完的春花秋月。如果我们的心总是被灰暗的风尘所覆盖,干涸了心泉,暗淡了目光,失去了生机,丧失了斗志,我们的人生轨迹岂能美好? ——拿破仑·希尔

物竞天择,适者生存。 ——达尔文

明白事理的人使自我适应世界;不明事理的人想使世界适应自我。 ——萧伯纳

所谓大学者,非有大楼之谓也,有大师之谓也。 ——梅贻琦

## 第一节 大学生的心理特点

### 一 大学生心理发展的特点

心理学家埃里克森提出了心理发展的阶段理论,认为这些阶段包括四个童年阶段、一个青春期阶段和三个成年阶段。每一个阶段有这些阶段应完成的任务,并且每个阶段都建立在前一阶段之上,这八个阶段紧密相连。人要经历八个阶段的心理

社会演变。

表2-1 埃里克森人格发展八阶段理论

| 阶 段 | 主要发展任务 | 良好的人格特征 |
|---|---|---|
| 婴儿前期（0～2岁） | 获得信任感，克服怀疑感 | 希望品质 |
| 婴儿后期（2～4岁） | 获得自主感，克服羞耻感 | 意志品质 |
| 幼儿期（4～7岁） | 获得主动感，克服内疚感 | 目标品质 |
| 童年期（7～12岁） | 获得勤奋感，克服自卑感 | 能力品质 |
| 青少年期（12～18岁） | 形成角色同一性，防止角色混乱 | 诚实品质 |
| 成年早期（18～25岁） | 获得亲密感，避免孤独感 | 爱的品质 |
| 成年中期（25～50岁） | 获得繁衍感，避免停滞感 | 关心品质 |
| 成年后期（50岁以后） | 获得完善感，避免失望或厌恶感 | 智慧、贤明品质 |

大一新生年龄大多在18～20岁，生理上正处于从青少年向成人转变的时期，在心理上处于由不成熟向成熟转变的过渡阶段。大学生处在两个关键的发展阶段，即青少年期和成年早期。一方面，大学生的自我同一性并没有完全建立，尤其是对自己是怎样的人、自己在大学要如何发展自己、自己将来怎么发展，非常模糊，因此建立自我同一性，依然是大学要发展的关键任务。另一方面，获得亲密感，避免孤独感，也是大学要发展的重要任务。

（一）认知思维发展的特点

1. 思维的独立性增强

大学生思维的独立性体现在他们不仅善于理解知识，而且善于获取知识，由于旺盛的求知欲、强烈的成才需要和心理渴求，希望能够最大限度地了解未知领域，想尽一切办法获取自己感兴趣的知识。

2. 辩证逻辑思维开始发展

辩证逻辑思维是对客观现实本质联系的对立统一的反映，其主要特点是既反映事物之间的相互区别也反映相互联系，既反映事物的相对静止也反映相对运动，是一种以辩证法为核心的科学思维方式。大学生用辩证逻辑思维的方式去认识事物，对事物进行分析时就能因时而异、因人而异，从不同角度、不同侧面、不同层面把握事物的因果关系，深刻地认识事物的本质及其发展规律。

3. 创造性思维逐渐确立

创造性思维是一种极为复杂的心理过程，是一个人发挥发散思维、复合思维和远距离联想能力，用新颖的方法解决问题，从而产生具有首创性、发现性和突破性的成果的思维方式。大学生的思维具有敢于求新、富有创造的特点。创造性思维的逐渐确立是大学生发现、认识、利用规律的一个重要渠道，有意识地培养和锻炼大学生思维的独立性、变通性和流畅性，对其创造性思维的发展、完善具有重要作用，而且对之后一段时间内创造性思维的表现大有裨益。

（二）情绪情感发展的特点

随着年龄的增加，大学生对自我形象、事业前途、经济能力、人际关系、恋爱婚姻等的关注越来越多。一般来说，大学生对来自这些方面的情感体验是丰富而强烈的，但由于他们有一定的调节和克制自己情绪的能力，所以情绪表现得相当复杂。比如有的人因觉得社会不能满足他们的需要而担忧；有的人因某一次经历自感能力不足而焦虑；有的人因焦虑而变得紧张不安，要么对什么事都过度敏感，要么对什么事都淡漠处之。较之成人还显得情绪多变，具有不稳定性，尤其面对意外突发事件或对自己意义重大的事情的时候，容易表现出既想控制隐藏自己的情绪又很难控制高昂情绪的无措。

（三）意志行为发展的特点

1. 自我意识逐步发展但不成熟

自我意识是指主体对自己的认识和对自己的态度的统一，它包括自我观察、自我评价、自我检验、自我监督、自我教育、自我完善等。大学生自我意识增强，表现在他们迫切要求深入了解自己和发展自己、自我评价能力增强以及自我教育能力增强等方面。但是，大学生由于社会生活的知识、能力和经验的不足，他们中的相当一部分人还不善于正确对待自我完善与社会发展需要的关系，往往对自己估计过高，一旦遇到自己无力解决的困难或遭到某种挫折时，便容易产生对现实不满的过激行为或强烈的自卑感，甚至导致行为失控，做出不理智的事情。大学生自我意识的发展状况，充分反映了他们正迅速走向成熟但又尚未完全成熟的心理特点。

2. 意志水平明显提高，但不平衡不稳定

多数大学生已能逐步自觉地确定自己的奋斗目标，并根据目标制订实施计划，排除内外障碍和困难，去努力实现奋斗目标，意志的自觉性、坚韧性、自制性和果断性都有了较大的发展。但处于意志形成时期的大学生，意志水平发展又是不平衡、不稳定的。意志的自觉性和坚韧性品质已达到较高水平，但意志的果断性和自制性品质的发展却相对缓慢些。在不同活动中，大学生的意志水平的表现也不一样。即使在同一活动中，其意志水平的表现也有较大差异，心境好时意志水平较高，心境差时则显得较低。情绪波动对他们意志活动水平的影响是比较明显的。

### （四）大学生独特的心理特点

1. 强烈的求知欲望

知识经济时代的客观要求，反映在大学生的头脑中就成为一种内在需要。因为，大学生作为一名普通的社会成员，无论是追求个人未来高质量的生活，还是实现其社会价值和理想，都需要以知识和能力为基础。

2. 强烈的参与意识

大学生的参与意识有两层含义：一是指大学生作为一个特殊的社会群体积极参与社会政治、经济、文化等活动；二是指大学生个体积极参与校园内的各项活动。

大学生参与社会事务的领域是十分广泛的。"希望工程"的捐款里有他们的真挚爱心；在捍卫祖国主权和尊严的活动中有他们刚毅的面容；他们为改革开放取得的伟大成就热情讴歌；他们为成为一名青年志愿者为社区服务感到自豪……积极的参与意识来自当代大学生日益强烈的社会责任感和历史使命感。这都标志着大学生心理的社会性的发展和成熟。

大学生的参与意识，更多地表现在参加校园内的各项学习、社会工作、文化体育活动中，如果说大学生积极参与社会事务是责任感和使命感所驱使，那么参与校园内的各项活动则多是成长动机和表现欲所驱使。绝大多数的在校大学生都希望能够从事一些社会工作或参加各种社团活动，这是因为他们认识到从事一些社会工作、参加社团活动，能学到更多的专业之外的东西，锻炼和提高自己的组织管理能力和社会活动能力，扩大知识面，使身心得到更全面的发展。同时，通过参与各项活动来表现自己的才能，获得他人的赞许，以满足个人归属、尊重、自我实现等方面的心理需要。

3. 强烈的情感和交友需要

人是社会性动物，人与社会的联系实际上是通过一系列的人际交往活动来实现的。一般人都会有和他人交往并建立某种关系的倾向。当代大学生随着年龄的增长和生活环境的变化自我意识有了新的发展，他们十分渴望获得真挚的友谊，进行更多的情感交流。所谓友谊就是在人际交往过程中建立发展起来的真挚情感，它反映着人际关系的状态。大学生一般都远离家乡父母，过着集体生活，与其他同学处在平等位置，失去了以前那种对父母的"血缘上的""无条件的"依赖。因此，人际交往活动，在交往过程中获得友谊，是适应新的生活环境的需要，是从"依赖于人"的人发展成"独立"的人的需要。事实上，在大学期间，能否与他人建立良好的人际关系，对一个人的成长和学习有着十分重要的影响。

渴望友谊和情感交流是大学生心理的一个重要特点。但是，也有不少大学生不同程度地表现出"自我封闭"的倾向，时常出现"孤独寂寞""没有朋友"的情绪体验。产生这种情况的原因往往是多方面的，较为普遍的原因有两个方面：一方面是没有真正理解什么是友谊，在人际交往过程中，没有真正走出早期人际交往中形成的"依赖他人"的不平等的人际交往模式，在人际交往过程中表现出"依附于人""利用他人""个人中心""求全责备"等倾向，偏离友谊"无私、平等、尊重"的根本原则；另一方面是缺乏社交的技巧，不善于表达自己的情感和思想，也不善于了解他人的情感和思想，缺乏共同的兴趣和爱好等，因而导致人际交往受挫或交际范围狭窄。长期发展的结果就是感到孤独寂寞，缺少朋友。

4. 强烈的独立意识和批判精神

大学生追求独立的成人意识，在学习和生活中往往表现出矛盾的两方面。一方面，独立意识增强使他们表现出顽强、刚毅、坚忍不拔、办事有主见、有头脑、不愿随波逐流、有一定的自控能力。这对学习、生活和成长无疑是大有好处的；另一方面，独立意识的增强（准确地说是被扭曲的独立意识）可能使他们过分相信自己的能力，妄自尊大，不善于接受不同观点和意见，以"成人"自居，不乐意接受来自家庭、学校、社会的批评教育，甚至对此产生反感，表现出情绪上的对抗。一旦这种缺乏基础的、盲目的自信受到挫折或其"独立性"受到挑战时，就容易感到沮丧、自卑或对人、对事采取不负责任的态度，或退缩到依赖他人的状态。

大学生除了具有上述四种较为显著的心理特点外，由于身心发展趋向成熟，各类知识和经验不断积累和丰富，在智力发展上也超出一般青年的水平，主要表现在具有丰富的想象力、敏捷的思辨力和极强的创造力等方面。丰富的想象力、敏捷的思辨力和极强的创造力，为大学生掌握专业知识，进一步拓宽精神视野并用所学的知识解决新的问题，进行科学研究、发明创造提供了良好的心理条件。

## 二 大学生学习环境的特点

### （一）大学生的学习方式

固定课内学习时间减少，自主学习增多，学生需要学会去查资料、实际调研、收集数据，而不仅仅是在课堂内学习。在大学中有各种社团供大家参加，实践学习和项目学习也是常见的学习形式，对个体的综合实践能力提出了更高的要求。大学生不仅要学习更加高深的知识，而且要提升自己的实践能力。课程中也会有参加一些单位实习的机会，而学生会、团委等这些学生组织也是校内实践和锻炼的一个很好的平台。通过项目和实践能提高大学生与人的沟通能力、应急处理能力、解决问题及决策的能力等。

大学生的学习主要有以下三个特点。

1. 学习由被动性向主动性转变

不少同学错误地认为：高中埋头苦读把所有的时间精力都花在了学习上，就是为了考上好大学，到了大学就能好好享受了。大学的学习生活相对宽松自由，让他们误以为可以松口气了。正是这种松懈的学习态度导致很多新生没学到什么知识，没得到什么成长。纠正新生思想上的误区是当务之急。大学不仅仅是学习专业知识的平台，更是促进人全面发展走向成熟的地方，新生万万不可小视在大学的学习。

2. 学习兴趣和目标具有不确定性

在进行"我有浓厚的学习兴趣和明确的学习目标"这一项调查时发现，有724位同学选择了"不确定"，占总人数的41%，从侧面体现出他们对当前学习和未来的茫然，甚至还有406位同学有些"迷失自我"，完全不适应大学的学习。

3. 学习带有功利性

部分新生的学习目的有低层次和功利化取向，比如部分新生将学习目标定为"评优评先""顺利毕业"，强调对现实目标追求的同时缺乏对深层次社会问题的思考和对崇高理想的追求。

### （二）大学生的人际变化

人际交往，是人们交流感情、传递信息的重要手段，是人们在共同活动中彼此交流思想、感情和知识等信息的过程，它是人际关系的重要基石。有研究认为，入学第一年学生人际关系的挑战是新生面临的基本问题。第一年大部分学生会遇到人际关系的问题，对大一新生而言，他们既对认识新朋友感到兴奋，又对离开老朋友感到不安；他们既明白其要适应新的校园生活，又担心不能很好地适应。而人际关系的不适应，不光体现在同学人际交往中，也有师生的人际交往。大学生的人际关系存在功利性、冲动性、封闭性、不和谐性和人际交往的自我中心性。

### （三）大学生发展任务的变化

大多数学生高中时期的学习任务十分明确，即考入大学。进入大学后，大学生的任务因自身视野的开阔显得没有这么明确，而且大学生涯在某种程度上是我们未来人生发展的关键点，思考和决断看起来也不那么容易了。有些大学生表现为对专业的认知和信心不足，总认为自己的专业不如别人的好，看不到问题的实质是没有把握个人选择与社会需要的结合点。自我发展的模糊也导致学生消极情绪的产生，随之影响了学习的态度和动力，出现适应困难。

### （四）社会发展对大学生的要求

21世纪是科学文化教育大发展的世纪，新的世纪对人才素质提出了更高的要求，除了德智体全面发展之外，还要求综合素质的提高。21世纪大学生综合素质有了更丰富的内涵，不仅包括思想道德素质，还包括专业素质、人文素质、身心素质和创新素质。

经济的快速发展、生活的高速节奏、就业压力的增大、对知识创新的不断要求也无形中给了大学生非常大的压力。大一新生要逐渐与父母分离，做独立的自己，面对自己成长中的一个个挑战。

## 第二节　大学生的心理适应

### 一　大学生心理适应概念

适应是指生物的形态结构和生理机能与其赖以生存的一定环境条件相适合的现象。适应是一种良好的关系，它是一种状态，也可以是一种过程，依赖于有机体的同化与顺应两种机能的协调，是有机体与环境之间的平衡状态。但是这种平衡并不是绝对静止的，而是随着有机体和环境的变化而变化，平衡总是相对的。如果有机体与环境出现失衡，就需要改变行为去重建平衡。于是，"平衡—失衡—平衡……"的动态变化过程就是适应。

心理适应主要指各种个性特征互相配合，适应周围环境的能力。人的适应包括三个层面：第一是生理适应，是生物学上的适应；第二是心理适应，是指个体在遇到具体的挫折或打击后借助心理防御机制来减缓自身的压力、恢复平衡的自我调节的过程；第三是能力适应，指个体为了生存和发展使自己的行为符合社会发展的需要，或努力改变环境使自己能够得到更好的发展适应。一个人能否尽快地适应新环境，能否

处理好复杂、重大或危急的特殊情况，与他的心理适应性高低有很直接的关系。

## 二 大学生心理适应的意义

人对于环境的适应总是表现为对环境的不协调到协调的动态平衡过程，以及人与环境互动后达到的和谐状态。当个体或者环境发生改变时，新的适应任务就会来到，并以原先的适应为基础向前运动，以达到更高的平衡。事实上，每一次适应都是对个体的一次挑战，是个体成长的机会。

人的一生总是会不断面临新的环境，比如外出求学、求职择业、社会人际、婚姻家庭等等，适应是人生必须面对的永恒话题。任何人一出生就要开始学习适应环境，脱离母体的恐惧是必然存在的，但除了适应也别无他法。在之后的成长过程中，从婴儿逐渐成长为学前儿童、青少年、成年，环境也随着年岁的增长不断变化，从单纯的家庭环境到儿童期的学校环境，到青少年的中学、大学环境，再到工作岗位，人的角色也不断变化、丰富。所有的这些，我们都必须主动适应，发挥个人适应的潜能。这是个体一生的话题，也是人们共有的话题。只是由于个体条件、观念、机遇、环境等因素的不同，人们主动适应环境的态度和能力有所差别，导致在社会实践中的表现和效果不同。

## 三 影响心理适应的因素

### （一）原生家庭

原生家庭指的是从童年开始成长的家庭，是相对于成年后组成的新生家庭而言，即你和你的父母、兄弟姐妹、祖父祖母、继父继母等成员共同生活的家庭。新生家庭是子女成家以后与配偶组成的家庭。原生家庭中的亲人以及他们的关系对每个人的成长都有着深远的影响。家庭心理治疗的先驱维琴尼亚·萨提亚认为，这种联系真实存在，并且会影响到人的一生。奥地利心理学家阿德勒曾说：幸福的人一生被童年治愈，不幸的人一生都在治愈童年。在了解个体的行为模式、情绪、情感、个性特质、应对方式时，应探讨其在原生家庭中的状态，否则，对个人的理解便失去了根基。原生家庭中，父母的世界观、人生观、价值观对孩子造成直接影响，孩子总会不自觉地模仿、学习一些行为，这些影响最终会内化为孩子的行为准则。

每个家庭都有自己个性化的教养方式。早在1978年，美国心理学家戴安娜·鲍姆林德提出了家庭教养方式的两个维度，即要求性和反应性。要求性指的是家长是否对孩子的行为建立适当的标准，并坚持要求孩子去达到这些标准。反应性指的是对孩子和蔼接受的程度及对孩子需求的敏感程度。根据这两个维度，可以把教养方式分为权威型、专制型、溺爱型和忽视型四种。

一般而言，权威型是对孩子最有利的一种教养方式。他们会给孩子提出合理的要求，并对孩子的行为进行适当的限制。与此同时，他们会表现出对孩子的爱，并认真听取孩子的想法。在这种教养方式下长大的孩子，有很强的自信和较好的自我控制能力，并且会比较乐观、积极。

专制型的家长要求孩子无条件服从自己。在这种教养方式下长大的孩子，会较多地表现出焦虑、退缩等负面情绪和行为，但他们在学校中可能会有较好表现，比较听话、守纪律。

溺爱型的家长对孩子则表现出很多的爱与期待，但是很少对孩子提要求和对其行为进行控制。在这种教养方式下长大的孩子，容易表现得很不成熟且自我控制能力差。

忽视型的家长对孩子不很关心，对于孩子，他们一般只是提供食宿和衣物等物质保障，而不会在精神上提供支持。在这种教养方式下长大的孩子，很容易出现适应障碍，他们的适应能力和自我控制能力往往较差。

典型的原生家庭问题包括：在父母情绪不稳定和充满争吵的家庭环境中长大；经常遭到家人的拒绝和情感忽视；父母离异，导致其中一方角色的缺失；遭受过家暴或者虐待等创伤经历；经常被亲人打击和嘲笑。同时，大学生也要了解，生活是自己的，我们不可能永远被束缚在家庭的环境中。一个人成长到18岁后就应该具有一定的担当，思考如何在接下来的生活中收获幸福以及做出行为上的改变，这比一直纠缠着过去更为重要。

## （二）个人过往经验

以时间记录的个人经历如同树木的年轮，一定会被刻印在个体的生命之中，对个体的成长与发展有着重要的影响。孩童在原生家庭里的经历形成他们最初的经历，个体生命早期发生的事件会影响其一生的思想和行为。奥地利心理学家阿德勒认为，人在4~5岁时已经形成了个体的行为风格，并且以相当稳定的方式维持，直至终生。

有的人遇到某些特殊的情境会出现特殊的情绪，往往是因为类似的情境在年幼时期曾经出现过，也许是因为某一次挫败的经验产生过尴尬、羞愧的情绪，而这种记忆太过于痛苦以至于持续影响到后期。一旦出现类似的情境，就会像"条件反射"一样不由自主地逃避、退缩。这是因为，个体潜意识认为的挫败还会出现，对同类事情已经没有了自信心。除了早期经验，人的一生的经验都在影响后续的人生，生命后期的发展取决于之前所有成长过程的经历。埃里克森认为，个体早期的经验影响可以被后

续的经验改变。因此，要重视人生的每一段经历，这些经历能丰富个体的内心，使个体拥有完整的人生。

这些过往经历中包含丰富的客体对象，包括外在客体和内在客体两个方面。外在客体指经历中的他人、事物；内在客体指的是个体的心理表象，这些心理表象与真实的外在客体相关，是个体内心的想法、感觉等。在成长的时光中，个体总是不断地经历各种客体，这些客体也不断被主体内化为自我的一部分。个体的生命也在主客体的关系构建中逐渐变得丰富多彩。这些经历中，或许有一些人或者事情对个体产生过重大影响和真实决定性作用而令人难以忘怀。

### （三）社会因素

社会因素主要包括政治、经济、文化教育、社会关系等。经济快速发展，每个个体都有非常大的发展和生存的压力。当前，人和人的交往日益广泛，各种传媒对大学生有了越来越多的影响，人与人之间也会有各种冲突、矛盾、竞争加剧。后疫情背景对大学生个体的影响仍在持续，这些现象都会加重学生的心理负担和内心矛盾，影响大学生的入学适应。

## 第三节　大学生常见适应问题及原因分析

### 一　大学生常见的适应问题

#### （一）难以适应生活新环境的焦虑心理

新生入学首先面临的就是生活环境的变化。进入大学后，失去了往日家庭的照顾，有的同学因缺乏独立生活的能力，生活上一时不能自理；有的学生开支无计划，时常出现"经济危机"；有的同学每天循环往复于三点一线，面对丰富多彩、目不暇接的校园文化和活动无所适从；有的学生因缺乏集体生活的习惯，总希望得到他人的照顾和帮助，不知道也不会关心他人；还有的学生不适应学校的水土和饮食方面的差异以及气候、语言环境与作息时间的变化等。大学新生遇到这些问题时，常常束手无策，郁郁寡欢，致使有的学生出现烦躁、痛苦、紧张不安等焦虑情绪和疲倦、失眠、注意力不集中等神经衰弱症状。

### （二）理想与现实的落差形成的失落心理

在进入大学前，许多学生想象的大学都是校园风景如画，教室宽敞明亮，师生团结友爱，处处欢歌笑语，充满诗情画意。然而，进入大学，经历短暂的兴奋期之后，却发现现实中的大学并非自己想象的那么美好。有的学生感觉到自己所考的大学与自己梦想的大学相去甚远；有的学生因为自己高考失利，或者是填报志愿时受到老师、家长的左右，所上的大学并非自己所愿；有的学生对自己所学的专业不甚了解，或者根本就不是自己选择的，因而没有兴趣，也学不进去。这些理想与现实的落差，致使一些学生常常怅然若失，忧心忡忡，情绪低落，感到前途渺茫，困惑失望，从而形成失落心理。

### （三）学习适应不良的焦虑、困惑心理

学生从一种学习环境进入另一种学习环境时，常常对新的学习环境感到很不适应。进入大学后，许多学生由于已经习惯于高中时外在的严格控制，很难建立具体的学习目标，对大学学习感到难以适应。

第一，大学生的学习内容，不再像中学那样学习各学科的基础知识，而是拓宽了各学科的知识面，从常识上升到理论，从理论联系到实际。

第二，大学生的学习性质，不再像中学那样都是掌握现成的知识，而需要在掌握知识的同时，探索方法以及学科中存在的理论和实践问题。

第三，大学生的学习形式，不再像中学时仅限于课堂教学，而是更加丰富多样，如听报告会、查阅资料和社会实践等。

第四，大学生学习的管理，不再像中学那样依靠老师的指导和督促，而是大部分时间由学生自己安排，选修课也是自己选定，在学习时间和学习内容上有较大的自由支配的余地。

第五，处理不好学习专业知识和参加社会活动的关系；不会制订科学的学习计划。学习动机强度减弱，没有正确的学习目标，致使学习成绩不理想，产生困惑、迷茫的感觉，甚至焦虑自卑。

### （四）人际交往障碍

人际交往是大学生活的重要内容，是大学生适应社会不可或缺的方面，也是个性完善的重要组成部分，更是事业成败的关键因素。大学新生一方面渴望建立和谐、融洽的人际关系，获得友谊；另一方面，他们又封闭自己，不愿向别人敞开心扉，或者不了解人际交往的技巧，缺乏与人沟通的能力。

大学新生在中学阶段一般都有自己稳定的交际圈。到了大学之后，同学们来自五湖四海，初来乍到，彼此陌生，自我保护意识比较强，同学之间交往较谨慎。不少学生涉世未深，社会阅历浅，不是交往范围狭窄，就是不能与人坦诚相待、开诚布公地交流。由于不愿意主动接近别人，思想情感得不到及时沟通和表达，很多大学新生人际关系不协调，感到没有知心的朋友，产生压抑、孤寂和烦闷的抑郁心理。

### （五）自我评价失调导致的自卑心理

大学是人才聚集之地。能考上大学的学生多数是中学时期的佼佼者。老师的称赞、家长的鼓励、同学的羡慕，令其自我感觉良好。但到了大学，个人的光芒很容易被掩盖忽视。面对新的环境和新的挑战，原有的优势被打破。其中大多数同学能满怀信心和希望，开始新的拼搏，而有些学生却因为原有的优势削弱甚至丧失，自尊心受到挫伤，导致自我评价失调，从而变得自卑起来。

### （六）失去奋斗目标的迷茫心理

经过高考的激烈竞争，很多学生认为进入大学可以好好放松一下，以补偿十几年的寒窗苦读。可在大学里的学习任务也会很繁重。在中学时，学习的目标是考取大学，并且有家长和老师的支持和推动，被动但有动力。进入大学后，这个目标已经实现，许多学生失去了奋斗目标和外界推力，他们以往学习上的被动心理明显表现出来，从而出现迷茫心理。

## 二 适应大学生活的有效策略

### （一）正确认识大学和评价自我，给自己新的角色定位，发展自己

#### 1. 正确认识大学

大学教育的本质是培养学生的自学能力。大学期间学习专业知识固然重要，但更重要的还是学习独立思考的方法，培养举一反三的能力。大学是一个让学生适应社会，适应不同工作岗位的平台。

大学是人生的关键阶段。大学可能是大多数学生一生中最后一次有机会接受系统教育的时期，也是最后一次健全知识基础，最后一次有大段时间用于学习的人生阶段，也是大多数学生最后一次在相对宽松的环境中学习的重要阶段。

认识大学与中学的不同。大学的教育方式方法和教育内容与中学时有很大的不同。大学更加注重学生自己的个性发展、自己的学习能力培养和自己对学习生活的规划。

2. 正确评价自己

新生首先要逐步接受已成为普通一员的事实,能够接纳自我。毕竟能进入大学的都是中学阶段的"胜利者",进入大学后,大家都在同一条起跑线上,都已成为普通一员,都应从头开始。新生应为成为"胜利者"的一员而高兴,而不是惶恐。其次新生入学后,心里要有目标准备,经常要问自己"我来大学干什么""我在今后应该成为一个什么样的人",这样有利于角色定位,适应新环境。

新生在认识自我的过程中,应积极与他人做比较,通过比较发现自己的优缺点,恰当地评价自我,发挥加强自身的长处,克服弱点,发展自身,这样会获得自信,减轻心理压力。对自己的评价不要太高,也不要太低。

### (二)营造和谐的人际关系

新生入学,常常会由于人际关系复杂,交往受挫而引发自卑、孤僻等心理问题。相对于中学的人际关系,大学人际关系显得比较复杂。这主要是大学生来自祖国各地,生活习惯、家庭背景、性格、语言等有一定差别,交往复杂困难。另外,在大学,学习不再是唯一目标,大学生行为目标多元化,也是导致人际关系复杂难处的一个诱因。大学生在人际交往中应坚持真诚待人、宽容待人、平等待人的原则,并掌握交往的技巧。心理学研究表明:人都希望得到别人的赞扬,害怕别人的指责。所以,在人际交往中要少些对别人指责和批评,多给予别人真诚的赞扬,欣赏他人。在交谈中应善于倾听,表达自己的尊重和理解。另外,交友时要把握自己的原则,控制自己交友的范围和人群,多交益友。

### (三)提高生活技巧和自理能力,积极寻求外部支持

大学生刚进入大学校园,首先要做的就是熟悉自己周围的环境,主要是生活和学习两个方面。在生活上,要逐步学会独立自理,如在生活、学习作息上合理安排,学会自主理财。在为人处世上,也要有独立能力,面对选择,要独立思考作出抉择。与人交往时,不要人云亦云,唯唯诺诺。在学习上,要变被动学习为主动探索,学会独立思考问题。面对学习、生活的不适应,新生除自己积极调适外,应该积极寻求外部支持。如对老师上课方法不能适应,应积极向老生请教,还可向老师反映,取得老师的理解与帮助。可积极参加各种文体活动,在活动中体验集体的力量和温暖,认同新集体。

### (四)确立新的大学奋斗目标

考上大学后不少学生放低对自己的要求,放纵自己,进而失去奋斗目标。大学阶

段，一定要对自己以后的发展有一个明确的规划，树立努力奋斗的目标，并为了实现这个目标不懈努力。有了一个明确的目标，可克服目标、方向、理想的迷失。同时从心理学角度来说，有一个明确的目标，会使心理指向集中于一处，这样无形中会转移注意力，削弱心理问题对心理的影响，摆脱因不适应而带来的心理问题。并且有了明确目标，就有了内在驱动力，可促使人变得积极向上，从而更有利于克服各种心理问题和疾病。

### （五）掌握自我心理调适的方法

大学生在身心发展过程中，有意识地掌握一些常用的自我心理调适的方法，如自我心理暗示等，对自己的心理放松、消除心理压力是非常有帮助的。通过自我暗示，可以调节自己的心境、感情、意志甚至工作能力，起到非常积极的作用。比如，面临紧张的考试，反复告诉自己"沉着、沉着"；在荣誉面前，告诫自己"谦虚、谦虚"；在遇到挫折时，安慰自己"要看到光明，提高勇气"；等等。

[1] 胡象斌，吴量. 大学生心理健康教育［M］. 西安：西北工业大学出版社，2017.

[2] 吴凌燕，戴丽. 大学生心理健康教育［M］. 成都：电子科技大学出版社，2018.

[3] 胡劲松，大学生人际交往初探［J］. 高考，2018（06）：15.

[4] 凯文娟，从高中到大学：高校新生的生活和人际关系调查研究［J］. 青春岁月，2015（17）：172.

[5] 缪丽娅，21世纪大学生的综合素质及其培养［J］. 安庆师范学院学报（社会科学版），2002（02）：89-91.

# 第三章
# 大学生的自我意识与人格完善

## 心理 引言

　　在传说中,古希腊的奥林匹斯山居住着西方诸神,包括西方的主神宙斯以及他所统率的众神。凡人是难以涉足神界的,而神的箴言——"人,认识你自己"应该让人知晓。于是,传说中的一个奇特的生物——"狮身人面"的斯芬克斯,作为神的使者,带着神对人类的忠告,从奥林匹斯山来到忒拜城堡,驻扎在城堡通向城外的唯一的一条道路上。她把那句神的箴言化作了一个谜语——"什么东西早晨用四条腿走路,中午用两条腿走路,晚上用三条腿走路?"每个路过的人都必须猜一猜她的谜语,如果猜不到,就会被她毫不留情地吃掉。当时忒拜城堡中没一个人知道谜底,因而城邦陷入恐慌之中。有一天,一个叫俄狄浦斯的青年路过这里,解答出了斯芬克斯的谜语,谜底就是人本身。新生的婴儿不会走路,只能在地上爬,是用"四条腿"走路的;长大了能够直立行走了,是用"两条腿"走路的;但是到了老年,就需要借助拐杖了,是用"三条腿"走路的。人一生中从婴儿到成年,再到晚年,正相当于一天中的早晨、中午和晚上。俄狄浦斯解答了斯芬克斯之谜,解救了城堡中的人,斯芬克斯也完成了自己的使命,即告诫人类要认识自己。

### 思考

什么是自我意识？大学生拥有怎样的自我意识？如何正确认识自己，从而帮助我们积极地认识自我、接纳自我，有效地管理自我，科学地发展自我，增强自信心，塑造健康的自我形象？这将是本章讲述的主要内容。

### 名人说

认识你自己。　　　　　　　　　　　　　　　　　　　　——苏格拉底

知人者智，自知者明。胜人者有力，自胜者强。　　　　　——老子

自我控制是最强者的本能。　　　　　　　　　　　　　　——萧伯纳

一个人如果把从别人那里学来的东西算作自己的发现，这也很接近于虚骄。

——黑格尔

## 第一节
## 大学生自我意识概述

### 一　什么是自我意识

自我意识是指个体对自己及自己与周围事物的关系的认识和体验，也就是自己认识自己的一切。自我意识是人的意识发展的高级阶段。自我意识是主体对其自身的意识，是主体感知到自身存在的心理历程，也是衡量个性成熟水平的标准，是整合个性各个部分的核心力量，也是推动个性发展的内部动力。自我意识是个体自身心理、生理和社会功能状态的知觉和主观评价。

自我意识具有复杂的心理结构，是一个包含认知、情感、意志等多种心理机能的完整多维度、多层次的心理系统，它贯穿于人的各种心理活动中，其核心内涵是一个人的人生观、世界观和价值观。自我意识的发展过程是个体不断社会化的过程，是个性特征形成的过程。自我意识是人的个性结构的重要组成部分，是个性结构中的自我调节系统。因此良好的自我意识对人的良好个性的形成起着至关重要的作用。在儿童的自我意识各要素中，自我评价能力起着至为关键的作用。儿童的自我评价能力是自我意识发展水平的主要标志。

## （一）自我意识的构成

1. 生理自我

我的长相如何？对自己的外表是否满意？这就是个体对生理自我的认识。

生理自我指个体对自己躯体、性别、形体、容貌、年龄、健康状况等生理特质的意识。生理自我在情感体验上表现为自豪或自卑；在意向上表现为对身体健康、外表美的追求，物质欲望的满足或对自己所有物的维护。生理自我是个体通过在与人交往的过程中学习而逐渐形成的。个体通过生理自我意识到躯体是自己生存的依托物，为自我意识的最原始形态。

生理自我是人的天性，我们只能接受而很难改变。随着自我意识的成长，个体会对生理自我有一个逐渐清晰的认识，学会积极地悦纳自我和接受自我。大学生尤其关注自身的生理状况，例如自己的外貌是否姣好，身材是否有吸引力，并从中产生强烈的自我评价意识。然而，由于青年时期思想发展的不平衡性与不确定性，大学生对生理自我伴有自卑和自信的双重体验。

自我意识并非天生，个体在婴儿时期还不能区分外界事物。有研究表明，自我意识的生理自我是从八个月开始，到三岁左右才基本成熟。

2. 社会自我

我如何认识与父母的关系？我觉得自己和老师、同学的关系如何？别人眼中的我与我对自己的评价有何差别？这些都属于个体的社会自我的范畴。

社会自我指的是个体对自己与外界客观事物之间相互关系的认识、体验和评价，包括个体在周围客观环境及各种社会关系中的角色、地位、权利、义务、责任、力量等。随着自我意识的发展，个体的社会角色感、责任感和义务感将会不断增强，每个人在生活中都希望得到他人的认可、理解和尊重，一旦失去了周围人们的肯定和认同，就会感到孤单、无助和失望。

个体在三岁开始到青春期前的十三四岁，是接受社会影响最深的时期，也是社会自我发展的主要阶段。它表现为人们能了解社会对自己的期待，并根据社会期待调整自己的行动。此阶段的儿童，游戏、学习和生活对社会自我的形成起着至关重要的作用。

3. 心理自我

我是谁？我是什么身份？我的兴趣爱好是什么？这是我认识了心理自我后才能回答的问题。

心理自我是个体对自己的心理活动、个性特点以及心理品质的认识、体验和评价，包括对自己的知识、能力、兴趣、情绪、人格等方面的认识和体验，是自我意识

的核心内容。随着个体的成长，个体对自己的情绪、能力、兴趣、知识等方面的了解与日俱增。大学生在心理自我方面应学会准确评价自己。如对自己的评价有所偏差，包括自我评价过高或过低，都不利于大学生的健康成长。

在大学期间，学生拥有发展心理自我的好机会。作为大学生，可以通过知觉和调整自己的心理活动和状态的方式，逐渐发掘自身的特点，使自身的潜能往良好的方向发展。

### （二）自我意识的表现形式

自我意识的表现形式包括自我认识、自我体验和自我控制。

1. 自我认识

自我认识是指个体对自己各种身心状况的认识，它包括自我感觉、自我观察、自我观念、自我分析和自我评价等。例如："我是怎样的一个人""我现在在哪""我的身材是胖是瘦"等问题。

2. 自我体验

自我体验是个体对自我评价的结果，是指一个人在自我认识的基础上产生的对自己所具有的情感体验（如自信、自卑、自负等），它是自我评价是否符合个体的需要、期望而产生的反应，强化着自我认识，决定着自我控制的行动力度。例如自我感受、责任感、优越感、自卑感、内疚感等。

3. 自我控制

自我控制是在自我认识的指导下、自我体验的推动下，个体对自己心理活动和行为的自觉而有目的的调整，反过来又对自我认识、自我体验产生调节作用。自我控制是个体在受到外界因素诱惑的影响下，仍能调节和控制自己的情感冲动和行为的表现，包括自主、自立、自强、自控、自律等，是个体发挥主观能动性的体现。

例如，某个学生在班级的聚会中没有受到邀请，被排挤出班集体，他意识到了自己平时的行为举止过于自我，不受欢迎（自我认识），为此他感到非常难过（自我体验），于是他尝试去学会换位思考，理会他人感受，从而摆脱自己受到排挤的窘境。

### （三）自我意识的分化与统一

自我意识的发展是从明显的自我分化开始的，由于自我意识的分化，原来完整统一的自我被打破，原来的自我意识一分为二，出现了不同层次上的两个自我，一个是理想自我，一个是现实自我。理想自我是根据主观感受到的社会现实所希望的将要达成的自我状态，它处于被观察的地位。个体既是观察者又是被观察者——关注自己的内心世界和行为，产生新的自我认识和体验。现实自我就是个体从自己的立场出发对自己当前总体实际状况的基本看法。这时，如果理想自我和现实自我能保持大致平衡，即个体若能表现出真实的能力、性格、欲望等，既不掩饰优点，也不怕暴露缺点，就非常有利于个体的健康发展。

由于自我意识的分化，大学生开始意识到自己未曾注意到的许多关于自我的细节，带来了自我内部的矛盾斗争、自我冲突加剧、自我不能统一、自我形象不能确立、自我概念不能形成，内心产生极大的痛苦和不安。他们接触外界社会比较少，不能很好地把理想和现实有机结合起来，因自己的现实条件和理想差距很大，常常产生苦恼和冲突。

在自我意识的矛盾冲突中，大学生的自我意识也在不断调整、发展，寻找自我意识的新的统一点，整合自我意识。由于自我意识具有复杂性与多维性，大学生逐渐在多向度中审视自我、调整自我，向理想自我趋近，自我意识开始趋于统一。从多维度观察自我同一性越高，大学生自我意识的发展越好，人格越完善。但是，由于大学生的成长背景、家庭教养方式、社会经济地位、个人人生志向、职业目标的不同，自我意识整合的结果与类型也会不同。正确的自我意识的形成将随之建立起积极的自我。积极的自我不仅了解自己的长处与优势，也了解自己的不足与劣势，能够分析哪些是通过努力可以达到的，哪些是属于无法企及的，从而进行积极的自我肯定，向着理想自我迈进。

大学生自我意识的矛盾转化不断进行，且渐趋稳定。在自我意识由分化向统一的转化发展过程中，大学生自我意识不断发生重大变化。正是由于这种矛盾转化，大学生自我意识发生了明显的飞跃，个体之间出现了不同的差异，自我意识也趋向成熟，在自我认识、自我体验和自我控制方面都有明显的发展。

## 二 自我意识对大学生发展的影响

自我意识的形成和发展对人的发展有重要意义。在社会生活中，人不是消极、被动地接受外界的影响的，而是积极、主动地应对现实社会中的一切影响，并自主地调节自己驾驭外界的条件为自己所用。自我意识使人们对客观环境具有一定的选择性，对发展起到反馈和调节作用。大学生的发展，虽然受外部环境的影响，但重要的是自己的评价态度。而是否有合适的评价态度，取决于一个人的自我认识、自我体验和自我控制，即个体的自我意识。大学阶段是个体自我意识急剧增长、迅速发展和趋于完善的重要时期，探讨大学生自我意识的发展，对大学生的未来发展会有一定的帮助。

（一）正确的自我意识能激发大学生的发展动机

一个人想要成功，拥有成功的动机是第一步。动机是人类从事任何活动的内驱力。人只有自己有发展的愿望才能取得真正的成功。个人发展是一种自觉的活动，是一个人有意识、有目的地主动追求，如果缺少自觉性，没有强烈动机的推动，个体处于被动的境地，成功是不可能的。一个人是不能在别人的安排下获得成功的，即使获得了所谓的成功，那也不是他的成功。正确的自我意识可使大学生清醒地认识到自己在这个崭新环境中的新角色与新地位，认真思考"自己要成为什么样的人"。由此在自我意识中产生成功的需求，形成强烈的发展动机。有了强烈的动机的驱动，才会为自己的美好未来拼搏，才能进行具体的行为活动。

### （二）正确的自我意识能够帮助大学生作出正确的行为决策

具有正确自我意识的大学生，能够正确地体察到自己的个人条件以及社会、集体对自己的需求，全面地衡量各种相关条件，在正确的自我感知与自信的基础上，将发展的需要和动机转化为正确的具体目标，并制订出一系列切实可行的计划。更为重要的是，具有正确自我意识的大学生，对自己有正确的认识，自我评价客观、准确，他们清楚自我的长处和不足，能与人建立良好的人际关系，并且能很好地学习别人的优点，这就为自我的实现创造了一定的有利条件。可见，正确的自我意识有助于大学生明确地确立"我该干什么、我能干什么、我决定干什么、我怎样干"，使自己不至于在成才的路上误入歧途。

### （三）正确的自我意识能使大学生及时反馈活动的效果

自我意识不但能把大学生自身在发展过程中的状态、体验等内心活动报告给自己，使其对成才活动的每一步结果作出及时的评价和反馈，从而根据既定的目标不断调节自己的行为活动，提高自己成才活动的质量和水平，而且还能适时地调动大学生自身的意志力来维持成才行为，不断推动成才活动的进程，使大学生最终实现自我的期望和要求。

### （四）正确的自我意识能促进大学生充分发挥自我潜能

自我意识影响个体对未来事情发生的期待，促进大学生潜能的发挥。这是因为，自我期望是在自我意识的基础上发展起来的，并且与自我意识相一致，其后继的行为也取决于自我意识的性质。自我意识健全的大学生会充分地认可和肯定自己，相信自己的能力，所以能极大地发挥自己的潜能，使自己在学习上独立思考，在实践中敢于打破传统和权威，勇于创新，并适时地应用所学的理论和个人对自我与周围环境关系的认知，充分利用自我现有的条件来创造性地解决问题，充分发挥自我的创造力。

### （五）正确的自我意识能够创造良好的人际环境，促进个体的健康发展

研究表明，具有健全自我意识的人不仅能客观、全面、准确地评价自我，善于积极接受和悦纳自我，而且能够以科学、正确的态度和方法去认识他人和社会，建立和谐的人际关系。反之，自我意识不健全往往会造成个体无法适应社会及人际关系不协调的状况。如果个体对生理自我、心理自我和社会自我的认识、评价出现偏差，尤其是当大学生的理想自我与现实自我差距太大时，就可能造成社会适应不良和人际关系紧张，影响自身的心理健康。因此，大学生塑造健全的自我意识，形成正确的自我评价和良好的自我形象，对于适应社会、建立和谐的人际关系有着重要的影响和作用。

由此可见，正确的自我意识有助于大学生的发展，它大大地提高了人的认识功能，使人形成一个丰富的情感世界，促进了人的意志的发展。人的认识活动不论感觉、知觉、记忆、想象还是思维等，都由于自我意识的存在而更加自觉、更加合理、更加有效。

## 第二节  大学生自我意识的发展

### 一  大学生自我意识的发展特点

经过大学生活和教育，随着个体心理和意识的不断发展，大学生自我意识的发展达到了新的水平。独立感、自尊心、自信心、好胜心等逐步趋于成熟；自我认识、自我体验、自我控制三方面趋于协调发展；自我意识的核心——世界观和人生观已基本确立。总的来说，大学生自我意识的发展是随着年纪的增长而发展的，并表现出以下几方面的主要特点。

#### （一）自我认识、自我体验和自我控制能力进一步发展

进入大学以后，随着学习、生活方式的改变和心理意识的发展，大学生的自我意识有了明显的变化，无论是在自我认识、自我体验还是自我控制等方面都有了进一步的发展。

1. 大学生自我认识的特点

首先，与高中阶段相比，大学生的自我认识更加具有主动性和自觉性。在大学阶

段的学生，经常会思考一些涉及自我的问题，不仅期望获得比较满意的答案，还会将这种思考和期待体现在切实、具体的行动之中。其次，自我评价能力增强，但有时仍有片面性。进入大学以后，学生的自我评价能力增强，但时常会出现"高估自己"或"低估自己"的现象。再次，自我概念有了明显的变化。主要表现为：自我概念更丰富、更完整、更加稳定和更具概括性。

2．大学生自我体验的特点

自我体验是个体在自我评价的基础上对自己产生的情感体验。在大学阶段，学生的自我体验的特点主要有：①自我体验具有丰富性和波动性。大学生的自我体验更加丰富，能够体验到各个方面，但是尚不稳定，会随情境的改变而不断地变化。②自我体验具有敏感性和情境性。大学生对外部世界和自己内心世界的许多方面比较敏感，尤其是与他们相关的事物，很容易引起情绪情感上的反应。情景性是在一定的刺激作用下，对自我产生的一种想象式的、灵感式的非逻辑体验。大学生的自我体验常常具有情境性。③自我保护感强。大学生的自我保护感强表现为自尊心和自卑感的相互交织。就心理健康而言，适度的自尊与自卑对个体都是有必要的。但由于有时存在的自卑感，大学生自我保护感极强。

3．大学生自我控制的特点

大学生的自我控制感有了很大的加强，主要表现在：①自我设计和自我完善的愿望很强烈。这时期的大学生特别注重自我完善，对自己的生活开始有了初始的设计。②独立意识和反抗意识强烈。大学期间学生的独立意识已经得到很好的发展，喜欢独立地思考，独立地判断事物、认识事物。但是随之而来的是，大学生的反抗意识也逐渐地发展起来。为了证明自己在生活态度、价值观或者追求目标上与长辈或他人不一样，常常会做出一些成人或社会所不期望或不赞赏的事情。

（二）自我意识开始分化，容易产生偏差

进入大学以后，由于学习、生活方式的改变以及心理意识的发展，大学生的自我意识有了明显的变化，分化为理想自我和现实自我，并迅速发展，导致矛盾冲突日益明显。一方面，大学生对自己的生活充满信心，对未来抱有幻想；而另一方面，现实往往不是他们所想象的那样，于是就出现了理想自我与现实自我的矛盾。这种矛盾分化使得大学生的自我意识发生改变，通过自我体验和自我调控，出现各种激动、焦虑、喜悦与不安的情绪。当理想自我占优势时，个体会低估现实自我的实际能力，总认为自己事事不如人，从而产生强烈的自卑感，甚至放弃努力，形成自我怜悯或伤感的心理状态。相反，当现实自我占优势时，往往表现出较强的虚荣心，常常自我陶醉，特别在乎别人对自己的评价，担心暴露自己的缺点。

大学时期是自我意识分化和统一的时期。理想自我和现实自我之间存在种种矛盾，随着自我意识的进一步发展，矛盾也越来越突出。在这种矛盾心理的作用下，大学生对自己的评价也常常是矛盾的，对自己的态度也是波动的，对自己的调控常常是不自觉和优柔寡断的。而现实经验的缺乏、自我发展道路的模糊、周围光怪陆离事物的诱惑、容易冲动感情用事的处事方式使大学生的自我调控能力显得非常薄弱，容易产生偏差。

### （三）强烈关心自我的发展

大学生的自我意识与同年龄段的其他青年有着相同之处，但是由于其特殊的教育环境和知识背景，他们的自我意识又与一般的青年有些不同，他们比同年龄段的其他青年更关心自我的发展。与普通青年相比，大学生并不是直接进入社会，而是有4~5年的知识技能的准备时间，在这段缓冲时间里，他们围绕个人发展、个人和社会的关系，积极主动地探索自我。一方面，他们非常关心个人的身体容貌、内心活动和个性品质的发展；另一方面，他们也十分关注自己的社会形象，自觉地把自己的命运与集体、国家的命运结合起来，经常考虑如何为社会服务。他们强烈地关心自己的成长。

### （四）自我意识的发展存在着年龄差异

自我意识为人所独有，但并不是与生俱来的，它是随个人的发展逐渐建立起来的，是在不断发展变化的。随着在大学里的学习与成长，大学生的自我意识也在逐渐发展。随着年龄的增长、身体的发育、阅历的提高以及社会地位的变化，到了大学后期，大学生的自我意识与刚进校时有着显著的不同。由刚入学时的"依赖性"和"盲目性"，发展到毕业前的"相对沉稳"。自我意识随年纪的增长而发展，但大学中期是大学生自我意识最低、内心矛盾冲突最尖锐、思想斗争最激烈、回顾与展望时间最多的时期，它是大学生自我意识相对稳定阶段中的不稳定时期，是自我意识发展的转折期，也是一次新的上升时期。

## 二　大学生自我意识的偏差

大学生由于自我意识的变化，理想自我与现实自我的冲突严重，且由于大学生自我调控能力相对薄弱，此时容易产生各种自我意识的偏差。

### （一）过分地以自我为中心

随着自我意识的发展，大学生开始强烈关注自我，越来越多地把关注的重心投向自我，总是从自我的角度去考虑问题、采取行动，不能进行客观的思考和分析。加之大学生有较强的自信心、自尊心、优越感和独立感，因而比较容易出现自我中心倾向。当这种倾向与自私自利等不健康思想和过强的自尊心、唯我独尊等心理特征相结合时就会出现过分的自我中心。自我中心是儿童发展过程中一种正常的心理现象，但是如果随着年龄的增长，依然一切以自己的观点为中心看待问题，就不再是正常的现象了。过分地以自我为中心的大学生，一切以个人利益为出发点，盛气凌人，总是感到自己的利益没有得到满足，充满委屈，常常不能得到别人的好感和信任，人际关系总是不和谐，做事较难得到他人帮助，容易遭受挫折。

### （二）过强的从众心理

与过分地以自我为中心相反的另一种自我意识缺陷是过强的从众心理。从众是个体在群体的影响和压力下，放弃自己的意见而采取与大多数人保持一致的自我保护行为，是一种普遍的社会心理现象。害怕孤独、缺乏自信等不良心理特征，加之传统的"听话""服从"教育，导致部分大学生在现实生活中丧失自我、缺乏主见，遇到问题束手无策，进而影响心理健康发展。

### （三）过度自信

自信是大学生的优秀品质。有独立的思考精神，对自己的才学信心十足，对自己的未来踌躇满志，这将有助于大学生的自我实现，但自信过度就会导致自负。心理学家柯里指出："如果一个人只看到自己比别人好，别人都比不上自己，这样就会产生盲目乐观的情绪，自我欣赏，自以为是，因此就不能处理好人际关系，不能调动主客观双方的积极性，而且还会遇到挫折，产生苦闷。"自负的大学生过高地估计自己的价值与能力，表现出很强的优越感、自命不凡、看不起别人，听不进师长的教诲和同学的意见，回避或否认自己的缺点，较难与他人达成妥协，最终会陷入孤独和郁闷。

通常一个人如果过度自信，就会产生自满与自负的情绪。因此，自满、自负与自信是有区别的。自信是指一个人对自己恰当、适度的信心。既然是适度，就不能过分，过分则为自满；也不能不及，不及则为自卑。自信是心理健康的重要标志之一。而自负是没有依据，盲目自信，"老子天下第一"，是非常不可取的。

### （四）过度自卑

与自负相反，有的大学生过度自卑。过度的缺乏自信就会产生自卑。自负与自卑都会影响大学生心理的健全和完善，都是不容忽视的自我意识缺陷。

自卑表现为对自己的能力评价过低，看不起自己。自卑是由自我否定而产生的内心体验。因为人无完人，所以人类普遍存在自卑感，只是程度不同而已。过度自卑的大学生过分关注自身短处，否定自己的长处或对自己的长处没有足够的认识，对自己缺乏信心，常表现出胆怯、畏惧、怀疑，因害怕失败而放弃努力，因害怕拒绝而不敢与人交往，因害怕承担责任而不敢接受挑战。他们往往降低人的社会需求水平，对自我过分怀疑，压抑自我的积极性，并可能引发严重的情感损伤和内心冲突。他们的心理体验常伴随较多的自卑感、盲目性、自信心丧失和情绪消沉、意志薄弱、孤僻、抑郁等现象。

由此可见，自我意识的偏差容易导致严重的后果。知人为聪，知己为明。大学生应该对自己有充分的认识，把主观愿望和客观条件结合起来，抛弃自卑心理，培养自信乐观、自强不息、宽容豁达、开拓创新等良好的人格品质，改变那些不适合个人发展的不良的人格品质。在遇到挫折困境时，要相信自己的能力，正视现实，放眼未来，对自己抱有合理而坚定的信心，保持实事求是、知足常乐的心态，同时适时调整自己的不良心理。

## 三 树立健全的自我意识

大学生健全的自我意识的培养，是青年大学生完善个性、实现自我价值的重要途径。培养大学生健全的自我意识应从以下几个方面进行。

### （一）正确地认识自己

正确地认识自我是培养健全自我意识的基础。俗话说："人贵有自知之明。"个人真正的伟大之处，就在于他能够科学地认识自我。如果一个人能够全面正确地认识自我，客观准确地评价自我，他就能够量力而行，确立恰当的奋斗目标，并为实现这一目标而不懈努力。因此，大学生要从价值观、愿望、动机、兴趣、爱好、个性特征等多方面、多角度全面地认识自我，做到既不妄自尊大，也不妄自菲薄，获得客观而准确的自我评价。这样才能充分发挥自己的长处和优势，克服自己的不足和劣势，增长聪明才智，有效调控自我，提高自己参与社会的能力，协调自己与他人、与社会的关系，积极发展自我和完善自我，实现自己的人生价值。

"我是谁？"这个问题看似简单却很难回答，我们对自己再熟悉不过，但是又永远不能给这个问题下一个准确的定义，正如本章开篇的例子所言。在不同的时期，我们总能发现自己不同的特征、优点或缺点。在不同的人眼中，也会有对于自己不同的看法。"乔哈里窗"模型把关于自我的信息分为公开区、盲点区、隐藏区、未知区四个区域。"乔哈里窗"是社会学家乔瑟夫·卢福特和哈里·伊阿那设计的一种交流模型。根据"乔哈里窗"的原理,人自身储存的信息有四种形态(或称其为有四种区域):①公开区,即包括本人和其他人都知道的有关本人的信息;②盲点区,包含其他人了解,而本人却没有意识到(或不了解)的有关本人的信息;③隐藏区,包含本人了解,而其他人不了解的有关本人的信息;④未知区,包含本人不了解、其他人也不了解的有关本人的信息。

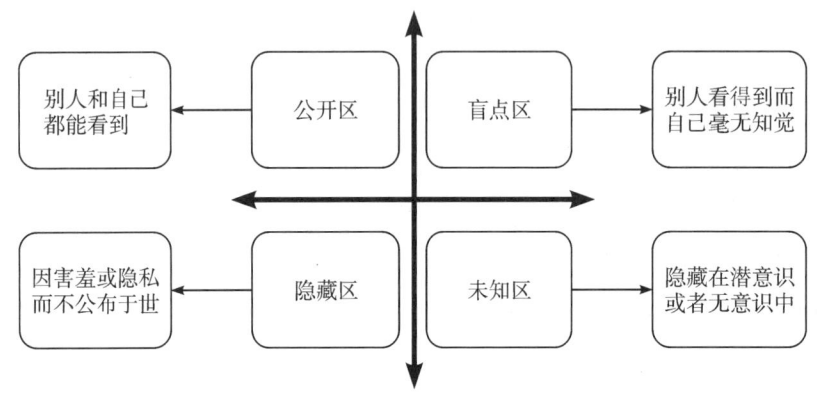

图3-1 "乔哈里窗"模型

那么认识自我有哪些具体的途径呢?

1. 通过自我反省来认识自我

大学生已具备了一定的自我反省和自我评判的能力,在自我意识的培养中要学会自省,通过不断地对自己的心理活动进行反思来剖析自己和批评自己。经常检查自己的行为动机是否正确,行为过程中有什么不足,行为结果有哪些收获和缺陷等,这样就能使大学生更加全面地认识自己。通过自我剖析和自我批评逐步加深对自己的了解,并在此基础上有的放矢地进行自我调整,增进自我心理发展的成熟。

孔子曾对弟子说:"吾日三省吾身。"一天内多次的反省,能够有效地弥补自身不足,使自己更加完美。"见贤思齐焉,见不贤而内自省也。"将自己与他人对照,弥补缺漏,是改善自我的又一途径,日复一日,长此以往,一个人的错误便会越来越少,自己便会逐步走向完美。

2. 通过他人评价来认识自我

自己在某方面若总得到别人的肯定,那么自己在这方面就是比较优秀的。相反,就是比较差的。当然,对他人的评价,我们也不能全盘接受或全盘否定,但要注意:首先,要特别重视与自己关系密切的人对自己的评价,因为他们对我们比较了解,评价也会较为全面、客观；其次，在大多数情况下要重视人数众多、普遍认同的评价。有时，别人的意见我们的确难以接受，但"良药苦口，忠言逆耳"，而且，往往"当局者迷，旁观者清"，所以，许多时候还是要多听听别人对我们的评价，对别人的评价要客观分析、虚心接受。

任何人关于自我的认识都不是与生俱来的，也不是凭空产生的，而是在社会交往中逐步获得的。一个人只有在社会交往中，才能充分表现自我、展示自我、认识自我。离开了社会交往，人们就难以获得关于自我的全面认识。正确地认识他人对自己的评价，是实现自我认识的一条重要途径。大学生应积极主动地投身于认识世界、改造世界的社会实践活动中，通过他人对自己的态度、期望、评价等信息进行分析、综合和比较，进一步认识自己。

3. 通过比较法来认识自我

有比较才有鉴别。我们可以从自己与他人的比较中来了解自己的能力、水平，在团体中的相对位置以及自己的发展变化。与比自己优秀的人相比较，就会觉得人外有人，天外有天，从而找到差距，激发自己的动力；而与不如自己的人相比较，就会看到自己的长处，增强自信心。古人云："以铜为镜，可以正衣冠；以史为镜，可以知兴替；以人为镜，可以明得失。"通过比较，我们可以发现自己的长处和不足，扬长避短。

每个人在认识自我的过程中，总是不由自主地将自己和他人进行比较，他人是反映自我的一面镜子，与他人比较是客观、全面地认识自我的重要方式。有自知之明的人能够在比较中发现自己的优势、明确存在的不足以及认识自己能力的高低、道德品质的好坏、追求目标是否恰当等。但是通过和他人比较认识自己，应该注意到比较的合理性和科学性。要选定恰当的比较对象、比较内容、比较方法，是与自己条件相类似的人比，还是与不如自己或强于自己的人比；是比可变的因素还是比不变的因素；是运用停滞不变的观点去比较，还是用发展的眼光、辩证的方法去比较。

我们还应注意到，比较法不仅包括通过与他人的比较来认识自我的横向比较法，还包括通过与自己的过去比较来认识自我的纵向比较法。大学生运用纵向比较法培养正确的自我意识，要注意以下两个方面的问题：一方面应鼓励自己勇于超越自我，不要满足于现有的成绩；另一方面也要确立恰当的抱负水平，目标的确立不要过高，不要一味地跟自己过不去，从自己的发展历程中进行比较，从比较中认识自我。

4. 通过结果分析来认识自我

从事社会实践是人的自我意识产生和发展的重要条件，大学生在从事各方面的实践中可以充分展现自己的聪明才智、情感取向、意志特征和道德品质，可以通过对活

动及其结果的分析来认识自己,用实践来检验自己。因此,在培养正确的自我意识的过程中,要正确分析自己的活动表现和结果,特别是通过在活动中的成功和失败,客观地认识自己的知识才能、兴趣爱好,进一步发挥自己的长处,弥补自己的不足。

5. 通过心理测量来认识自我

测量法可以分为生理测量和心理测量。通过生理的测量或检查,我们可以了解自己的生理状况;而通过心理的测量(大多是心理测验)可以了解自己各方面的心理特征,包括智力水平、人格特征、心理健康水平等。通过一些较为成熟的、信效度较高的测验来了解自己的心理状况是一种比较科学、准确的方法。选用心理测验时必须在专业人员的指导下测验并解释结果,不要随意使用心理测验。

当然,我们在认识自我、了解自我的时候,不要仅仅采用一种方法,而应该采用多种方法多角度、全面地来了解自己。

知道自己是一个什么样的人,知道自己内心真正需求的是什么,可以使自己不随波逐流,人云亦云。有些人根本不知道自己需要什么,看别人在追求什么,他就追求什么,别人做什么,他就跟着做什么,最后落入痛苦挣扎的深渊。一个人只有正确地认识自己,才能真正实现自己的人生理想。

## (二)积极接纳自我

俗话说:"金无足赤,人无完人。"每个人都有自己的优点和缺点、长处和短处,对自己的长处要充分发展,对自己的短处也要正确对待。在正确认识自我的基础上积极接受自我和悦纳自我,这是发展健全自我的核心和关键。接纳自我,首先是无条件地接受自己的一切,包括优点和缺点。其次要欣赏自我的优点,肯定自己的价值,要有自豪感、愉快感、满足感和成就感。再次要正确分析自己的缺点,这是完善自我的起点,也是充满自信的表现。通常情况下,人的短处有两种:一种是可以改变的,如不良习惯、缺乏毅力、脾气暴躁、情绪波动性较大等,对此要积极主动地完善;另一种是无法补救的,如身材矮小、相貌丑陋、四肢残疾等,对此要面对现实,勇于接纳自己的缺点,提升自己的内在修养,以"内秀"补偿"外丑"。最后要经常总结优点和反省不足,建立自我意识发展的动态平衡。

心理研究表明,大多数心理健康者能够表现出对自我的积极接受和认可,但也有一些人不能很好地接受自我和悦纳自我。通常表现为两种情况,一种是片面夸大自己的优点而产生极度的自我肯定和自负心理,另一种是过分夸大自己的缺点而产生极度的自我否定和自卑心理。这两种情形都会导致人生发展最终走向失败,引起对自我的强烈不满和排斥,导致心理持续紧张和矛盾加剧,严重的还可能引发心理问题,甚至导致悲剧的发生。

### （三）有效地控制自我

自我控制是人主动地改变自己的心理品质、特征及行为的心理过程，是大学生形成健全自我意识、完善自我的根本途径。很多大学生的自我期望较高，但由于主客观各种条件的限制，特别是缺乏足够的自制力和较强的意志力，经常遭受挫折和打击，无法实现预期的理想目标。大学生应根据自己的实际情况和社会发展的需要，确立适合自我的抱负水平，对理想自我实现过程中遇到的身心矛盾和困扰进行合理的控制与调节，通过努力奋斗，最终实现理想自我。

大学生在进行自我控制时，要处理好以下三个环节。

1. 确立合理的目标

合理的目标是人生发展的原动力，它能强化人的行为，挖掘人的潜力，并促使其指向预定的方向。合理目标的确立，要坚持"立足社会，发展自我"的原则。只有使自己的发展规划及行为符合社会准则和需求，将自身努力与社会发展保持一致，才能得到社会的认同。确立合理的目标，不要对自己过分苛求，而是做到从个人实际出发。有的人做事力求完美，把自己的目标定得过高，不符合自己的实际能力，结果根本无力达到，整日过分自责与痛苦。如果把自己的目标和要求确立在自己的能力范围之内，并且通过努力不断地使目标得以实现，自然就会心情舒畅。

2. 制订行动计划，学会管理自我

这是大学生进行自我控制的核心内容。许多大学生有发展自我的良好愿望，却不能根据发展目标，制订完善的行动计划和实施程序；也有一些学生制订了切合自己发展的行动方案，但未能贯彻实施，这些都表明大学生缺乏科学的管理自我的能力。提高自我管理能力是锻炼和培养大学生自我控制能力的重要环节，它注重培养学生主动的、内在的自己对自己实施管理活动的能力，它包括学生合理规划自己人生的能力、制订行动计划与实施的能力、科学安排时间的能力、控制自己情感情绪的能力等，培养和提高自我管理能力对大学生具有十分重要的意义。

3. 培养健全的意志品质

大学生对自我的监督与修正，需要自制力和意志力作保障。因为在实现人生目标的旅途上，既有各种本能欲望的干扰，又有各种外部诱惑的侵袭，这就决定了一个人要想成就一番事业，必然要经历许多坎坷和挫折，甚至有时还要经历大风大浪的严峻考验。大学生只有提高自制力，培养健全的意志品质，才能够抵制各种诱惑，主宰自己的行为，做到对自我进行强有力的调节与控制，以保证理智地约束自己的情感与行

为，把握好自我前进的方向。

### （四）不断完善和超越自我

自我完善是个体在认识自我、认可自我的基础上，自觉规划行为目标，主动调节自身行为，积极改造自己的个性，使个性发展适应社会要求的过程。

大学生的自我完善与自我超越的过程，实质上就是大学生寻求"自我同一性"的过程，是实现现实自我与理想自我积极统一的过程。所以，大学生在不断完善和超越自我的过程中，关键要处理好以下三个环节：首先要确立一个正确的理想自我目标；其次是努力提高现实自我，重塑自我；再次是进行自我探究，逐步获得积极的自我统一。

1. 确立正确的理想自我

确立正确的理想自我，是不断完善自我和超越自我的前提条件。正确的理想自我是在自我认识、自我认可的基础上，按社会需要和个人的特点来确立自我发展的目标。大学生要积极探索人生，思考人生，树立正确的世界观、人生观、价值观和道德观，为理想自我的确立寻找合适的人生坐标和支点，从自己与他人、个体与社会的关系中认识有限人生的真正意义和价值，并通过实现这一目标而努力地完善自我和提升自我。

2. 努力提高现实自我

努力提高现实自我，是不断完善自我和超越自我的重要途径。现实自我是一个矛盾复杂的统一体，其中有进步与落后的矛盾、创新与保守的矛盾、肯定与否定的矛盾等。大学生提高现实自我，就是要勇于挑战自我、剖析自我，改变现实自我中不完善、不成熟的保守与落后的一面，发扬创新与进步的一面，从而不断战胜旧的自我，重塑新的自我。当然，提高现实自我是一个长期的过程，必须坚持不懈，持之以恒，付出一定的艰辛与努力，才能使现实自我不断地向理想自我靠拢，并最终实现自己的人生目标。

3. 获得积极的自我统一

通过探究逐步实现积极的现实自我与理想自我的统一，是不断完善自我与超越自我的最高境界。自我统一意味着"主体我"与"客体我"的统一，自我认识、自我体验和自我调控的统一。大学生在认真探索人生的过程中，逐步获得积极的自我统一，不仅要实现人生的自我价值，而且更要服务他人，服务社会，实现人生的社会价值。大学生在获取自我统一的过程中，首先要分析和确认理想自我的正确性和可行性，然后再与现实自我相对照，分析二者之间存在的差距，最后要有针对性地、有计划地解决二者之间的矛盾，缩小理想自我与现实自我之间的距离，最终使现实自我逐步趋向于理想自我，达到二者之间相对完美的统一。总之，塑造健全的自我意识关系到大学生的健康成长，关系到大学生人格的成熟。由于人的发展是没有止境的，培养健全的自我意识也必将是一个循环往复、永无止境的过程。因此，大学生要在成长过程中不断进行自我探究，不断完善自我、发展自我、超越自我，追求一个独立的、完整的自我，迈向理想的成功之路。

## 第三节 大学生的人格特点与健全人格培养

### 一、人格的基本特点与影响因素

人格（Personality）的词源来自拉丁文的"面具"（Persona）。"面具"原指古希腊罗马时代的喜剧演员在舞台上扮演角色所戴的假面，它代表剧中人物的角色和身份，表现剧中具有某种典型心理的人物，如清纯可爱的人、阴险狡诈的人、忠厚老实的人等。

心理学沿用其含义，把一个人在人生舞台上扮演的角色的种种行为的心理活动都看作人格的表现。因此，各种心理学著作中都把人格看成是使人与人区别开来的独特的心理特性。但是关于人格的定义却因其关注点不同而各不相同，有的心理学者将人格与性格等同，有的心理学者将性格纳入人格的一个分支内涵。在整理各家学者对人格的定义之后，我们取以下定义：人格是个体在遗传素质的基础上，通过与后天环境的相互作用而形成的相对稳定和独特的心理行为模式。

（一）人格的基本特点

1. 整体性

人是极其复杂的，人的行为具有多元化、多层面的表象特征。人格表现绝非死水一潭，各种人格结构的组合千变万化，使人格的表现千姿百态。但是人格不是散漫的行为整合，它是由多种成分构成的一个有机整体，具有内在统一的一致性，受自我意识的调控。当一个人的人格结构在各方面彼此和谐统一时，他的人格就是健康的。否则，可能会出现适应困难，甚至出现人格分裂。所以说，人格整体性是心理健康的重要指标。

2. 独特性

一个人的人格是在遗传、环境、教育等因素的交互作用下形成的。不同的遗传、生存及教育环境，形成了各自独特的心理特点。所谓"人心不同，各如其面"，讲的就是人格的独特性。人格的独特性并不意味着人与人之间的个性毫无相同之处，如每个国家、民族和团体的人都有其共同的心理特点。

3. 稳定性

人格具有稳定性。个体在行为中偶然表现出来的心理倾向和心理特征并不能表征他的人格。一位性格内向的大学生，在不同场合都会表现出沉默寡言的特点，这种特点从入学到毕业都不会有很大的变化。这就是人格的稳定性。俗话说"江山易改，禀性难移"，这里的"禀性"就是指人格。当然，强调人格的稳定性并不意味着人格是一成不变的，随着生理的成熟和环境的变化，人格也有可能产生或多或少的变化，这就是人格可塑性的一面。

4. 功能性

人格决定一个人的生活方式，甚至决定一个人的命运，因而是人生成败的根源之一。当面对挫折与困难时，坚强者能奋发图强，懦弱者会一蹶不振，这就是人格功能性的表现。当人格正确发挥其作用时，表现为健康而有活力；而当人格功能失调时，就会表现出软弱、无力、失控，甚至变态的行为。

（二）影响人格发展的因素

1. 生物遗传因素

由于人格具有较强的稳定性特征，因此人格研究者更注重遗传因素的作用。综合现有的研究结果，作出遗传对人格作用的简要归纳如下。

（1）遗传是人格不可缺少的影响因素。

（2）遗传因素对人格的作用程度随人格特质的不同而异。通常在智力、气质这些与生物因素相关较大的特质上，遗传因素的作用较重要；而在价值观、信念、性格等与社会因素关系密切的特质上，后天环境的作用可能更重要。

（3）人格的发展是遗传与环境两种因素交互作用的结果。人既具有生物属性，又具有社会属性。人在胚胎状态时，环境因素的影响就开始了，这种影响会在人的一生中持续下去。后天环境的因素是多种多样的，小到家庭因素，大到社会文化因素，这些因素对人格的形成与发展都有重要的影响。

2. 社会文化因素

每个人都处在特定的社会文化环境中,文化对人格的影响极为重要。社会文化塑造了社会成员的人格特征,使其成员的人格结构朝着相似的方向发展,这种相似性具有维系社会稳定的功能,又使得每个人能稳固地"嵌入"整个文化形态。社会文化对人格具有塑造功能,还表现在不同文化的民族有其固有的民族性格。

3. 家庭环境因素

研究人格的家庭成因,重点在于探讨家庭的差异(包括家庭结构、经济条件、居住环境、家庭氛围等)和不同的教养方式对人格发展和人格差异具有的影响。研究发现,权威型教养方式的父母在子女的教育中表现得过于支配,孩子的一切都由父母来控制。在这种环境下成长的孩子容易形成消极、被动、依赖、服从、懦弱,做事缺乏主动性,甚至会形成不诚实的人格特征。放纵型教养方式的父母对孩子过于溺爱,让孩子随心所欲,父母对孩子的教育有时出现失控的状态。在这种家庭环境中成长的孩子多表现为任性、幼稚、自私、野蛮、无礼、独立性差、唯我独尊、蛮横胡闹等。民主型教养方式的父母与孩子在家庭中处于一种平等和谐的氛围当中,父母尊重孩子,给孩子一定的自主权和积极正确的指导。

4. 学校教育因素

学校教育对人的性格的形成,特别是人对社会、事业、他人的看法和态度的形成,对人的世界观、人生观、道德理想、奋斗目标的确立,具有重要的意义。学校对人的影响不同于家庭和一般社会环境,不是偶然的、零碎的,而是系统、有目的、有计划地进行的,包括学校领导、老师提出的要求、方向,加上必要的奖惩措施,课堂上传授的知识内容,学校环境和班集体的影响,同学之间的相互交往,老师对学生的态度,如此等等。学校德育的主要任务是培养学生良好的道德品质,使学生形成良好的品德,而品德包含在性格之中,是性格的有机组成部分,与性格的其他部分紧密相连。品德不可能离开其他性格成分而单独发挥作用,因而学校也不可能离开良好性格的培养而孤立地培养品德。因此,学校要培养学生良好的品德,就要培养学生良好的性格。

5. 自然物理因素

生态环境、气候条件、空间拥挤程度等这些物理因素都会影响到人格的形成与发展。比如气温会提高某些人格特征的出现频率,如炎热天气会使人烦躁不安等。但自然环境对人格不起决定性的作用,在相同物理环境中,人可以表现不同的行为特点。

6. 个体主观能动因素

环境和教育对人的身心发展的作用,只是为人的发展提供了可能性或条件性的因素，要使这种可能性的因素变成现实性的因素，只能通过学生的身心的活动才能实现，因为人不是消极地、被动地接受外部环境的影响，而是通过自身的活动去积极地、能动地反映外部环境的。

个体的主观能动性是其身心发展的动力。只有外部环境的客观要求转化为个体自身的需要，才能发挥环境和教育的影响。个体身心发展的特点、广度和深度，主要取决于其自身的主观能动性的高低。在个体的发展过程中，人不仅能反映客观环境，而且也能改造客观环境以促进自身的发展。

人的主观能动性是通过人的活动表现出来的。离开人的活动，遗传素质、环境和教育所赋予的一切发展条件，都不可能成为人的发展的现实。所以，从个人发展的各种可能变为现实这一意义上说，人的身心发展是通过活动来实现的，个体的活动是个体发展的决定性因素。

## 二 人格的主要成分

人格是一个复杂的结构系统。人格并非由单一特征构成，它是受一定个性倾向性制约的心理特征组合而成的一个复杂的结构系统，包含许多成分，例如气质与性格、需求与动机、智力与能力、情感与意志等。其中，最主要的成分是气质与性格。

### （一）气质

在日常生活中，人们经常用一些赞美之词来评价一些有教养、有内涵的人。比如"温文尔雅""风度翩翩""容光焕发"等。平时人们所说的"气质"，其实是一个有文化、有教养、有良好的道德品质的人的外在表现形式，具有好坏之分。然而心理学领域中的气质定义是否与日常的定义相似呢？

心理学领域的气质是人格结构的底层，是表现在心理活动的强度、速度、灵活性与指向性等方面的一种稳定的心理特征，为性格的形成提供生理基础。

气质是指人的心理活动和行为中表现出稳定的动力特点，是受遗传影响最大的个性心理特征。能力与性格也属于个性的心理特征，但二者受后天环境的影响较大。气质的稳定性表现在各种活动中，具有跨时间、跨情境的特点。

孩子刚一落生时，最先表现出来的差异就是气质差异，有的孩子爱哭好动，有的孩子平稳安静。它只给人们的言行涂上某种色彩，但不能决定人的社会价值，也不直接具有社会道德评价含义。

气质是人的个性心理特征之一，它是指在人的认识、情感、言语、行动中，心理活动发生时力量的强弱、变化的快慢和均衡程度等稳定的动力特征。主要表现在情绪体验的快慢和强弱、表现的隐显以及动作的灵敏或迟钝方面，因而它为人的全部心理活动表现染上了一层浓厚的色彩。

有关气质的心理学类型有很多种，例如：（1）巴斯和普洛明提出气质的EAS模型，确定三种气质倾向：情绪性，指个体情绪反应的强度；活动性，指个体能量释放的一般水平；交际性，指个体的人际交往特点。（2）古希腊医生希波克拉底的"体液说"，他认为人体内有四种体液：血液、黏液、黄胆汁和黑胆汁。古罗马医生盖伦根据人体内的这四种体液的不同配合比例，将人的气质划分为四种不同类型：①胆汁质（黄胆汁占优势）；②多血质（血液占优势）；③黏液质（黏液占优势）；④抑郁质（黑胆汁占优势）。（3）巴甫洛夫的高级神经活动学说认为有四种典型的高级神经活动类型，即活泼的（多血质）、安静的（黏液质）、不可抑制的（胆汁质）、弱的（抑郁质），分别与盖伦提出的四种气质类型相对应，四种气质类型即四种典型的高级神经活动类型的行为表现。

根据希波克拉底"体液说"的理论对气质的划分一直沿用到现在。

1. 胆汁质

情绪易激动，反应迅速，行动敏捷，暴躁而有力；性急，有一种强烈而迅速燃烧的热情，不能自制；在克服困难上有坚忍不拔的劲头，但不善于考虑能否做到，工作有明显的周期性，能以极大的热情投身于事业，也准备克服且正在克服通向目标的重重困难和障碍，但当精力消耗殆尽时，便失去信心，情绪顿时转为沮丧而一事无成。代表人物：张飞、李逵、晴雯。

2. 多血质

灵活性高，易于适应环境变化，善于交际，在工作、学习中精力充沛而且效率高；对什么都感兴趣，但情感兴趣易于变化；有些投机取巧，易骄傲，受不了一成不变的生活。代表人物：韦小宝、孙悟空、王熙凤。

3. 黏液质

反应比较缓慢，坚持而稳健地辛勤工作；动作缓慢而沉着，能克制冲动，严格恪守既定的工作制度和生活秩序；情绪不易激动，也不易流露感情；自制力强，不爱显露自己的才能；固定性有余而灵活性不足。代表人物：薛宝钗。

4. 抑郁质

高度的情绪易感性，主观上把很弱的刺激当作强作用来感受，常为微不足道的原因而动感情，且有力持久；行动表现上迟缓，有些孤僻；遇到困难时优柔寡断，面临危险时极度恐惧。代表人物：林黛玉。

气质的分类具有相对性，人们在现实生活中很多时候并非只有一种气质类型，大

多数人很有可能同时兼具几种气质类型的特点。气质是天生的，没有好坏之分，也不能决定一个人的成就，任何气质的人只要经过自己的努力都能在不同实践领域中取得成就，也都可能成为平庸无为的人。

### （二）性格

性格是表现在个人对现实的态度和行为方式中的较为稳定而具有核心意义的心理特征。性格在气质的基础上塑造而成，更多受到后天环境的影响，具有较为明显的社会化特性。在不同的社会文化条件下，人们的性格有较大的差异。除了气质的影响，形成性格的另一条路径是通过经验建立起来的暂时神经联系系统，对性格发挥着主导作用。性格的基本机制是在高级神经活动的类型基础之上后天建立的条件反射系统。

性格与气质之间是相互作用和相互影响的。一方面，基于后天经验的性格可以掩蔽和改造气质，使它更有利于个体适应周围的生活环境。另一方面，气质也会影响一个人对待事物的态度和行为风格，使性格带上某种气质的色彩。而且，气质还影响性格的形成和发展，对一定的性格特性起着促进或阻碍的作用。

虽然，气质对性格的形成与表现发生一定的影响，但它并不决定一个人最终形成什么样的性格。研究表明，气质不同的人形成相同的性格品质是可能的，而同一气质类型的人也可能形成不同性格。

1. 性格的特征

在心理学中，性格被分解成态度特征、理智特征、意志特征、情绪特征四个基本特征。

其中：①态度特征是个体对自己、他人、集体、社会以及对工作、劳动、学习的性格特征。如谦虚或自负、利他或利己、粗心或细心、创造或墨守成规等。②理智特征是个体在感知、记忆、想象、思维等认知过程中表现出来的认知风格。如更注重大局还是更注重细节、更注重利益还是更注重人情等。③意志特征是个体自觉地确定目标，调节支配行为，从而达到目标的性格特征。如当机立断、优柔寡断、知难而上等。④情绪特征是个体情绪活动的强度、稳定性、持久性和主导心境等方面的特征。如喜怒无常、心平气和、朝气蓬勃等。

2. 性格的类型

（1）荣格的内外向理论。

荣格的人格理论帮助人们从内外倾的角度理解性格的差异。荣格依据力比多（心理能量）作用的方向不同，把人分为外倾与内倾（或外向和内向）两种基本类型。力比多作用指向外部的属于外倾人格，力比多作用指向内部的属于内倾人格。他还提出四种思想机能,即感觉、思维、情感和直觉。与内外倾相结合,荣格提出了八种人格类型。

八种人格类型分别是:思维外倾型、情感外倾型、感觉外倾型、直觉外倾型、思维内倾型、情感内倾型、感觉内倾型、直觉内倾型。

(2)威特金的场依存与场独立学说。

威特金认为,人的活动有一个核心,即认识。人是按认识来活动的。按照人认识的基本方式,可以将人分为两类:一类属于场独立型,另一类属于场依存型。

场独立型:人的认识以其本人的储存信息为参照系统,属于场独立型。场独立型对社会线索不敏感,更能处理非人际环境,关心抽象的概念和原则。

场依存型:人的认识以认识对象所处的客观场合为参照系统,属于场依存型。场依存型的人更多利用外在的社会参照来确定自己的态度和行为,比较注意别人提供的社会线索,更注重自己所参与的人际关系状况,善于与人交往。

(3)以身心健康影响为标准的性格分类——A型性格、B型性格、C型性格。

A型性格。脾气比较火暴、有闯劲、遇事容易急躁、不善克制、喜欢竞争、好斗、竞争性与好胜心强;思维敏捷,爱显示自己的才华;对人常存戒心,有变动不定的敌意;过分抱负和雄心壮志,过重的工作要求,对工作成就不满足;常有时间紧迫感与匆忙感;习惯做艰苦紧张的工作;难以松弛,不耐烦;进行多种思维和动作,言语节奏快;运动、走路和吃饭的节奏很快,总是试图做两件以上的事情;他们着迷于数字,似乎他们的成功是以每件事情中自己获益多少来衡量的。A型性格者易患高血压、冠心病等病症。

B型性格。与A型性格相对应的性格。他们从来不曾有时间上的紧迫感以及其他类似的不适感;认为没有必要表现或讨论自己的成就和业绩,除非环境要求如此,因此总是比较低调;他们会充分享受娱乐和休闲时光,而不是不惜一切代价表现自己的最佳业绩水平;他们不会因为充分放松而感到愧疚。

C型性格。国际上有一些研究癌症与性格关系的科学家,把易患癌症的性格归为C型性格(与A型性格和B型性格相对应),称之为"癌症性格"。这类人内心冲突大,情绪压抑,抑制烦恼,委曲求全,逆来顺受,但内心又极不服气。这类人常常给人以不急不躁的印象,日常生活和工作中能与人保持表面和谐,但是其内心却悲观失望,矛盾而痛苦。如果这种矛盾情绪经常出现,就可能破坏人体免疫功能,导致癌症的发生。

## 三 大学生健全人格的培养

### （一）大学生健全人格的标准

大学生健全人格包括以下几个方面的内容。

1. 自我悦纳，接纳他人

人格健全的学生能够积极地开放自我，正确地认识自己，坦率地接受自己的局限并对生活持乐观向上的态度。

2. 人际关系和谐

人格健全者心胸开阔，善解人意，宽容他人，尊重自己也尊重他人，对不同的人际交往对象表现出合适的态度，既不狂妄自大，也不妄自菲薄，在人际关系中具有吸引力，深受大家的喜欢。

3. 独立自尊

人格健全者人生态度乐观向上，生活态度积极热情，有正确的人生观与价值观，能够用理性观念和态度分析生活事件，头脑中非理性观念较少。人格独立，自信自尊。

4. 能够发挥自己的潜能

人格健全的大学生具有自我发展、自我塑造与自我完善的能力。能够充分开发自身的创造力，创造性地生活，发现生命的意义并选择有意义的生活。

### （二）大学生健全人格的塑造途径

健全的人格是大学生心理健康的基础，大学阶段也是人格形成的最后阶段，在此阶段塑造出适应时代、适应社会的人格素质是非常必要的。

大学生健康人格的塑造，需要全社会、学校、家庭和大学生自身的共同努力。而健康人格的塑造，最关键的还在于大学生自身。

人格是稳定的，但在后天的努力下既能培养良好的人格品质，也可以改变不良的人格品质，为此，大学生可采取以下方法和途径。

1. 丰富知识

学习科学文化知识、增长智慧的过程也是塑造和优化人格的过程。在现实中，不少人格缺陷甚至障碍都来源于知识的贫乏。无知容易使人粗俗、自卑，而丰富的知识则使人明智、自信、坚强、谦和、大度等。

2. 树立积极向上的人生观，建立符合自身能力的奋斗目标

一个人有了正确的人生观、价值观和世界观，就能对社会、对人生抱有正确的认识和看法。当遇到困难或挫折时，能够站得高、看得远，正确地分析事物，采取适当的态度和行为，稳妥地处理事情。这样的大学生更容易形成心胸开阔、乐观开朗的人格品质，更有利于心理健康的保持。

3. 面向社会，勇于实践

具有创新精神和实践能力是对当代大学生的素质要求，也是健康人格的重要组成部分。学习活动可以培养人格，但社会实践活动对大学生的人格塑造更具有直观的影响。社会是一个大舞台，每个人都必须接受社会生活的锻炼，才能把握自己的角色，形成自己独特的人格。因此可以说，社会实践活动是大学生人格塑造的一个重要途径。实践证明，在大学期间参加社会实践活动的大学生多具有头脑灵活、思路开阔、独立性强、富于创造性、善于交往、自信、果断、讲效率等良好的人格特征。这些学生知识面广，社会经验丰富，毕业后大多能很快适应新的工作环境。

4. 从小事做起，培养良好习惯

人格优化要从每一件眼前的事情做起。一个人的言行往往是其人格的外化，反过来，一个人日常言行的积淀成为习惯就是人格。小事不仅有塑造人格的丰富意义，而且无数良好的小事可"聚沙成塔"，最终形成优良的人格，诸如一个人的坚韧、细致、乃至开朗、热情、乐观都是长期锻炼的结果。

5. 建立良好的人际关系，融入集体

我们知道人格发展的过程也是个人社会化的过程。人格在集体中形成，也在集体中展现。集体是个人展现人格的平台，也是认识自我的一面镜子。首先，大学生应该接近他人、关心他人，与他人建立和谐的人际关系，了解他人需求，解决他人的困难，体察他人的喜怒。通过关心他人，培养助人为乐的好品格。其次，真诚与他人交流。真诚友好而有度地开放自己，达到与他人心灵的沟通，是建立良好人际关系的基础。

人格的健全是心理健康的根本标志，重视人格的培养，既是健康的需要，也是发展的需要；既是现实的需要，又是未来的需要。青年大学生要充分认识到健康人格对自身发展的必要性，要充分发现自己的长处，但又要寻找和承认自己的不足，勇敢地面对挑战，不断地发展自己，促使自身健康人格的完善。

## 参考文献

[1] 邱鸿钟. 大学生心理健康教育[M]. 广州：广东高等教育出版社，2004.

[2] 唐闻捷，何金彩. 大学生心理发展与教育[M]. 北京：人民出版社，2011.

[3] 张将星，曾庆. 大学生心理健康教育[M]. 广州：暨南大学出版社，2013.

[4] 章明明，冯清梅，韩劢. 大学生心理发展与教育[M]. 广州：暨南大学出版社，2004.

[5] 吴新平，马智群. 大学生心理健康教育读本[M]. 北京：首都师范大学出版社，2012.

# 第四章 大学生压力管理与挫折应对

## 心理引言

**案例**

案例一：2010年3月，江苏省某高校女生黄某在宿舍上吊自杀。据了解，黄某平时学习勤奋刻苦，特别要强，对自己要求很高，制订了严格的学习计划，平时成绩很好，考试成绩经常在班级排名第一，最大的理想就是考上研究生，家长对她的学习状况及理想也比较满意。2010年她读大三了，考研的日子也日益接近，看到很多学姐为考研刻苦学习，如愿以偿的却不多，心理压力越来越大，她也曾努力克服这种心理压力，但没有效果，最终无法自拔，选择了轻生。

案例二：2020年11月29日，四川某学院发生一起刑事案件。犯罪嫌疑人是山东某学院一名大一学生，案发前日从山东到四川，当日混入学院，趁宿管不备串至李某某宿舍，与李某某因感情问题发生争执，从宿舍内寻得一长约12厘米的家用剪刀，将受害人杀害后跳楼自杀身亡。

**思考**

1. 第二次世界大战期间，英国伦敦的居民胃出血的现象普遍增加，医生很奇怪，饮食并没有改变，出现这种状况的原因是什么？

2. 有心理学研究者请一百个大学生看恐怖片，看完后抽血检验；另请一百个大学生看风光片，看完后也抽血检验；结果发现看恐怖片的人免疫力下降，而看风光片的人免疫力没有下降。这是何原因？

在科学上没有平坦的大道，只有不畏劳苦沿着陡峭山路攀登的人，才有希望达到光辉的顶点。
——马克思

人只有为自己同时代人的完善，为他们的幸福而工作，他才能达到自身的完善。
——马克思

有压力才会有动力，有动力才能坚持进步。
——雷锋

没有压力，这是一场游戏。
——刘翔

恐怖差不多是个病态的感觉，对身体的压力之猛，能够使器官的机能不是发挥到最高度，就是全部瓦解。其实事情很简单，只是一种精神上的触电，出现的方式总是古古怪怪的难以捉摸。
——巴尔扎克

# 第一节 压力概述

## 一 什么是压力

如果你是一个生活在大城市的居民，每当你阅读当天的报刊文章或上网看新闻时，你就会发现"压力"一词常出现在各种新闻和报道中。压力就像食品一样与人的日常生活相关联。那么，什么是压力？

压力：英文stress，应激、紧张、紧迫、重压的意思。17世纪表示困难和痛苦；19世纪表示努力和压力；20世纪表示紧张和对外力的抵抗，也有人将其定义为"压力是对精神和肉体承受力的一种要求"。通常压力也称为"应激""紧张"，是指个体的身心在感受到威胁时所产生的一种紧张状态。如果个体长期处于一种高度的应激状态，就会对身心造成严重损害。

## 二 压力来源于哪里

### （一）压力源

压力源是指现实存在的具有威胁性的刺激；人对压力事件的反应，即压力反应；而由威胁性刺激带来的一种被压迫的主观感受，即压力感。

潜在的压力变成现实压力的两个必备条件是：（1）活动结果具有不确定性，而且这个结果很重要；（2）个人不能确定机会能否被抓住，限制因素能否被排除，损失能否被避免。当这些条件都具备后，压力才会产生。

### （二）压力源主要来自两个方面

归纳起来，压力源主要来源于两个方面。

1. 外部压力。包括（1）自然因素：洪涝、干旱、地震、火灾。自然因素是指如自然灾害、疾病传播等不可抗力造成的因素，这些突发的创伤性事件会给人的心理产生极大冲击。席卷了全球的新冠肺炎疫情，确实引起了全球的恐慌，很多人并没有感染新冠肺炎，却被无法承受的心理压力所击倒。（2）社会环境：战争、通货膨胀、失业、能源危机。（3）工作：任务改变、工作环境、组织与人事问题。

2. 内部压力。包括信念、经历、个体心理倾向性、情绪状态、期望值。

雷瑟斯和奈维德1983年在其合著的《适应与成长：生活的挑战》一书中，提出了现代人心理压力的6个来源。

（1）日常生活规律的改变：如变迁新居、更换工作、转换学校、结婚成家、生儿育女等。

（2）身体病痛或不舒服：包括自己所感到的生理病痛、由于气候环境变化所引起的不适感等。

（3）抑郁或焦虑：包括由于某种事件或情景所引起的情绪低落和焦虑不安、由于个人的气质或性格所造成的长时间的抑郁和焦虑。

（4）遭受挫折：包括在我们的生活与工作中所遇到的种种挫折和失意、动机受阻和需求不能得到满足等。

（5）矛盾和冲突：我们在生活与工作中所遇到的各种矛盾，都会带给我们内心的冲突，而内心的冲突又会产生心理压力。

（6）A型行为：A型性格以及表现出A型行为的人，通常较易感受到心理压力。

## 三 压力源的种类

### （一）生物性压力源

这是一组直接阻碍和破坏个体生存与种族延续的事件。如疾病、饥饿、性剥夺、睡眠剥夺、噪声、气温变换。

### （二）精神性压力源

这是一组直接阻碍和破坏个体正常精神需要的内在和外在事件。

错误的认知、不良的经验、道德的冲突、长期生活经历造成的不良个性心理特点（如易受暗示、多疑、嫉妒、自责、悔恨、怨恨）等。

### （三）社会环境性压力源

1. 纯社会性的压力源，如重大社会变革、重要人际关系破裂（失恋、离婚）、家庭长期冲突、战争、被监禁等。

2. 由自身状况（如个人心理障碍、传染病等）造成的人际适应问题（如恐人症、社会交往不良）等。

造成心理问题的压力源并不是单一的，绝大多数是综合性的。

## 四 大学生常见的心理压力

### （一）学习压力

学习是大学生面临的最主要压力之一。由于大学生普遍是中学时的优等生，大多具有自信、好强的心理特点，并且由于随着入学就已隐约感到就业形势的严峻，因而，他们中的绝大多数希望能够继续保持良好的学习成绩，以保持自己一贯的学习优势地位，也为未来的就业创造有利条件。但是，大学里，强手如林，尖子生荟萃，再加上大学里的学习方法明显不同于中学，大学老师也很少进行学习方法的讲授，因此，较多的大学生对大学的学习方法迟迟不能适应，这就导致他们学习效果不佳，只能充当一名普通学生的角色，于是压力感、危机感、失落感就会油然而生。

### （二）就业压力

由于高校分配制度的改革，社会就业竞争形势严峻，不可避免地给高校学生带来了就业的心理压力，并且随着年纪的增长，这种压力会与日俱增。可以说，许多大学生普遍担心毕业时找不到理想的工作。也有的学生担心自己不能找到与专业对口的工作，从而使大学几年的学习时间白白浪费。尤其是冷门专业的学生，社会需求量相对较小，因此，他们的压力就更大一些。目前，相当多的大学生选择报考研究生，往往就是因为面临择业的苦恼，他们因为一时找不到理想的工作所以只好继续求学，以暂时回避现状。

### （三）人际交往压力

由于大学生来自不同的地域，不同的生活习惯、性格特征、个人爱好、家庭背景等，使大学生的人际关系变得很复杂，因此，许多大学生存在人际交往方面的困惑。同时，一些大学生成绩虽然优异，但因为从小缺乏人际交往教育，在交往认知、交往知识和技能方面存在着明显的不足，以至于不能妥善地处理人际交往中的冲突。另外，随着市场经济文化对大学校园的冲击，大学生方方面面竞争加剧，原本单纯的同学关系变得非常微妙，因此，不少大学生为人际关系而苦恼，常常抱怨"太累了"。在大学生心理咨询中可发现，咨询的学生几乎都是为了解决人际交往压力的。

### （四）生活适应压力

在生活上，有些大学生从小娇生惯养，从未离开过父母的照顾，对于诸如打扫卫生、洗衣服等一类的日常小事往往都无法适应。另外，一些学校的生活条件不能满足大学生的生活要求，譬如食堂饭菜质量太差，学生宿舍拥挤、吵闹等。这些生活因素，也常常导致远离父母过完全独立生活的大学生产生极大的心理压力，影响其正常发展。

### （五）经济压力

大学生的经济压力主要表现在：十年寒窗苦，一朝进入大学，但高额的学费常常使一些条件不太好的家庭不堪重负，再加上日常生活费用，一些家庭甚至负债累累。对此，大部分学生虽然已经步入了大学校门，但会时时感到内心不安。也有这样一种情况：有的学生自身经济条件不好，又不能正确对待，面对大学里经济条件优越的学生就会产生自卑，这使他们的内心充满矛盾，承受的心理压力更大。

广州某高校学生小林，母亲很早就失业，全家仅靠做工人的父亲每月有限的工资维持家用。但不幸的是，三年前父亲突然遭遇车祸，送到医院又因申请不到医疗补助金无钱医治，险些送命。这件事对刚上大学的小林打击很大，于是在心底暗暗发誓：一定要拼命赚钱，改变家境。在大学读书的同时，小林不断地找各种兼职来做，把自己当成一台永不停止的机器。一年下来，身体上的劳累加上心理上的巨大压力，小林的心理出现极大障碍，最后竟发展到一到晚上就要准时不停地跑楼梯。开始同学们以

为他在锻炼，后来才发觉他的这种行为不太正常。后来，学校从事心理咨询的教师对他进行定期心理聊天治疗，坚持了近三年的时间后，小林终于变得开朗、活跃起来，并成为出色的节目主持人和优秀学生干部。

### （六）身心因素压力

大学生身体方面的压力主要有：一些学生身体健康状况不佳，缺乏维持正常学习的旺盛的精力；一些学生对自己的相貌、身高、体型不满意，感到忧心忡忡；等等。大学生心理方面的压力表现为：过分争强好胜的人格因素使一些大学生常感到身心疲惫；有的大学生心理素质太差，脆弱的心理承受能力使其在困难面前产生较大的压力反应；也有一些大学生是由于自我概念不良，导致自卑、行为退缩；更多的大学生的心理压力源于时时出现的心理冲突，譬如理想与现实的冲突、独立与依赖的冲突、闭锁与开放的冲突，冲突越复杂，心理压力就越大。

另外，近年来，大学生谈恋爱已经很普遍。失恋、单相思也会给大学生造成难以承受的精神打击，造成心理危机。

## 第二节 挫折概述

"人有悲欢离合，月有阴晴圆缺，此事古难全。"

尽管人们希望能一帆风顺、万事如意，但挫折总是不可避免的。成功固然可贵，失败也并非毫无意义。对大学生而言，挫折既是打击也是成长，正确地认识与对待挫折，是成功人生的必经之路。

### 一 挫折的含义

#### （一）什么叫挫折？

《现代汉语词典》（修订本）解释为：失败、失利。

《辞海》的解释为：失利、挫败。

在社会心理学和行为科学中，挫折指一种情绪状态，是指人们在某种动机的推动下，为实现目标而采取的行动遭遇到无法逾越的困难障碍时，所产生的一种紧张、消极的情绪反应、情绪体验。

挫折包括以下三个方面的含义。

一是挫折情境，即指对人们的有动机、目的的活动造成的内外障碍或干扰的情境状态或条件，构成刺激情境的可能是人或物，也可能是各种自然、社会环境；二是挫折认知，即指对挫折情境的知觉、认识和评价；三是挫折反应，即指个体在挫折情境下所产生的烦恼、困惑、焦虑、愤怒等负面情绪交织而成的心理感受，即挫折感。其中，挫折认知是核心因素，挫折反应的性质及程度，主要取决于挫折认知。

挫折反应和感受是形成挫折的重要方面，个体受挫与否，是由当事人对自己的动机、目标与结果之间关系的认识、评价和感受来判断的。对某人构成挫折的情境和事件，对另一人不一定构成挫折，这就是个体感受的差异。

正如巴尔扎克所说："世上的事情，永远不是绝对的，结果完全因人而异。苦难对于天才来说是一块垫脚石，对于能干的人是一笔财富，而对于弱者是一个万丈深渊。"

### （二）挫折的条件

挫折是一种消极的心理状态。它是在自我评价倾向性的推动下，根据社会期望、自我抱负水平对自我行为的过程和结果进行评价时产生的。它产生于以下几种条件。

1. 有行动动机和明确的行动目标

动机是推动个体去行动以达到一定目标的内在动力，例如，大学生为取得奖学金，争取各门功课的好成绩。没有一定的动机和目标，挫折的产生也就无从谈起。

2. 有满足动机和达到目标的手段或行动

个体所感受到的现实的挫折是在他采取一定的手段，为满足一定的需要、实现预期目标的实际行动中产生的。没有满足需要和达到目标的手段与行动，即使目标再高远，动机再强烈，也不会产生挫折感，或只能产生想象中的挫折感。

3. 有挫折情境发生

如果动机和目标能顺利获得满足或实现，就无所谓挫折。如果在实际生活中，虽然实现目标过程中受到阻碍，但通过改变行为，绕过阻碍达到目标，或阻碍虽不能克服但能及时改变目标与行动方向，也不会产生挫折。只有在实现目标的道路上受阻但又不能逾越时，才构成挫折情境。没达到是一种情境，只是尝试而没达到则不构成挫折情境。

4. 主体必须对目标受阻有知觉

个体在实现目标的行为受到阻碍而产生挫折时，必须有所知觉和认识。如果客观阻碍存在，但人们主观上并无知觉，就不会构成挫折。

5. 必须有对知觉和体验产生紧张状态和情绪反应

具体来说，行为主体在受挫后往往有焦虑、恐惧、紧张、愤懑等情绪。

## 二 影响挫折感的因素

### （一）动机强度

挫折的产生与否和个体的需要、动机等因素有密切的关系。动机一旦产生之后便引导个体行为指向目标，但动机产生之后可能遭遇到的结果有四种。

第一，动机无需特别努力即可达到目标。

第二，动机的实现可能受到阻碍或延迟，但最终可以达到目标。

第三，当一种动机正在进行之中，忽然会产生另一种较强大的动机，使个体放弃前一动机而选择后一动机。

第四，动机行为受到干扰和障碍，使个体无法达到目标而感到挫折、沮丧、失意。

以上情况只有第四种情况是挫折。因而，需要越迫切、动机越强烈，受挫后，挫折感越强。

### （二）自我期望值

对任何事物的自我期望与现实都可能有一定的差距，如果不从实际出发，只考虑主观愿望，人为拉大二者之间的关系，就会产生挫折感。

（1）期望值绝对化——自己只能成功，不能失败。

（2）过分概括化——以偏概全，只见树木不见森林，即使是喜忧参半的事情，看到的也只是消极的一面。

（3）无限夸大后果——有些人遇到一些小挫折，就把后果想象得非常糟糕、可怕。

### （三）个人抱负水平

一个人是否觉得受到挫折与他自己对成功所定的标准有密切关系。抱负水平是指按一个人对自己所要达到目标规定的标准。规定的标准高，即抱负水平高，规定的标准低，即抱负水平低。抱负水平高的人比抱负水平低的人易产生挫折感。常遇情况：甲、乙、丙三名同学考试都是80分，甲非常满意；乙觉得和自己预料差不多；而丙同学感到失败。丙同学抱负水平最高，乙次之，甲相比较最低。

### （四）个人容忍力

个人容忍力是人们遇到挫折时适应能力的差别。个人容忍力不同，人们对挫折感受的程度也不同。有人能忍受严重挫折毫不灰心丧气；有人遇到轻微的挫折就会意志消沉；有人能够忍受别人的侮辱，但面对环境的障碍却会焦虑不安、灰心丧气。心理学研究证明：人对挫折的容忍力受到人的生理条件、健康状况、个性特征、过去挫折的社会经验、个体对挫折的主观判断、对挫折质量的思想准备等因素的影响。

## 三 挫折理论

### （一）挫折的本能学说

美国心理学家麦独孤于20世纪初提出，个体受挫折而产生的种种行为，均起源于本能。他认为本能是一种遗传的或先天的心物倾向，决定那些有此倾向者感知和注意某一种类的客观，在感知时体验着某种特殊情绪的激动，对它做出某种特殊样式的动作或至少体验着这种动作的冲动。他还认为人和动物的行为都是有目的性的，只是目的性的程度高低不同。一切行为都是为达到一定的目的，而策动和维持这些行为的动力是本能。如果消除这些本能倾向及其有力的冲动，有机体将不能进行任何活动。此外，本能和情绪有着密切的关系，似乎每种本能都有其对应的特殊情绪。在麦独孤看来，人在活动中遭受挫折而产生的情绪以及由此而引发的各种挫折行为反应都是本能冲动的结果。

### （二）挫折——攻击理论

美国耶鲁大学社会心理学家多德拉等指出，攻击行为往往是挫折的结果。他们认为，攻击性行为的发生总是以挫折的存在为先决条件，同时，挫折的存在也总是要导致某些形式的攻击行为。"剥夺睡眠"实验结果表明，当被实验者被剥夺睡眠24小时，并不被允许自己活动及不给吃早点后，他们往往采用不友好的语调相互谈论，或提出一些非难性问题攻击实验者。挫折的这种作用可以在广泛的社会关系中充分体现出来。如人们经历经济萧条或战乱之后，就容易产生挫折心理，当人们找不到工作，买不到需要的物品，生活的各方面受到限制时，各种形式的攻击行为就会到处可见。

### （三）需要和紧张的心理系统理论

这一理论是说明需要与挫折的关系，其代表人物是著名的心理学家勒温。他认为个体的需要若得不到满足，就会出现紧张、焦虑等心理状态，从而使心理失去平衡，产生失败的情绪体验，即挫折感。个体心理环境中真正影响其心理状态的乃是非生理需要，这种需要是推动其行为的动力。个体在其需要压力下，会产生一种紧张的心理状态，激发起一种要求满足需要的动机，以求得心理平衡。当需要得到满足时，心理紧张就随之消除；否则就会产生挫折体验。因此，勒温认为，需要的满足是避免挫折的重要条件。

### （四）社会文化理论

该理论强调文化和社会条件对个体挫折的产生及其反应的影响，其代表人物是新精神分析学派的代表人物沙利文和人本主义心理学派的罗杰斯。这种理论重视社会环境和文化因素对个体行为和人格特征的影响，认为挫折的产生是由于个体"向上意向""自我实现"受到压抑的缘故。为避免挫折的产生，新精神分析学派主张自我的整合和调节作用，强调个体的自尊以及对未来的乐观态度；人本主义心理学派强调尊重人的价值、发挥人的创造力、完善人际关系等。

### （五）精神分析学派的挫折理论

精神分析学派创始人弗洛伊德认为，人的一切行为都是以性力（libido）为动力的。如果心理性欲的发展过程不能顺利进行，比如停留在某一阶段或遇到挫折而从高级阶段倒退到低级阶段等，都可能造成行为异常。因此，一切精神疾病的根源也就在于这种心理性欲受到压抑或阻碍，即挫折。弗洛伊德的学生阿德勒则强调社会因素的作用，重视权力意志的实现。他认为人的一切行为都要受"权力意志"的支配，要求高人一等；人的一切行为动机都是指向追求征服、追求优越。如果这种驱力受到挫折，就会形成自卑感。自卑感如果得不到补偿，则会产生反社会行为或精神病。荣格则认为，每个人的人格总是不断向前发展的，一个人常常为未来的目标而奋斗不息，以求达到人格各方面的和谐完善。当一个人的自我实现不能满足时，就会产生挫折感。

## 第三节
# 大学生常见挫折及应对

"人生不如意事十之八九"，常常遇到挫折是人生成长的必备课。拿得起，放得下，多想些开心的事，把不愉快的事放在一边，做点自己喜欢的事，让自己每天快乐多一点儿。正是这样才能磨炼人坚韧的个性，抱怨过后但愿你振作起来，人为自己活，也为所有你爱的以及爱你的人而活，跨越不如意，好好努力生活。

## 大学生挫折产生的原因

（一）客观原因

1. 自然环境影响

自然因素是指非人力所能及的一切客观因素，如各种自然灾害与事故、生老病死等属于自然环境引起的挫折。

2. 社会环境影响

社会环境因素表现为当今社会变革的影响与多元价值观的冲击。随着社会主义市场经济的建立和发展，竞争机制的引入，生活节奏加快，人际关系日益复杂，现代西方各种思潮汹涌而来，人们面临传统观念的变革、价值体系坐标的重新选择、新的生活方式的适应等一系列问题。

青年学生身处东西方价值观并存互相冲突的复杂环境中，难以依据自己已有的认知经验，合理而又准确地选择和认同一种社会价值观念系统，从而陷入无以参照、无以归附的境地，也容易产生心理失调和挫折感。

3. 学校环境影响

第一，高校校园环境设施陈旧；第二，高校教学内容与管理方式滞后；第三，校园文化偏差；第四，高校教育体制的改革给大学生心理带来冲击。

4. 家庭环境影响

家庭的自然结构、家庭的人际关系、家庭的教育方式、家庭的抚养方式以及家长的素质等对大学生的心理挫折都有直接或间接的影响。有关研究表明，大学生的不少心理问题是与家庭生活的不良背景、早期不良家庭生活经历联系在一起的。自小娇生惯养和过分受保护、被溺爱的孩子进入大学后，更容易产生心理挫折。家庭贫穷、双亲不和或单亲家庭的孩子，由于父母对他们过分管制或放任不管，他们上大学后，有些人表现得蛮横无理或做出一些违背社会规范的反常举动；有些人表现出内向、孤僻的性格，很少与人交往，不易表露感情，郁郁寡欢，也容易产生心理挫折。家庭的社会经济状况对大学生的心理有潜在影响。大学生因为自身家庭经济条件状况不佳而影响其学业发展与个人发展，会导致更多的心理冲突，从而产生挫折感。

## （二）个人因素

1. 个体生理因素

生理因素是指个体与生俱来的身体、容貌、健康状况、生理缺陷等先天素质所带来的限制。例如，身体素质较差的学生难以成为优秀运动员；人际交往等社会活动中可能由于其貌不扬而处于劣势，往往无法在社交场合中潇洒自如、谈笑风生、展示自己的才能，甚至正常交友也受影响，使自己陷入孤寂境界；等等。这些都可能给大学生带来挫折感。

2. 生活环境的不适应

在校大学生平均年龄在18～22岁之间，他们在生理上多已发育成熟，但其心理发育远没有成熟，仍带有一定的幼稚性、依赖性和冲动性。许多学生第一次离开家到一个全新的环境，一时难以顺利地实现角色转换，如水土不服、饮食不习惯、集体生活不适应、难以承受理想中的大学环境和现实中的大学环境之间的反差等等，致使有的学生因为生活中遇到的一点困难或不如意的事情，便产生挫折心理，出现孤独、苦闷、烦恼、忧愁等不良心理反应。同时，这个时期是人生由少年向成年过渡的阶段，他们的独立精神、自主精神还没完全成熟，许多学生无法适应新的生活。

3. 自我认知偏差

大学生缺乏社会经验，往往不能正确地认识自我，当取得一点成功时，自我评价偏高；而当遇到挫折与失败时，就会产生失败感或焦虑苦恼的情绪，从而低估自己甚至自我怀疑与否定。

如一位大学生刚入学就提出了很高的要求：要拿特等奖学金，当三好学生。然而因为不适应大学生与中学生在学习方法上、评定标准上的差异，以为只要自己苦学就行了，主观盲目地给自己制定了过高的目标，其结果当然是实现不了，于是感受到强烈的挫折。

还有少数学生自我评价是消极被动的，一遇到困难、阻碍便觉得"一切都没有意思"，结果就会变得畏缩不前，错过成功在望的目标。

4. 人际交往不适

在大学校园这一特定环境之中，大学生具有强烈的归属感，对友谊、对朋友有着热切的依恋和期望。由于交往经验与技巧的不足，交往过程中沟通不足、关系失调、人际冲突等现象时有发生，从而导致心理挫折。

如不少大学生不知道如何与同学、老师、辅导员交往。由于人际交往的受挫，不少大学生便产生了"大学同学之间的交往怎么和高中不一样""在大学里没有知心朋友，感到孤独"的悲叹。

此外，在大学生的人际交往中，那些具有封闭性和攻击性性格的学生，很容易与他人在心理上产生距离，虽然他们终日周旋于人们之间，却感到缺少知心朋友。在集体生活中往往不合群，受到周围人的排斥甚至孤立，人际交往中存在着冷漠、猜忌甚至敌意。

5. 动机冲突

动机冲突也是引起大学生挫折的重要原因。在现实生活中，人们常常会同时产生两个或两个以上的动机。如果这些同时并存的动机不能同时获得满足，并且在性质上又出现彼此相互排斥的情况时，就会产生动机冲突的心理现象。

丰富多彩的大学生活和社会转型期带来的大好机遇，在为大学生的全面发展提供了有利的条件和广阔的天地的同时，也给他们带来了选择的冲突，如在专业定向方面、社会交往方面、恋爱方面、择业方面的取舍问题。当若干个动机同时存在、难以取舍时，就会形成动机冲突。

动机冲突的类型：

一是双趋冲突：鱼和熊掌不可能兼得。

二是双避冲突：前有狼后有虎。如在大学之中，有的同学既不想用功读书，又怕考试不及格。

三是趋避冲突：又称正负冲突，指同一目标对于个体同时具有趋近和逃避的心态。这一目标可以满足人的某些需求，但同时又会构成某些威胁，既有吸引力又有排斥力，使人陷入进退两难的心理困境。如大学生既想担任学生干部使自己得到实际锻炼，又怕占时太多，影响学习的这种两难选择。

四是双趋避冲突：又称双重正负冲突，指同时有两个目标，存在着两种选择，但两个目标各有所长、各有所短，使人左顾右盼，难以抉择的心态。如择业时有两个单位可供选择，而每个单位又利弊相当，大学生就有可能举棋不定而陷入这种冲突中。

6. 性与恋爱问题

大学生正处于向成人过渡的时期，他们有了强烈的性生理和性心理的需要，但是由于社会文化、学校规章制度、家长的约束等因素的制约，他们的性需要不得不延迟到毕业之后，通过婚姻的形式才能得到合法的满足，由此引起的挫折对大学生健康和发展的影响是极其深刻的。

大学校园里发生的许多严重问题往往是由爱情挫折问题引发的。大学生由于性机能的成熟、性意识的觉醒、性心理的发展，大学生活又创造了诸多交往的机会，渴望交友，大学生恋爱得到大多数学生的认同。与恋爱相关的问题如单相思、被动卷入恋爱、失恋等都会增加大学生的心理挫折感，也有的学生因性压抑、性幻想、性自慰而产生心理挫折。

## 二 大学生受挫后的行为反应

在挫折面前，大学生心理平衡遭到破坏。

心理防御机制是指个人在挫折与冲突的情境中，在其内部心理活动中具有的自觉不自觉地解脱烦恼，减轻内心不安，以恢复情绪平衡与稳定的一种适应性倾向。我们经常所说的"酸葡萄原理与甜柠檬原理"就是典型的心理防御机制。

心理防御主要有以下几种。

1. 积极的心理防御

积极的心理防御包括坚持、表同、补偿、升华。

（1）坚持指个体发现目标难以达到，要求自己做出加倍努力，并要求通过个体不断的努力，使目标最终实现。

美国电影《阿甘正传》中的主人翁阿甘智商并不高，他面对挫折的方法就是忽视它并坚持不懈地努力，最后赢得了人们的尊重，赢得了自己的事业，也获得了自己的生活。正如有的学者所说：成功就在于最后的坚持之中。

（2）表同指个体在现实生活中无法获得成功时，将自己比拟为某一成功者，借以在心里减弱挫折产生的痛苦，或者迎合能满足自己需要的人，按照他们的希望去支配自己的思想、行动来冲淡自己的挫折感，并以此求得内心的满足。当一个人在没有获得成功与满足而遭遇挫折时，将自己想象为某一成功者，效仿其优良品质和其获得成功的经验和方法，能够使他的思想、信仰、目标和言行更适应环境和社会的要求，增强自信心，减少挫折感。例如，大学生常以一些历史名人、科学家或小说中所欣赏的人物、老师甚至同学作为自己效仿的对象，建立自己心中的榜样，并依照榜样进行积极的自我激励与自我暗示，用成功代偿挫折。

（3）补偿是指当个体行为受挫时，或因个人某方面的缺陷而使目标无法实现时，往往以新的目标代替原有目标，以其他方面的成功来补偿因失败而丧失的自尊与自信。这就是人们常说的"失之东隅，收之桑榆"。如某大学生没有当上班干部，无机会表现自己的能力，于是便努力使自己的成绩名列前茅。又如，某大学生恋爱失败了，便积极参加文体活动，用成功来补偿失恋的痛苦。

（4）升华是指用一种比较崇高的具有创造性和建设性的目标代替，借以弥补因受挫而丧失的自尊与自信，减轻痛苦。升华是最积极的行为反应，从古至今演绎出绵绵佳话。如"文王拘而演《周易》；仲尼厄而作《春秋》；屈原放逐，乃赋《离骚》；左丘失明，厥有《国语》；孙子膑脚，兵法修列"。不仅如此，升华还是一种富有建设性的行为反应。它使人在遭受挫折后，将不为社会认可的动机和不良的情绪移到有益的活动中去，使其转化为有利于社会并为他人认可的行为。

2. 消极的自我防御

消极的自我防御包括固执、退化、逆反、攻击、轻生。

（1）固执：当个体一而再、再而三地遭受到同样的挫折，就会慢慢失去信心，失去随机应变的能力，而形成刻板的反应方式，盲目地重复同样无效的行为。固执行为不同于意志力，在这种行为反应中，个体往往不能客观正确分析失败的原因，反而采用刻板的方式盲目地重复着某种无效行为，是一种极不明智的对抗形式。如某大学生多次违反校规校纪受到批评，却固执地认为自己没错，屡教不改。在大学生中，固执行为往往容易发生在一些性格内向、倔强、看问题片面性的大学生身上以及由情感为纽带形成的消极的大学生非正式团体中。固执是非理智性的消极的行为，它往往使人企图通过重复无效动作以对抗挫折压力，对大学生的成长极为不利。

（2）退化：个体在受到挫折时，往往表现出与自己的年龄、身份很不相称的幼稚行为，或盲目地轻信他人、跟从他人等。表现这种行为方式的大学生往往对自己缺乏信心，看不到自己的力量，像孩子一样依赖他人，多指大人小孩状。如某女生刚入校，参加学生会干部竞选失败了，感到很"委屈"，无法进行理智分析和对待，不吃饭，也不上课，成天蒙头大睡。

（3）逆反：指个体在受挫后，不仅是一意孤行，而且根据自己的理解和情绪，对正确的方面盲目地持反抗、抵制和排斥的态度。用通俗的语言来说就是"你要我朝东我偏朝西"。如某大学生因为上课时受到教师的批评，他便采取逃课或不理睬教师的教学等方式来表现自己的不满。持逆反心理的人往往为了排除内心的不满，会采取一些不符合社会规范、不被允许的愿望和行为，产生一些反社会性行为。

（4）攻击：指个体在遭受挫折后，在情绪与行动上会产生一种对有关人或物的攻击性的抵触反应，以消除来自挫折的痛苦。攻击是一种破坏性行为，这种行为可分为直接攻击和转向攻击。直接攻击是指一个人受到挫折以后，把愤怒的情绪直接发泄到使之受挫的人或物上，如大学里发生的打架斗殴、损害公物等现象。这主要发生在自控力较差、鲁莽的大学生身上。转向攻击是指一个人受到挫折以后，把愤怒的情绪指向其他的人或物身上去。如大学生当受到老师批评时，把怒气发泄到别人或物品上。

（5）轻生：指受挫者受挫以后表现出的一种极为消极的行为反应。在现实中，

那些挫折的打击来得突然而得不到外力帮助的大学生，很可能自暴自弃，产生轻生厌世、自杀自残的行为，以此来获得内心痛苦的解脱。

3. 妥协的自我防御

大学生妥协的自我防御包括求得注意、合理化作用、自我整饰、责任推诿、反向、逃避、冷漠、压抑。

当一个人受到挫折后，采取一些暂时减轻受挫感的行为方式，以摆脱挫折给自己带来的心理烦恼，减轻内心的冲突与不安。它主要表现为以下几种。

（1）求得注意

求得注意即想方设法引起别人对自己的注意，如以大声喧哗、寻衅滋事、用恶作剧来显示自己。

（2）合理化作用

合理化作用即自我安慰，指无法达到追求的目标时，给自己一个借口来解释，但用来解释的借口往往是不真实的、不合逻辑的，但防卫者本人却能借此说服自己，感到心安理得。

（3）自我整饰

当个体遇到挫折之后，往往表面上不动声色，把心理上的烦恼、焦虑、苦闷统统埋藏在内心深处，向别人显示自己的长处，提高别人对自己的评价，从而减轻心理压力，以弥补失败所带来的自尊心的挫折。这种行为反应往往起着自我欺骗和自我麻痹作用。

（4）责任推诿

当个体遭到挫折后，不是从本身的缺点、弱点方面加以分析，而是把责任推给他人、埋怨他人，以减轻自己的焦虑与不安。

（5）反向

行为相反于动机而行，如：自卑的同学往往表现出高傲自大；对异性充满向往，却装出不屑一顾的样子等。虽然这种行为可以在一定程度上掩饰个体的真实动机，但是，掩饰包含着压抑，长期运用会从根本上扭曲自我意识，使动机与行为脱节，造成心理失常。

（6）逃避

逃避是指大学生遇到挫折后，不敢面对自己所预感的挫折情境，而逃避到比较安全的环境中去的行为。逃避有三个表现，一是逃到另一种现实中，如学习不好就玩游戏，沉溺其中；二是逃向幻想世界；三是逃向疾病，如某大学生因为英语口语较差，每次上课从不开口说英语，甚至拒绝上英语听力课，不参加考试，以此来逃避失败。

（7）冷漠

冷漠即表现出对于挫折情境漠不关心、无动于衷等情绪反应。如有些大学生的社会活动能力较差，多次失败，他们渐渐地对大学生活、同学关系、社会活动持冷漠的反应行为，表现出死气沉沉、缺乏集体感。

（8）压抑

压抑是指把不愉快的经历和体验压抑到无意识中，不去回忆，主动遗忘；适度的压抑有利于情绪的调整，但长期的压抑会导致更强的挫折与心理不适。

总之，积极的行为反应有助于大学生适应挫折、化解困境，利于他们的成长；消极的行为反应只能起暂时平衡心理的作用，不能解决问题，有时会使当事人在一种自我欺骗中与现实环境脱节，降低适应能力，形成一些恶习，埋下心理病患的种子，影响其身心健康和全面发展。大学生应该树立积极的心理防御机制，增强自己的耐挫力，以适应社会的发展。

## 三 挫折与大学生成才

### （一）挫折能够增强大学生的聪明才智

失败是成功之母，错误是正确之母。

化学家门捷列夫说过，一个人要发现卓有成效的真理，需要千百个人在失败的探索和悲惨的错误中毁掉自己的生命。

大科学家爱迪生也说过，失败也是我们所需要的，它和成功一样对我有价值。只有在我知道一切做不好的方法以后，我才知道做好一件工作的方法是什么。

当人们在遭遇挫折之后，总要反省自己，去认真总结经验教训，探究导致失败的原因，寻找摆脱困境的方法。

挫折的经历对大学生是十分可贵的。挫折使大学生们"吃一堑，长一智"，它使大学生学会反省、思考、总结、探索、创造，能使大学生不断提高认识、增长才智，变得更加聪明起来。

### （二）挫折能激发大学生的进取精神

牛顿曾说过，如果你问一个善于溜冰的人如何学得成功时，他会告诉你："跌倒了，爬起来，便会成功。"

对于一个有志向的大学生来说，挫折的发生，往往会唤起他的斗志，激发他的进取心。在复杂的现实生活中，成功和挫折、失败并不是绝对的，两者之间往往仅一步之遥，此时的失败可能连着彼时的成功。如果拒绝了失败，实际上也就拒绝了成功。

挫折是使人迈向成功的催化剂。每一次挫折的洗礼，都会激发大学生去懂得为人处世之道，掌握经纬世事之术，不断深化和提高对自我的认识，特别是对自我的错误与缺点的认识，在思想上和行为上走向成熟。

### （三）挫折能增强大学生的耐受力

人们对挫折的耐受力大小与其过去生活中的挫折经验相关。当代大学生大多是独生子女，从小备受父母呵护，成长的道路往往一帆风顺，对挫折的容忍力较弱。

只有"忍人所不能忍，为人所不能为"，才能获得成功。

### （四）挫折能磨砺大学生的意志

"自古英雄多磨难，从来纨绔少伟男。"历史上一帆风顺而又有大成就的人是少见的。真正出类拔萃的人，大都是那些历尽艰辛，在挫折中磨炼出坚强的意志，在逆境中不懈奋斗的人。

越王勾践卧薪尝胆十年，终报亡国之仇；罗斯福身有残疾，却凭借渊博的知识、睿智的头脑、自强不息的精神获得人民的拥护，连任四届美国总统；爱迪生67岁那年遭遇火灾，多年的研究成果付之一炬，但他并未伤心消沉，第二天又同往常一样，重新开始埋头于他的研制工作。

"人生不如意事十之八九。"挫折是人生的一笔财富，只有当人们认真地反思自己的行为，反思自己过去的错误，找到错误发生的原因与纠正和预防错误的办法时，才会少走弯路，最终攀上成功的峰峦。

## 四　大学生挫折承受力的培养

挫折承受力是指个体适应挫折、抵抗和应付挫折的能力，是个体在遇到挫折情境时，经受打击和压力，摆脱和排除困境而使自己避免心理与行为失常的一种耐受能力。挫折承受力是维护个体心理健康的一道防线。因此挫折承受力较低的人，几经挫折的打击之后，容易失去人格的统整性，甚至会出现人格扭曲，形成行为失常和心理疾病。可见，挫折承受力是个体适应环境必不可少的能力之一。

挫折承受力是后天学习来的。因而，无论是家庭还是学校，都应该教育大学生学会承受日常生活中遇到的挫折，鼓励他们从挫折失败中获得经验教训，增强克服困难的信心，而且要通过提供适度的挫折情境，采取恰当的方法来锻炼大学生的挫折承受力。

人们对挫折的承受力有着鲜明的个体差异。心理学家的研究认为，一个人的挫折承受力取决于多种因素。

1. 生理因素

身体健康的人比体弱多病的人更容易承受挫折。

2. 心理因素

一是人格因素，性格开朗、个性完善、意志坚强的人比消沉抑郁、内向自闭的人更能应对挫折；二是自我认知，凡是建立积极的自我认知的大学生面临挫折时容易客观正确地看待挫折并合理运用心理防御机制，化解挫折并将挫折转化为动力；而自我认知不足的大学生遭遇挫折时容易走极端，陷入管状思维中；三是心理预期，个体对自我的心理预期越高，遭受挫折的心理承受力越弱，一个优秀的大学生很难接受自己平凡的现实，因而受挫，反之，一个对大学生活没有很高预期的学生面临挫折心理相容度会更高些。

3. 个人因素

一是个人目标理解。行为所指向的目标对个体越重要，受到挫折后的反应越强烈，一个渴望出国深造的学生被拒签后的心理承受力会更低；二是目标距离，目标距离越近，则对挫折的承受力越大，即当个体几乎达到目标时经历失败会不甘心而继续努力尝试，如果一开始就失败，会早早放弃，心理承受力反而小。如心理学家对老鼠的实验：在一条长通道的一端给老鼠喂食物，这食物是老鼠所希望得到的目标。然后在通道的不同位置设立路障，构成对到达目标的挫折。结果发现，如果路障设得越接近目标物，老鼠在放弃尝试前走的次数越多。另一个以大学生为对象的实验研究，是让他们试走迷宫，在不同地点堵塞通路，也发现越是走到接近出口处的人，越不愿放弃目标，从而做出更多次数的尝试。

4. 社会因素

一是生活阅历。随着生活阅历的丰富，人们逐渐在挫折中成长，承受挫折的能力增强了；二是社会支持。一个人拥有的社会资源越多、社会支持体系越完备，获得的心理援助越多，更容易走出挫折情境。

## 五 大学生提高抗挫折能力的途径

### （一）要有正确的自我评价

自我评价是心理学中自我意识的一个方面，是指人对自身条件、素质、才能等方面情况的一种判断。大学生对自我的评价得当与否，将直接影响到大学生活中的学习效能、职业选择和事业奋斗中的自信心。

正确地进行自我评价一般可以通过两种渠道：直接的自我评价和间接的自我

评价。

进行直接的自我评价，首先要认识到自己的自然条件，包括健康情况、心理状态、情感特点、兴趣倾向、知识水准、专业特长、智力情况、能力特点，还可以测定一下自己的生物节律周期、智商指数、气质类型、性格类型等作为参考。

其次，是用自己在不同领域的实践中（如对各个科目的学习）取得的不同成绩相比较，以发现自己的长处，确定奋斗的目标。

间接的自我评价法，是指通过与他人行为的对照及情况的对比，发现自我认识的错位。"不识庐山真面目，只缘身在此山中"，这是一些人不能对自己做出正确的自我评价的原因之一。当局者迷，那么就不妨用与他人相比较的方法及用自己在不同领域中取得的不同成果比较的方法鉴别一下。

对大学生来说，在自我评价的问题上常常会具有两重性，一方面好幻想，把个人的境遇、发展、前途勾画得绚烂多彩；另一方面又常常低估自己的才智和工作能力，自我评价常常是过谦的甚至是比较自卑的。

"天生我材必有用"，"尺有所短，寸有所长"，每个人都有自己的长处和短处。有的人可能不辨音律，却有高超的组织才能；有的人也许不解数字之谜，却心灵手巧，长于工艺；有的人可能不会琴棋书画，但酷爱大自然，精于园艺；有的人或许记不住许多外语单词，但有动人的歌喉，擅长文艺。

正确的自我评价是帮助我们做出正确的奋斗方向的前提。在实践的鉴别中，在与他人的比较中，要使思维方法尽可能地全面些、辩证些、灵活些。

人的知识、才能通常是处于离散、朦胧状态的，需要人们不断地挖掘、发现和开发。从个人兴趣爱好、思维方式的特点、毅力的恒久性、已有的知识结构、献身精神与果敢魅力等方面进行全面的考察和测试，将为你作出科学的自我评价提供有益的帮助。

### （二）勇敢面对挫折，保持良好心情

生活的挫折会在一个人身上产生什么样的影响，取决于一个人的态度，悲观消极的人视压力为洪水猛兽，不是采取逃避方法，就是自怨自艾，不肯面对。但如果能以乐观的态度视挫折为人生的挑战，视它们为自己走向成熟的机遇，以积极的态度去寻求解决问题的方法，努力改变自己可以改变的事情，则会让挫折转化为生活中的动力。

### （三）建立良好的人际关系

孟子说："天时不如地利，地利不如人和。""人和"就是指人际关系。大学生之间要建立和谐、协调的人际关系。在交往中平等交往，要在人际交往中大度、有气量，能克己容人，要使自己有更多的渠道和机会与更多的同学接近和交往，要相互理

解，减少矛盾。

### （四）增强心理保健意识，掌握心理调适方法

大学生要增强心理健康意识，要认识到心理健康要靠自己维护，一切外部的帮助都是间接的，心理医生能做的也只是"助人"。因此，大学生应善待自己，帮助自己，掌握自我调适的方法，维护心理健康，保持心理平衡。如通过体育锻炼、听音乐等活动的合理宣泄法；转移思维方式的角色换位法；选择对自己有利的角度去思考问题的认识调适法；等等。

大学生可以用转移、宣泄、暗示、幽默的方法来克服自身的不良情绪；用激励、锻炼、立志来培养意志品质；用积极的评价、自我暗示、竞争意识来建立自信。这样有助于自己深刻认识人生道路的曲折性，增强抗挫折能力，从而能在失败中修炼自我，挖掘自我，超越自我，塑造健全的人格，提高独立处理问题、驾驭复杂局面的能力，坦然面对人生道路上的各种挫折。

## 参考文献

［1］桑特罗克．心理学和我们［M］．吴思为，等译．上海：上海社会科学院出版社，2007．

［2］韦德．心理学的邀请［M］．白学军，译．北京：北京大学出版社，2005．

［3］邱鸿钟．大学生心理健康教育［M］．广州：广东高等教育出版社，2012．

［4］夏翠翠．大学生心理健康教育：慕课版［M］．北京：人民邮电出版社，2017．

［5］俞国良．大学生心理健康［M］．北京：北京师范大学出版社，2018．

［6］李玲，袁有社．大学生常见心理挫折及其调适［J］．延安教育学院学报，2008，22（3）：8-10．

［7］冯海成，郑建锋，王闯．大学生挫折分析及调适策略思考［J］．中国校外教育，2011（02）：28-29．

［8］胡象斌，吴量．大学生心理健康教育［M］．西安：西北工业大学出版社，2017．

［9］李汉华．大学生心理健康教育［M］．北京：北京理工大学出版社，2011．

［10］李美华．心理学与生活［M］．长沙：湖南师范大学出版社，2017．

# 第五章 大学生学习与创新心理

## 心理引言

**【案例1】** 来自小文的自白:"上大学后,我忽然感到心中茫然,学习没有动力,生活没有目标,有时候想到辍学在家的妹妹和年迈的父母,我也恨自己不争气,可我的确找不到奋斗的目标与学习的动力,学习上得过且过,生活上马马虎虎,漫无目的,上课打不起精神,我不是因为喜欢上网而荒废了学业,而是因为感觉学习实在没劲才去上网聊天打游戏。我如何才能摆脱这种状态?"

**【案例2】** 来自同学们的心声

同学A:"学不在深,抄上则灵,分不在高,及格就行。斯是教室,惟有闲情;小说读得勤,无书声之忧耳,无思考之苦心。寻思上网吧,打牌下象棋,心里曰:'混文凭!'"

同学B:"上这种课,过时不说,不如自己去看书!"

同学C:"选修课必逃,必修课选逃。今天不去了,点名了就说我病了啊!"

同学D:"这种破专业,学来有啥用,不如上网打游戏来得过瘾。"

【编后语】第一，大环境的改变能决定我们的成功与失败。大环境的改变有时是看不见的，我们务必时时注意，多学习，多警醒，并欢迎改变，才不至于无法适应环境改变。第二，太舒适的时刻就是最危险的时刻。习惯的生活方式，也许就是最危险的生活方式。应不断创新，打破旧有的模式，而且相信任何事都有可以改善的地方。第三，要能觉察到趋势的小改变，就务必停下来从不同的角度思考，而学习是发现改变的最佳途径。

## 思考

读中学的时候，大部分同学明白自己是为何而学习，学习目标非常清晰和确定——考上一所理想的大学。为了实现这个目标，想方设法提高各门功课的成绩，向更高分靠近。然而，上了大学之后，很多同学享受着大学的舒适，逃课、上网、追剧、打游戏……到大学快毕业的时候才开始慌起来：怎么办，我好像什么都还没有学到！

希望同学们能带着对以下问题的思考进入本章的学习：

大学对我们每个人究竟意味着什么？

我究竟是为什么读大学？

我到大学最想学什么？

我想要的和实际学习的是否存在差异？

我该如何提高学习能力？

我该怎样突破学习壁垒？

……

## 名人说

三人行，必有我师焉。择其善者而从之，其不善者而改之。　　——孔子

学习要有三心：一信心，二决心，三恒心。　　——陈景润

创新是一个民族进步的灵魂，是国家兴旺发达的不竭动力。　　——江泽民

我没有什么特别的才能，不过喜欢寻根刨底地追究问题罢了。　——爱因斯坦

对于一个艺术家来说，如果能够打破常规，完全自由进行创作，其成绩往往会是惊人的。　　——卓别林

世界上最快而又最慢、最长而又最短、最平凡而又最珍贵、最易被忽视而又最令人后悔的就是时间。　　——高尔基

# 第一节
## 大学生学习心理概述

### 一 大学生学习心理与特点

1. 学习的概念

学习对人类发展来说是一个恒久不变的话题,"学习"一词的最早来源是《论语》中的"学而时习之,不亦说乎"。"学"就是获得知识与技能,"习"就是巩固知识与技能。21世纪是终身学习的世纪,学习成为人们的基本生存方式。我们只有坚持学习,了解学习的心理过程和影响因素,掌握学习养成的方法策略,养成良好的学习意识、学习情感、学习态度和学习行为,才能做到习近平总书记所说的"知识经济时代,一个人必须学习一辈子"。

学习可以从广义、狭义两个角度来定义。广义的学习是指人和动物在后天生活过程中通过练习或经验而产生的行为或内部心理的比较持久的变化的过程。狭义的学习专指人类的学习,指的是人类在社会生活实践中,以语言为中介,自觉地、积极主动地掌握社会和个体经验的过程。人们常说的"学习"通常指的就是狭义的学习。(见表5-1)

表5-1 不同层次的学习

| 生物界的学习 | 人类的学习 | 学生的学习 | 不同领域的学习 |
| --- | --- | --- | --- |
| 低层次的学习;<br>主要探讨动物学习和人类学习中共同的部分。 | 中等层次的学习;<br>体现着人的社会性;<br>具有能动性;<br>可借助语言来获得人类的间接经验。 | 高层次的学习;<br>以间接经验的掌握为主线;<br>是在有计划、有目的、有组织的条件下进行的;<br>具有一定程度的超前适应性。 | 包括知识学习、技能学习、品德与态度的学习等;<br>不同领域的学习规律不同;<br>就目前的研究而言,知识学习是研究得最彻底、最深入的领域。 |

根据学习的结果、过程和条件的不同,历史上形成了学习的两种心理学范式。一是联结派的学习观,以桑代克、巴甫洛夫、华生、斯金纳等心理学家为代表,认为学习就是通过不同方式建立刺激与反应的联结,使有机体形成"刺激—反应"的联结,并以强化为中介变量促进联结进程,提高学习的效率和质量。联结派形成的学习范式

是："学习—强化—再学习"，它注重的是学习外部条件，忽略内部条件。二是认知派的学习观，以格式塔的"认知—完形"说、托尔曼的"认知—符号"说、布鲁纳的"认知—发现"说、建构主义的"认知—建构"说为代表，认为学习是积极主动进行复杂的信息加工活动的过程，是有机体形成反映整体联系与关系的认知结构。认知派形成的学习范式是："理解—内化"，它注重学习的内部条件主动性、内部动机、过去经验、智力等。

2. 学习的分类

认知心理学家奥苏伯尔根据对学校学习心理的研究，将学习类型做了以下的划分（见表5-2）。

（1）从学习的方式将学习分为接受学习与发现学习。接受学习指的是教师将要学习的全部内容以定论的形式呈现给学习者，并使学习者对所学的材料加以内化的一种学习过程。发现学习指的是由教师创设情境，使学生在这种情境中产生矛盾，从而进行主动、积极的思考，提出要解决的问题和设想，通过分析、运算和操作等过程，最后自行发现原理、原则，达到掌握知识的过程。

（2）从学习内容能否与学习者联系起来将学习分为机械学习与有意义学习。机械学习指的是学习者并没有理解符号代表的知识，只是依据字面上的联系，记住某些符号的词句或组合，死记硬背。有意义的学习指的是新学习的知识与已有知识结构做了实质联系。

**表5-2　奥苏伯尔关于学习的分类**

| 划分标准 | 类　　型 | |
| --- | --- | --- |
| 学习方式 | 接受学习<br>将别人的经验变成自己的经验<br>例如：看音乐录像带学唱新歌 | 发现学习<br>个体自己去独立发现、创造经验的过程<br>例如：发现新的旅游线路 |
| 学习内容能否与学习者联系起来 | 机械学习<br>在缺乏某种先前经验的情况下，靠死记硬背进行学习<br>例如：开始学一门新的外语 | 有意义学习<br>学习者利用原有经验来进行新的学习，理解新的信息<br>例如：攻读感兴趣的学科的研究生 |

接受学习并不一定就是机械学习。接受学习是教师将知识先呈现给学生，再使学生将其内化、理解的过程。如果呈现的知识是有逻辑意义的，而学生的内化又是有效

的，那么接受式学习就不是机械的。

3. 大学学习的特点

学生的学习是在教师的指导下，有目的、有计划、有组织地进行的，是以掌握系统的科学知识为前提的、特殊的认识活动。在学习中会有发现与创造，但主要内容还是学习前人积累的知识与经验，重要的是间接经验的学习与掌握。学生的学习不但要掌握知识经验与技能，还要发展智能、培养品德及促进健康个性的发展，形成科学的世界观。

大学的学习在以上学习特点的基础上，还具有其特殊性。

（1）学习的专业性。大学的学习内容围绕专业方向和需要展开，是一种以掌握专业知识和技能为特征的社会活动。而各个专业之间在课程设置、人才培养目标、教学内容、教学安排等方面存在一定的差异。一旦学生选定某个专业，就将在整个大学期间围绕该专业进行全方位的学习，掌握该专业所具备的知识与技能。

（2）学习的自主性。大学期间的课程表不像中学排得满满当当，学生有更多自由支配的时间，老师的授课内容也不像中学那样面面俱到，而是少而精，有时候学生会发现，一个学期快结束了，但是课堂上涉及教材的知识才一半，这就要求大学生具备自主学习的能力，从如何选课、如何安排学习时间，到如何选择学习方式全都要靠自己。学习的自主性对于学生在校期间的学习成绩、专业知识掌握程度、未来的就业等方面都有较大的影响。

（3）学习的探索性。大学的学习不仅是进行机械学习，更要去进行发现学习，学生不能只是被动地接受知识，还必须主动去研究和探索知识。教师给学生的不再只是定论的知识，而是提供各种观点或者方向，让学生以团队合作或者独立思考的方式去收集资料、分析资料，从而得出自己独到的知识与见解，提高分析问题和解决问题的能力。

（4）学习的多样性。大学校园给大学生提供丰富多样的教育教学环境，学生在学校不只是学习专业知识，同时也在锻炼人际沟通能力、领导管理能力、艺术创作能力、动手操作能力等等，衡量一个大学生的学习能力不是靠单一的学业成绩，而是多种能力的综合考虑。

## 二 影响学习的因素

### （一）影响学习的智力因素

通俗地讲，智力就是指一个人是否聪明，脑筋灵不灵。但若要给它下一个科学的定义，就不那么容易了。这是一个长期争论而且众说纷纭的问题。归结起来，大致有以下几种观点："智力是抽象思维的能力""智力是学习的潜能""智力是适应环境的能力""智力是分析问题和解决问题的能力""智力是创造新事物的能力""智力是偏于认识方面的个性特点"等等。不管哪种观点，都不可否认智力是一种以脑的神经活动为基础的偏重于认识方面的潜在能力。

抛开智力的定义，智力因素主要包括思维力、注意力、观察力、记忆力和想象力五个主要的方面，其中思维力是核心。一个智力优异者，这五种能力都应该是优异的，这就要求智力养成必须从全方位入手。

1. 思维力

从心理学的角度而言，思维是智力的核心，它指的是人脑对客观世界的间接认识，是人类所具有的高级心理活动。训练学习思维意识，培养良好思维习惯，才能快速提升思维能力。第一，要克服求同思维中的定式作用。思维定式有一定的经验性，但由于其强大的惯性，也往往容易导致思维惰性，带来负效应。第二，要培养求异思维。求异思维有三个特点：流畅性，可以用在单位时间内由一个项目联想到同种类的其他项目的数量多少来衡量；变通性，可以用由一个项目联想到其他种类的项目的多少来衡量；独创性，可以用由一个项目所联想到的其他种类的罕见项目的多少来衡量。第三，要训练创造性思维，创新是发展的第一动力，是一个民族进步的灵魂。在学习过程中，要敢于质疑，敢于不断提出问题并解决问题。

2. 注意力

注意力是心理活动或意识对一定对象的指向和集中，是智力活动的基础条件。一般分为有意注意和无意注意。有意注意指的是有预定目的、需要意志努力的注意；无意注意是指没有预定的目的，不需要意志努力自然而然产生的注意。只有有意注意的学习会让学习者疲劳，产生学习倦怠；只有无意注意的学习会让学习者的学习失去控制，容易放弃学习。因此，学习者应有意识地运用无意注意和有意注意的转化与交替规律，保持对学习稳定的注意。

3. 观察力

观察力是指大脑对事物的观察能力。人的观察力并非与生俱来，而是在学习中培养、在实践中锻炼起来的，在学习中可以有意识地培养自己对事物进行科学观察的能力和习惯。

4. 记忆力

记忆指的是通过识记、保持、再现等方式，在人们的头脑中积累和保存个体经验的心理过程。记忆力是学习的基础，是掌握知识的先决条件。学习者应该了解记忆的特点与规律，根据年龄、材料、场合、心境、情境等因素选择正确的学习方法，提高学习效率。

5. 想象力

想象力是一种特殊形式的思维，它指的是人们在已有形象的基础上，在头脑中创造出新形象的能力。关于想象力，作家汪静之有一段非常贴切的比喻："经验犹如一粒种子，想象却是一朵花了；经验犹如一缕缕的丝，想象却是有花纹的绫罗锦绣了；经验犹如泥土木石，想象却是庄严灿烂的巍巍宫殿了；经验犹如筋肉皮骨，想象却是闭月羞花的美人了。"

（二）影响学习的非智力因素

一般而言，非智力因素可以从广义和狭义两个方面来理解。广义的非智力因素包括智力以外的心理因素、环境因素、生理因素等。狭义的非智力因素则指那些不直接参与认识过程，但对认识过程起直接制约作用的心理因素，主要包括：兴趣、情绪、态度、意志、个性（气质、性格）等，其中个性是核心。通常，我们所指影响学习的非智力因素是狭义的。非智力因素并不直接参与人对学习活动的具体操作，但非智力因素能对学习提供动力，并起到调节、维持和定向等作用。生活中大多数人的智力水平相差无几，往往是非智力因素决定了一个人的学习成败。

影响学习的非智力因素主要包括了学习兴趣、学习动机、学习热情、学习意志和学习性格五个方面。

1. 学习兴趣

兴趣是人们将注意力集中于某一对象，并伴有喜欢、愉悦的感情体验的心理状态。学习兴趣以认识和探索某种事物的需要为基础，是推动人去认识事物，探求真理的一种重要动力，是学生学习中最活跃的因素。有了学习兴趣，学生会在学习中产生很大的积极性，会去主动学习思考。

2. 学习动机

动机是由某种需要所引起的有意识的行动倾向，它是激励或推动人去行动以达到一定目标的内在动因。大学生学习动机是直接推动学习的内部力量，也是一种学习的需要。

3. 学习热情

情绪作为一种内在的动机力量，直接影响着学生的学习。情绪对人的学习行为有双重作用，既能促进、增强学习效果，也能削弱、降低学习效果。一般来说，高兴、快乐、喜悦，推动着学生积极自觉地去完成一项学习任务，对学生的学习起促进作用；痛苦、忧伤、愤怒，抑制着学生的学习热情，甚至会使学生拒绝接受老师布置的学习任务，对学生的学习起阻碍作用。但是，因高兴过度而得意忘形也会削弱学习效果，而"化悲痛为力量""化压力为动力"也可化消极情绪为积极力量，从而促进学习。

4. 学习意志

对于意志在学习中的作用，古今中外的学者都有深刻认识。荀子提出"锲而舍之，朽木不折；锲而不舍，金石可镂"；苏轼也说"古之成大事者，不惟有超世之才，亦必有坚忍不拔之志"。有人对大学生的学习曾做了这样的描述，大学生差别最小的是智力，差别最大的是毅力。意志对一个人的成长和成才都有着十分重要的意义。一个具有坚强意志的学生，不仅能促进其情感和智力的发展，而且可以调节和控制自己的情感，主导和支配自己的认知活动，按照自己的预定目标，勤学苦练，克服困难，向科学知识的高峰不断攀登。

5. 学习性格

性格是非智力结构中的核心成分，它决定着个体活动的方向和性质。具有某种性格特征的人，往往以其独特的处事态度和行为方式进行活动。性格具有较大的稳定性和一定的可塑性。它是在遗传的基础上，由环境和教育因素共同决定的。学生的性格特征与其学习效果之间是相互影响的。良好的性格特征有助于学业成功，而学习上的成功又会增强学习者的信心，学习更加勤奋，进而促进"开朗、乐观和积极进取"等性格特征的发展。

## 三 学习心理问题及调适

### （一）学习动机缺乏

动机是在自我调节的作用下，个体协调自身内外的诸多要求，从而形成的激发、维持行为的动力。学习动机是直接推动学生进行学习的驱动力，能够引起和维持学生的学习活动，并使学习活动指向一定的目标。适当的学习动机能够有效促进学生的学习，为学习效果提供良好的保障，但如果缺乏动机，则会使学习效果大大打折。

1. 学习动机缺乏的表现

学习动机缺乏在大学校园中比较常见，主要包括以下几种。

（1）逃避学习。不愿意上课，课上无精打采，能逃课就逃课；课后很少学习，老师布置的作业常常不能完成，或者是随便抄一下应付；常常把时间放在打游戏、刷短视频、追剧等跟学习无关的活动上。

（2）注意力分散。人在课堂，但心在别处，不能集中注意力于课堂，容易被一些

无关事务吸引注意力。

（3）厌倦学习。对所学内容提不起兴趣，常常对学习感觉厌倦，一提到学习就觉得烦恼、头疼。

（4）主动性差。学习上没有明确的目标，常常采取被动的学习态度，很少主动学习，喜欢随大流，缺乏学习的主动性和独立性。

2. 学习动机缺乏的原因

造成学生学习动机缺乏的原因不外乎以下几个方面。

（1）社会。"有钱就有一切"的价值观、"校园经商热"、"学得好不如嫁得好"的婚恋观等都对大学生的学习动机产生了负面的影响。

（2）学校。对于学生来说，校园环境、教学设备、教学过程、教师素质等学校的因素都有可能导致他们学习动机缺乏。

（3）家庭。主观方面，有些家长对孩子的期望过高、管教太严，使孩子产生逆反心理，不愿意学习；有些家长向孩子散布实惠思想和读书无用论，削弱了孩子的学习动机。客观方面，有些家长利用自己的社会关系，对孩子的一切大包大揽，使孩子觉得学好学坏无所谓；有些经济条件差的家长只想让孩子早点工作挣钱，对孩子的日常学习不关心、不支持。

（4）个人。前面说的三个原因都是外部原因，个人原因则是内部原因，也是最主要的原因。大学生的兴趣、毅力、价值观等都影响着学习动机。比如：所学专业不是自己的兴趣所在，课程的内容离自己的爱好相去甚远，根本没有求知的愿望，在学习时就会感到厌烦，从而减弱了学习动机。再比如：学生本身对通过学习掌握技能、维持生存、成就事业、享受生活的人生轨迹不认同，或者潜意识里不愿意长大，缺乏独立生活的意愿，或者自我认识倾向于建立在自我感觉良好的基础上，没有进一步完善自我、发展自我的需要，通过学习实现自我增值的学习动力就不存在。

3. 学习动机缺乏的自我调适方法

（1）树立目标，维持学习动力

学习的动机包括外在动机与内在动机。外在动机指的是学习带来的外部结果。一旦达到目的，动机就会下降，失败则会一蹶不振。内在动机是由学习本身的意义和价值引起的。在树立学习目标时，最好能同时激发外部动机和内部动机，维持学习动力。

（2）培养兴趣，激发学习动机

都说兴趣是最好的老师，对学习有了兴趣，自然学习动机就提高了。兴趣是可以培养的，首先，要多方面了解自己的专业与课程，明确学习内容对自己的知识技能、品行修养带来的积极影响；其次，要带着问题去学习，主动与同学、老师交流对问题的看法，多方面收集资料，加强对问题深度和广度的认识。

（3）端正态度，提高成就动机

成就动机指的是尽可能独立并成功地完成或掌握一些非常困难或极具挑战性事情的动力。成就动机是促使人产生成就行为的直接因素。在一定程度上，成就动机越强，对学习的推动作用越大。成就动机最初由麦克里兰和阿特金森提出，后来由阿特金森加以发展。阿特金森认为，成就动机由两种相反倾向的部分组成，一种称之为趋向成功，这类人喜欢选择有50%把握的、有一定风险的工作，通过完成任务提高其自尊心，获得心理上的满足；另一种称之为避免失败，避免失败型的人倾向于选择成功率100%的或成功率非常低的任务。选择容易的任务可以避免失败；选择过难的任务，即使失败也能找到借口以减少失败感。这种选择能防止自尊心受到伤害和产生心理烦恼。

## （二）学习动机过强

与缺乏学习动机的学生相比，有的大学生学习动机过于强烈，反而也影响了正常的学习。

1. 学习动机过强的表现

（1）学习上过于勤奋。有的学生几乎把所有的时间和精力都放在学习上，对于与学习无关的事情非常抗拒，生怕会影响学习。

（2）心理上习惯自责。非常在意学习的名次、成绩，如果学习上没有达到自己既定的目标，就会长时间自责，难以接受，产生挫败感甚至自卑感。

（3）情绪上容易紧张。压力比较大，对于考试非常紧张，常常绷紧心弦，难以放松心情，结果反而导致注意力不集中，严重的甚至会情绪崩溃，难以继续学习。

2. 学习动机过强的原因

（1）目标设置过高。

对自己的实力有不合理的估计，对学习目标设置过高。学习者需要制定一个正确的学习目标，目标的设置可以参考SMART原则，满足具体性（S）、可衡量性（M）、可实现性（A）、相关性（R）和时限性（T）五个原则。

（2）认知模式不当。

存在一些不合理的信念，比如："付出了努力就一定会有收获""只有考第一，才能让大家都喜欢我""如果此刻的我不是在学习，而是在娱乐的话，我就对不起辛勤劳作的父母"等。

（3）过于追求成功。

急于取得成就，想要战胜他人，想要证明给别人看，想要得到他人的肯定与赞赏。

3. 学习动机过强的自我调适方法

（1）正确认识学习动机与学习效率的关系。

耶克斯-多德森定律表明，人类的动机强度与活动效率之间呈倒"U"形曲线关系，中等强度的动机最有利于问题的解决。任务的难易程度不同，动机的最佳水平也会变化。对一个简单的任务，需要一个较高的动机水平。对于较复杂的任务，较低的动机水平更为有利。如图5-1所示。

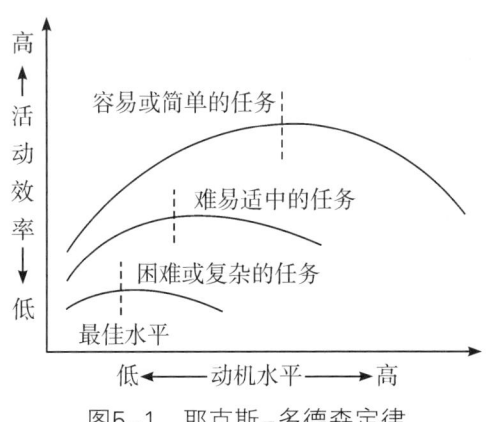

图5-1 耶克斯-多德森定律

（2）学会正确归因。

根据心理学家韦纳的归因理论，对学习进行积极归因能够调动学习积极性，激发并维持成就动机。学习者应从以下三点进行学习归因：一是努力归因，即对于学习的成败进行努力程度的归因；二是可控归因，即对成功和失败的情境进行可控归因而非不可控归因；三是分化归因，即对成功和失败形成分化的归因模式，具体问题具体分析。

## （三）学习焦虑

1. 学习焦虑的表现与原因

部分大学生存在着过度的学习焦虑情绪。具体表现如下。

（1）学习中心理压力太大，情绪压抑。失眠、急躁、莫名其妙的烦恼、怕环境吵闹、疲惫不堪、情绪不稳，无法专心致志地学习，程度重的还会出现各种躯体症状，如皮肤瘙痒、心悸、腹泻与尿频等。

（2）怀疑自己的学习能力，总担心自己学得不好，对可能取得的考试成绩信心不足，忧虑过度，以致寝食不安。

（3）夸大学习中的困难，为此惶惶不安，焦虑万分，无法平静地学习，导致学习信息输入与输出的困难，直接降低自身的学习效率。

2. 学习焦虑的自我调适方法

（1）正确认识焦虑的影响。

美国心理学家曾说过："焦虑本身毫无可怕之处，可怕的在于我们对它的态度。"发挥焦虑在积极方面的作用，抑制它在消极方面的作用。

（2）正确认识学习焦虑和学习效率的关系。

学习焦虑与学习效率之间呈倒"U"形的曲线关系，就是说学习焦虑处于中等程度时，学习效率最高、效果最好。这与前述的耶克斯–多德森定律相一致。

（3）调整心态，相信自己。

增加与老师以及同学之间的沟通交流，打开心扉，才能更好地消除自己的焦虑心情，从而获得舒畅的学习情绪。同时，要做到充分相信自己的实力，这也是消除焦虑最为关键的一点。

## （四）学习疲劳

学习疲劳是一种保护性抑制，经过适当的休息可以得到恢复。但是如果长期处于疲劳状态，就会导致大脑兴奋和抑制过程的失衡，严重的还会引起神经衰弱。

1. 学习疲劳的表现与原因

学习疲劳是因长时间持续进行学习，在生理、心理方面产生的劳累，致使学习效率下降，甚至不能继续学习的状态。学习疲劳可分为生理疲劳和心理疲劳。

（1）生理疲劳。生理疲劳主要是因为肌肉受力过久或持续重复造成肌肉痉挛、麻木、眼球发疼发胀、腰酸背痛等。

（2）心理疲劳。心理疲劳是由于长时间从事心智活动，大脑皮层兴奋区域的代谢逐步提高，消耗过程超过恢复过程，大脑得不到休息所引起的。疲劳的症状是感觉器官活动机能降低，注意力涣散，思维迟钝，情绪躁动，学习效率下降。

2. 学习疲劳的自我调适方法

（1）适当娱乐，放松身心。

在学习之余，可参加一些文体活动，使身心得到放松和调节，有利于消除疲劳，提高学习效率。另外，在紧张的学习之余，大声地唱一首自己喜欢的歌，既可以使自己感到愉快，也可以通过发音器官的运动，让疲劳随歌声飘散，或者适当进行有氧运动，在强身健体的同时愉悦自身的心情，缓解学习疲劳，保持健康的心理。

（2）充足睡眠，愉快身心。

每天还应保证充分的睡眠时间，根据自身情况给自己安排适当的休息时间，因人而异才能获得最佳的效果。还需要学会精神愉快地去学习，因为带着忧虑和烦恼、愁容满面地去学习，再简单的学习内容也会迅速使人疲倦。

## 第二节 大学生的学习策略

### 一 认知策略

认知策略是学习者信息加工的方法和技术，其基本功能有两个：一是对信息进行有效的加工与整理；二是对信息进行分门别类的系统储存。常见的认知策略包括复述策略、精加工策略和组织策略。

#### （一）复述策略

复述策略是指在工作记忆中为了保持信息而对信息进行反复重复的过程，是短时记忆的信息进入长时记忆的关键，具体包含以下策略。

1. 掌握记忆规律

根据心理学家艾宾浩斯的遗忘曲线（见图5-2），学习活动一开始，遗忘就开始了，且随着时间的流逝而先快后慢，遵循这个记忆规律，学习者应对所学知识及时进行复习，提高记忆效率。

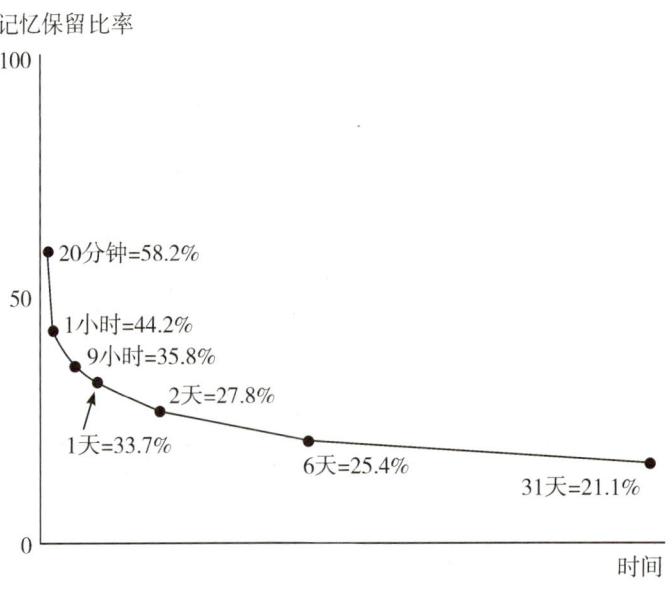

图5-2 艾宾浩斯遗忘曲线

2. 利用前摄抑制、后摄抑制

在记忆过程中，先摄入大脑的内容会对后来的信息产生干扰，使大脑对后接触的信息印象不深，容易遗忘，这称之为前摄抑制（先摄入的抑制后摄入的）。当一名学生在学过汉语拼音之后再去学英文单词，记忆英文单词会受到之前拼音学习的干扰和影响，这种作用就是前摄抑制。而后摄抑制（后摄入的干扰抑制先前摄入的）正好与前摄抑制相反，由于接受了新内容而把前面看过的忘了，使新信息干扰旧信息。当我们能熟练使用英语单词时，英语单词的读音和组合对我们回忆汉语拼音产生了影响和干扰，这种干扰就是后摄抑制。

如何运用这一规律来强化我们的记忆呢？"睡觉前"和"醒来后"的时间是两个绝佳的记忆黄金时段！睡前的这段时间内可主要用来复习，早晨起床后，不会受前摄抑制的影响，记忆新内容或再复习，则整个上午都会记忆犹新。

3. 善于分段记忆

请阅读下列资料。

从一个高的地方去远方

从低处回家稍纵即逝的快乐

转动的车轮它载着我

偶然遇见月光倾泻的苍白色

彩色的路标

禁止通行的警告

天空之下

我们轻得像羽毛

双眼是盲目的最佳玩伴

还是选择了不选择的旅途

……

明媚的角落反射着光芒

蝴蝶飞过城市高楼开出了花

被它唤醒的生命短暂一瞬

偶然丢失的彩色化作了粉末

彩色的路标

禁止通行的警告

现在，请你合上书本回想一下，你还记得这段资料中的哪些句子与内容？

很多同学记住的是这段资料的前面两句与后面两句，中间很多句子都记不住，这是为什么呢？因为人的记忆容量是有限的，加上前面所说的前摄抑制与后摄抑制的影响，一般而言，处在中间的材料容易忘，开头、结尾的材料容易记。每次不能记忆过多材料，否则很容易忘记，一个好的办法就是进行分段记忆。假如小文每天要记忆100个英语单词，这个数量有点大，小文很容易忘记，那么她可以尝试把100个英语单词分成五个模块，每次只记忆20个单词，人为制造开头和结尾，减少中间材料。

此外，还要使前后相邻的学习活动在内容方面尽量不同，例如文科和理科学习交叉进行，难度大的学科与较容易的学科交叉安排，并使中间有一定的休息时间。

4. 多种感官参与记忆

感觉通道指的是个体接受刺激和传入信息形成感觉经验的通道。按感觉通道的差异一般可以分为三类：视觉型、听觉型和动觉型。视觉型，即喜欢通过视觉的方式接受信息；听觉型，即喜欢通过听觉了解外在世界；动觉型，即喜欢通过动手（或身体运动）来探索外部世界，从而掌握有关信息。

这是导致很多人学习偏好不一样的主要原因，例如，有人喜欢阅读学习，有人喜欢听课，有人喜欢自己动手操作。每个人都有自己擅长的感觉通道，学习者应留心观察并运用自己擅长的感觉通道，提高对学习信息的敏感度。

研究表明，对多感觉通道信息的整合能提高学习的反应速度。据研究，只使用视觉通道，大约仅能记住材料的25%；只使用听觉通道，大约能记住材料的15%；视听结合，能记住材料的65%（见图5-3）。因此，在平时的学习中，学习者可以有意识地在学习过程中运用多感觉通道进行学习，适当训练多种感官参与记忆，采用多种形式进行学习，如讨论、讲解、做实验、写报告、作总结等，在大脑中留下多方面的回忆线索，提高记忆效果。

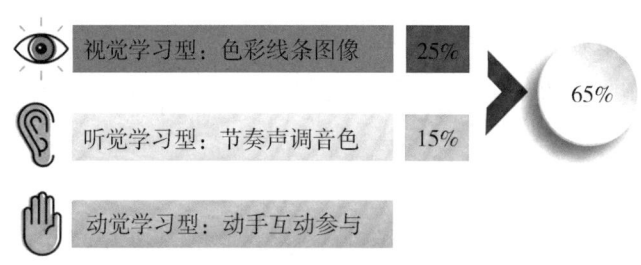

图5-3　多感觉通道信息整合图示

（二）精加工策略

精加工策略是指把新信息与头脑中的旧信息联系起来从而增加新信息意义的深层加工策略，具体包含以下策略。

（1）提问。利用"Who""When""Why""What""How"等问题，评估自己

的理解状态。

（2）记忆术。即把那些枯燥无味的信息赋予意义，使记忆过程变得简单有趣，如位置记忆法、谐音联想法、视觉想象法等。

（3）知识迁移。知识迁移是一种学习对另一种学习的影响，在学习这个连续过程中，任何学习都是在学习者已经具有的知识经验和认知结构、已获得的动作技能、习得的态度等基础上进行的。

按照原有知识结构对新学习的影响可分为正迁移和负迁移：若原有知识对新学习知识有促进作用，则称为正迁移，如学习骑自行车以后对学习摩托车有促进作用。若原有知识对新学习知识有阻碍作用，则成为负迁移，如学习了拼音以后学习英文容易混淆，产生阻碍作用。

（三）组织策略

组织策略是指整合所学新知识之间，新旧知识之间的内在联系，形成新的知识结构。组织策略对认知结构的改变主要体现在对知识的简化、系统化和概括化。具体包含以下策略。

1. 列提纲

列提纲指的是用条文式的简洁字句将作品的纲要记录下来。以写作文为例，提纲一般包含三部分内容：题目、主要内容和中心思想、作文的结构安排。

2. 绘图形

包括系统结构图、流程图、网络关系图、思维导图（见图5-4）等。

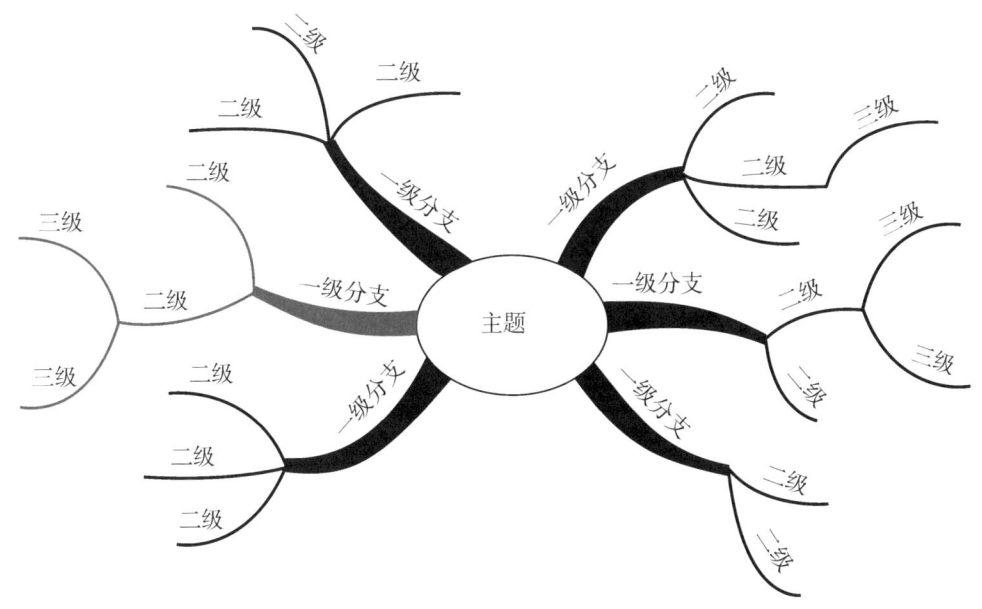

图5-4　思维导图

以思维导图为例，思维导图又称脑图，是一种将思维形象化的方法，用一个中央关键词以辐射线形连接所有的内容、思考、字词等项目。在设定关键词后，可由此中心向外发散出成千上万的关节点，每一个关节点代表与中心主题的一个联结，而每一个联结又可以成为另一个中心主题，再向外发散出成千上万的关节点，就如同大脑中的神经元一样互相连接。

3. 画表格

表格是一种组织整理数据的方法，包括一览表、双向表等。

## 二 元认知策略

元认知指的是对认知的认知，是认知主体对自身心理状态、能力、任务目标、认知策略等方面的认识及对这些方面的计划、监视和调节。元认知策略主要包括计划策略、监视策略和调节策略。

1. 计划策略

元认知计划是指根据认知活动的特定目标，在认知活动开始之前计划完成任务所涉及的各种活动，预计结果，选择策略，设想解决问题的方法，并预估其有效性。计划策略包括设置学习目标、浏览阅读材料、产生待回答的问题以及分析如何完成学习任务。

给学习作计划就好比是足球教练在比赛前针对对方球队的特点与出场情况提出对策。不论是完成作业，还是为了应付测验，学生在每一节课都应当有一个一般的"对策"。成功的学生并不只是听课、做笔记和等待教师布置的材料。他们会预测完成作业需要多长时间，在写作前获取相关信息，在考试前复习笔记，在必要时使用组建学习小组等方法。换句话说，成功的学生是一个积极的而不是被动的学习者。

2. 监视策略

元认知监视是在认知活动进行的实际过程中，根据认知目标及时评价、反馈认知活动的结果与不足，正确估计自己达到认知目标的程度、水平；并且根据有效性标准评价各种认知行动、策略的效果。元认知监视策略包括阅读时对注意加以跟踪、对材料进行自我提问、监视自己的学习速度和时间。

（1）对注意加以跟踪。

注意力是一种有限的资源，个体在同一个时刻只能注意到有限的事物。有效地选择学习中的重要的信息加以注意，能提高学习的效率。

（2）对材料进行自我提问。

为评估自己的认知程度与水平，学习者可以针对材料进行自我提问，检查自己的学习结果是否有进步，学习策略运用是否有效。

英语阅读理解自我监控问题单：

概览：这篇文章值不值得我细读？（从大小标题看）

初读：我扫清阅读障碍了吗？（背景知识、生字、生词）

细读：我能够把整个文章连贯起来理解吗？（句子、段落）

提要：我很好地把握住文章的主题和结构了吗？（用纲要法）

检测：我完成了预定的学习任务了吗？（句子、段落、结构记牢并熟练应用）

（3）监视自己的学习速度和时间。

很多大学生习惯在事到临头才开始考虑和筹划，结果发现所需要的工作量和时间超出预期，于是开始加班加点疯狂学习，结果搞得身心俱疲，而且学习效果也不好，所以学习者可以在学习开始前对总体任务和每项分任务做一个速度和时间的预估，在正式学习时监视自己的学习速度和时间，这样可以减少事到临头痛苦无助的风险，把时间安排得更加合理。

3. 调节策略

元认知调节是根据对认知活动结果的检查，如发现问题，则采取相应的补救措施，根据对认知策略的效果的检查，及时修正、调整认知策略。元认知调节策略能有效帮助人们矫正学习行为，补救理解上的不足。

例如，当学习者意识到他不理解课的某一部分时，他们就会退回去读困难的段落；在阅读困难或不熟的材料时放慢速度；复习他们不懂的课程材料；测验时跳过某个难题，先做简单的题目；等等。调节策略能帮助学生矫正他们的学习行为，使他们补救理解上的不足。

## 三　资源管理策略

资源管理策略可以帮助学习者管理可用的环境和资源，以适应自己的需要，改善学习策略。学习过程中的资源管理主要包括时间管理策略、环境管理策略、寻求支持策略等。

### （一）时间管理

1. 根据生物钟进行调节

在学习过程中要善于掌握和利用自己的生理特点和生理规律合理安排自己的学习。

首先，合理安排学习内容与学习时间。大脑活动的基本过程是兴奋和抑制，二者在一定条件下又相互转化。交替研究领域不同的、难度各异的几个问题也可以使大脑得到调节和休息，在学习过程中可以充分利用大脑的这一特点。

其次，要按照人体生物钟规律用脑。有的人清早起床时学习效率最高，有人上午十点左右是学习效率高峰期，也有人要等到晚上夜深人静的时候大脑才亢奋。人们还发现，在学习过程中，一周之内往往也有节律变化，如果周末休息，由于人的机体和脑细胞的"惰性"，星期一的学习能力较低，星期二到星期四期间会保持最高水平，而星期五和星期六则下降。在学习过程中，要有意识地将难度大、要求智力高的任务放在自己学习状态最好的时候来进行，学会科学用脑。同时也要保证充足的睡眠和营养摄入，注意劳逸结合，促进身心健康。

2. 掌握时间四象限法

要根据事情的重要性和紧急性程度，对学习任务进行分解，妥善安排学习时间。根据时间四象限法，可以将所有待处理的清单事务分类为：第一象限，重要且紧急；第二象限，重要但不紧急；第三象限，不重要且不紧急；第四象限，不重要但紧急。

（1）对于第一象限：立刻、马上、抓紧执行。处在这一象限的事务，在时间的紧迫性和事件的影响度上都占有关键的一面，所以没有时间留给你拖延，否则既耽误了时间，又造成不好的影响，甚至会导致你丢了饭碗。

（2）对于第二象限：先规划，后执行。处在这一象限的事务，不具有时间的紧迫性，但具有关键的事件影响度，所以在没有规定完成时间的前提下，我们可以暂且做好打算，再出发。

（3）对于第三象限：闲暇时做或者直接不做。处在这一象限的事务，既没有时间的紧迫性，也没有关键的事件影响度，所以干脆晚点做，或者不做就好了。

（4）对于第四象限：可授权别人做，可亲自做。处在这一象限的事务，具有时间的

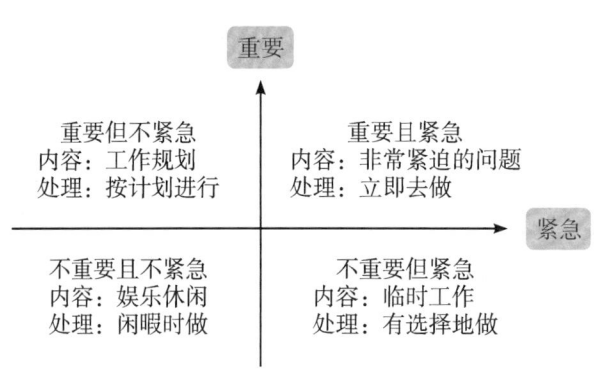

图5-5 时间四象限法

紧迫性，但不具有关键的事件影响度，所以当自己没有时间去做时，可以找到适合的人帮助你执行，不必事必躬亲，有时候"麻烦别人，也是促进情感的必要环节"。

## （二）环境管理

任何学习者都处于一定的社会环境中，他们自身的学习行为及其结果虽然离不开个人的努力，但更离不开与社会环境的交互。学习者应根据自己的学习风格和学习习惯营造最有利于学习的环境和条件。减少干扰，避免注意力的分散。

1. 遵循自己的学习风格

试一试：请从下面的右图中快速找到左图的图形。

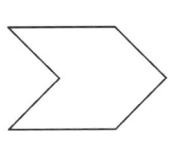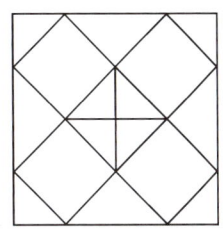

能够很快在右图中找到左图的同学就是"场独立型"学习风格，不容易找到的同学则是"场依存型"学习风格。

场独立型指的是很容易将一个目标从他的背景中分离出来，他们保持着内心世界的独立性，喜欢独立思考和钻研，不易受暗示。场独立型的学生可以尽可能选择安静的场所，更好发挥自己的才能。

场依存型的学生很难对事物作出独立的判断，他们在学习时易受外在动机支配，需要他人对自己的提醒与建议。场依存型的学生可以选择一个自己比较信任，或者学习能力较强的搭档一起进行学习，经常提醒或监督自己，以保障学习的效果。（见表5-3）

表5-3 场独立型与场依存型的特点

| 认知方式 | 参照标志 | 受暗示性 | 社会敏感性 | 擅长学科 |
| --- | --- | --- | --- | --- |
| 场依存型 | 外在 | 较强 | 较强 | 人文社会 |
| 场独立型 | 内在 | 较弱 | 较弱 | 自然科学 |

2. 养成良好的学习习惯

1978年，75位诺贝尔奖获得者在巴黎聚会。有人问其中一位：你在哪所大学、哪所实验室里学到了你认为最重要的东西呢？出人意料，这位白发苍苍的学者回答说是在幼儿园。又问：在幼儿园里学到了什么呢？学者答：把自己的东西分一半给小伙伴

们；不是自己的东西不要拿；东西要放整齐，饭前要洗手，午饭后要休息；做了错事要表示歉意；学习要多思考，要仔细观察大自然。从根本上说，我学到的全部东西就是这些。

爱因斯坦认为，"如果人们已经忘记了他们在学校里所学的一切，那么所留下的就是教育"。著名教育家叶圣陶也认为，"积千累万，不如养个好习惯"。习惯对一个人的影响是非常强大的，在学习中更是如此，只有养成良好的习惯，比如深入思考、独立学习等，才能有效利用学习时间，才能获得理想的学习成绩，才能在学习中有所建树。

（三）寻求支持

国内学者肖计划根据我国文化背景编制的应对方式问卷将人们的应对方式分为六种：解决问题、自责、求助、幻想、退避、合理化。六种应对方式可以组合成三种形式。第一种是解决问题—求助型：这类人在面对应激事件或环境时，常能采取"解决问题"和"求助"等成熟的应对方式。第二种是退避—自责型：这类人在生活中常以"退避""自责""幻想"等应对方式应对困难和挫折。第三种是合理化型：集成熟与不成熟的应对方式于一体，在应对行为上表现出一种矛盾的心态和两面性的人格特点。

俗话说："三个臭皮匠，赛过诸葛亮。"在学习过程中，我们难免会遇到障碍，这时不要只顾着唉声叹气或者自怨自艾，而是要主动寻求帮助，积极解决问题。

1. 主动查阅学习资料

前面说过，大学的学习是需要一定自主性的，当遇到学习障碍时，要学会主动去寻找相关资料，可以通过查阅教科书、工具书、互联网等对问题进行解答。当然，在查阅资料的同时要保持学习的独立性，不要过于依赖查找资料，要学会形成自己的观点和知识系统，逐渐提高学习能力。

2. 与他人交流，向他人求助

遇到自己无法解决的问题，主动向人求助，是非常理性的选择。与师生、朋友在学习上要经常交流切磋，不懂之处及时请教，学习他人的优秀之处。

## 第三节 大学生的创新心理

### 一 大学生创新心理概述

根据韦斯特词典，"创新"的基本含义是引入新东西、新概念或制造变化。具体而言，创新是根据一定目的和任务，运用一切已知信息，开展能动思维活动，产生出某种新颖、独特、有社会或个人价值作品的智力过程。创新是人与生俱来的一种先天属性，纵观人类的发展史，就会发现它其实是一部创新史。艺术大师徐悲鸿曾经说过："道在日新，艺亦须日新，新者生机也；不新则死。"无论是学习还是生活，无论是文化还是艺术，都不是简简单单地、按部就班地机械劳动，而是需要源源不断地进行创新，持续不断地进行创作。创新是知识经济的本质和灵魂，是时代赋予大学生的使命，更是大学生在社会中求生和发展的必备素质。

据高校大学生创新素质课题组的调研结果表明，当今大学生的创新素质令人担忧，主要体现如下：第一，创新意识不强；第二，知识面窄，学习中忽视了知识间的关联性，各种作业和论文缺乏新意；第三，信息加工能力、动手操作能力、表达能力较弱；第四，兴趣缺乏稳定性，在日常学习和生活中易虎头蛇尾、见异思迁。挖掘问题背后的原因，主要在于当今社会过分重视成绩，学生们不敢有超常或越轨的行为习惯。他们只敢在已知社会范围内追求成功，而不敢对失败可能性较大的未知事物冒险。种种原因使得大学生创新心理素质较低，阻碍和抑制了创新精神和创新能力的发挥。

事实上，大学生应该意识到，创新并不神秘，也不仅仅是科学家的事。只要拥有创新意识，很多人可以在生活、学习的各个方面激发出创新的火花。在全球化的趋势下，在信息飞速发展的时代下，大学生正面临着一个个充满机遇和挑战的新领域，面对这样严峻的挑战，需要依靠创新，透过一个全新的视角来洞察事物的本质，让这个世界充满青春活力。

### 二 创新思维

#### （一）创新思维概述

创新思维是人类独有的高级心理活动，人类所创造的成果是创新思维的外化和物化。创新思维不同于保守型思维，它突破传统思维的规范，不受任何束缚。

创新思维是指发明或发现一种新方式用以处理某种事物的思维过程，是创造性思维、发散思维与聚合思维的统一。创新思维是形象思维与抽象思维的统一，是创新能力、创新方法、创新实践的先导，是学生深刻地、高水平地掌握知识，并把这些知识广泛地转移到学习新知识的过程中，使学习活动顺利完成的重要心理基础要素。可以说，创新思维是整个创新活动的智力结构的关键，是创新能力的核心，应着力培养大学生的创新思维品质。

（二）创新思维的特征

创新思维作为一种思维活动，既有一般思维的共同特点，又有不同于一般思维的独特之处。具体表现如下。

1. 求异性

创新思维在创新活动中，尤其在初期阶段，求异性特别明显。它要求关注客观事物的不同性与特殊性，关注现象与本质、形式与内容的不一致性。

2. 联想性

任何事物之间都存在着一定的联系，这是人们能够采取联想的客观基础，因此联想的最主要方法是积极寻求事物之间的一一对应关系，从而达到创新的界域。

3. 发散性

发散性思维是一种开放性思维，是创新思维的核心。发散性思维能够产生众多的可供选择的方案、办法及建议，能提出一些别出心裁、出乎意料的见解，使一些似乎无法解决的问题迎刃而解。

4. 综合性

综合性思维是把对事物各个侧面、部分和属性的认识统一为一个整体，从而把握事物的本质和规律的一种思维方法。

5. 逆向性

逆向性思维就是有意识地从常规思维的反方向去思考问题的思维方法。如果大学生把传统观念、常规经验、权威言论当作金科玉律，就常常会阻碍创新思维活动的开展，不妨从相反的方向寻找解决问题的最佳办法。

6. 独创性

独创性思维在思路的探索上、思维的方式方法上和思维的结论上，能提出新的见解，做出新的发现，实现新的突破，具有开拓性、延展性、突变性。大学生要敢于打破陈规陋习，敢于摒弃陈腐观念，敢于怀疑现成的东西，敢于怀疑具有权威性的理论。

7. 灵活性

创新思维具有极大的灵活性。为了探索问题的解决方法，创新思维需要根据情况的变化随时作出相应的调整和修正，因而要求思维敏捷、机智灵活、善于变通。

### （三）创新思维的类型

创新思维的类型，主要有以下几种。

1. 延伸式思维

延伸式思维是指借助已有的知识，沿袭他人、前人的思维逻辑去探求未知知识，将认识向前推移，从而丰富和完善原有知识体系的思维方式。

2. 扩展式思维

扩展式思维是指将研究的对象范围加以拓宽，从而获取新知识，使认识扩展的思维方式。

3. 联想式思维

联想式思维是指将所观察到的某种现象与自己所要研究的对象加以联想思考，从而获得新知识的思维形式。

4. 运用式思维

运用式思维是指运用普遍性原理研究具体事物的本质和规律，从而获得新的认识的思维形式。

5. 逆向式思维

逆向式思维是指将原有结论或思维方式予以否定，而运用新的思维方式进行探究，从而获得新的认识的思维方式。

6. 幻想式思维

幻想式思维是指人们在现有理论和物质条件下，对不可能成立的某些事实或结论进行幻想，从而获取新的认识的思维方式。

7. 奇异式思维

奇异式思维是指对事物进行超越常规的思考，从而获得新知识的思维方式。

8. 综合式思维

综合式思维就是在对事物的认识过程中，将上述几种思维形式中的某几种加以综合运用，从而获取新知识的思维形式。

### （四）培养创新思维

创新是人脑的机能，人人都具有创新的禀赋。那么作为大学生，怎样去开发创新思维潜能，提高创新思维能力呢？

1. 破除创新思维障碍

大学生创新思维的培养常常会受到思维障碍的影响。创新思维的障碍主要来自三

个方面：思维惯性、思维定式和思维封闭。人的思维如果沿着一定的方向去思考，久而久之，就会形成一种思维惯性；而如果对于司空见惯的事物产生了思维惯性，我们也可以称之为"经验"，多次以这种经验对待客观事物，这种经验就会上升为非常固定的思维模式，即思维定式；而人的思维一直局限于某一境界，不去打开思维空间或没有上新的层次，就容易形成思维封闭。无论是思维惯性、思维定式还是思维封闭，都会阻碍创新的发展，成为创新思维的障碍。

2. 坚持独立思考

独立思考是培养创新思维的重要方式。自古以来，世界上众多发明家和科学家所共有的宝贵品质，就是不迷信权威、独立思考、大胆怀疑、敢于创新；作为一名大学生，学习知识同样也需要拥有独立思考的精神。

3. 提高想象力

从心理学的角度看，想象力是人类特有的把已有的知识和新的信息在头脑中重新组合的能力。创新的各种机遇，只有借助想象的力量，才会和思维碰撞爆发出灵感的火花；人类的任何智慧，只有经过想象动力的推波助澜，才会与行为整合转变为创造性的思想。

4. 把握直觉和灵感

直觉与灵感既有联系又有区别。一般来说，直觉是大脑的一种高级的理性"感觉"，灵感是以直觉为起点的，在肯定性的直觉思维的基础上，经过一种量的积累导致质的飞跃。心理学的研究表明，直觉和灵感是与创新动机和思维方法的不断寻觅相联系的，是以创新者对解决任务的方法的不断探索为前提的，创新和灵感不是从天上掉下来的，也不是心血来潮、灵机一动的产物，它是创新者孜孜以求长期顽强劳动的结果。

## 三 创新意识

### （一）创新意识概述

创新意识是人们对创新与创新的价值性、重要性的一种认识水平、认识程度以及由此形成的对待创新的态度，并以这种态度来规范和调整自己的活动方向的一种稳定的精神态势，它是创新的重要心理素质之一。只有在强烈的创新意识引导下，才可能产生强烈的创新动机，积极探索事物发展变化的规律，树立创新目标，灵活地、创造性地采用多样的方法和手段加以处理，进而充分发挥创造潜能。

创新意识是创新活动的起点和前提，离开了创新意识，一切创新活动都将无从谈起。对于大学生来说，创新意识是一种可贵的品质，它不仅表现在时时、处处、事事想到创新，而且能将创新的原理与技巧化作个人的内在习惯，变成一种自觉行为，进而永葆创新的欲望与勇气。

### （二）创新意识的特征

1. 新颖性

创新意识或是为了满足新的社会需求，或是用新的方式更好地满足原来的社会需求，创新意识是求新意识。

2. 社会历史性

创新意识是以提高物质生活和精神生活水平需要为出发点的，而这种需要很大程度上受具体的社会历史条件制约。人们的创新意识激起的创造活动和产生的创造成果，应为人类进步和社会发展服务；创新意识必须考虑社会效果。

3. 个体差异性

人们的创新意识和他们的社会地位、文化素质、兴趣爱好、情感志趣等相应，它们对创新起重大推进作用。而这些方面，每个人都会有所不同，因此对于创新意识既要考察社会背景，又要考察其文化素养和志趣动机。

### （三）创新意识的构成

创新意识包括创造动机、创造兴趣、创造情感和创造意志。创造动机是创造活动的动力因素，能推动和激励人们发动和维持创造性活动；创造兴趣能促进创造活动的成功，是促使人们积极探求新奇事物的一种心理倾向；创造情感是引起、推进乃至完成创造的心理因素，只有具有正确的创造情感才能使创造成功；创造意志是在创造中克服困难、冲破阻碍的心理因素，创造意志具有目的性、顽强性和自制性。

创新意识与创造性思维不同，创新意识是引起创造性思维的前提和条件，创造性思维是创新意识的必然结果，二者之间具有密不可分的联系。创新意识的培养和开发是培养创造人才的起点，只有注意从小培养创新意识，才能为成长为创造型人才打下良好的基础。

### （四）创新意识的形成

创造需要是形成创新意识的一个重要心理因素，没有创造的需要就没有创新意识的形成。创造需要越强就越会促进创新意识的发展，就越会推动创新意识的巩固，就越会保证创新意识在创新过程中发挥重大的作用。大学生需要具有强烈的好奇心，对于一切新事物具有探索心理，对自身发展具有强烈的需求感。

思维的独立性是创新意识形成的必要前提。思维的独立性表现在善于根据客观事实冷静地思考问题，而不会因为偶然的暗示或者影响有所动摇。大学生想要培养创新意识，就得先学会独立思考，善于提出问题并冷静思考问题。

创造性思维对创新意识形成起着关键作用，没有创造性思维就没有创新意识。创造性思维是创新意识中带有区别于以往的事物的认识。它对探索与形成新的观念、促进新的创造设想的形成都有重要的意义。所以想要培养创新意识，大学生必须得学会培养自身的创造性思维。

## 四 创新能力

### （一）创新能力概述

创新能力是指一个人（或群体）在前人发现或发明的基础上，通过自身的努力，创造性地提出新的发现、新的发明和新的改进革新方案的能力。创新依赖于创新能力，但创新能力并非一蹴而就，而是经过较长时间的知识和经验的积累炼就形成的一种综合能力。

创造能力有六个要素：智力、认知风格、价值、目的、信念和策略。在创造能力的要素中，认知风格、价值、目的、信念和策略等均属于非智力因素，智力只是若干创造能力要素中的一个。很多研究表明，智力测验成绩和创造能力测试成绩关系不大。一般来说，具有中等以上的智力水平是创造能力发展的基本条件，高创造能力主要来自具备中等以上的智力水平人群。

### （二）创新能力的培养

随着科学技术的飞速发展和知识经济时代的来临，大学生创新能力的培养成为高等教育人才培养的重要组成部分。然而，创新能力的培养有其特殊性，因为它不是一种具体的技能，而是带有很强抽象色彩的一种潜质。人为地设定一些经验性的条条框框来进行辅助反而会禁锢大学生创新能力的提高，但这也并不意味着创新能力会自发地形成，它仍然需要前期的引导和开发。相关研究表明，按适当的方法进行训练，创新能力可以提高三倍以上。创新能力的培养措施和方法较多，大学生可以从如下几个方面培养自己的创新能力。

1. 群策讨论法

创新的观点往往是多种思想交互作用的结果，几个人的头脑在思考同一个问题，认识的能量是大于一个人的。这个方法鼓励学生们在创新地思考时，跟其他同学相互讨论，并不对每个人的观点进行判断和评价。这样一方面能够提高对问题认识的广度和深度，另一方面在讨论中能够互相启发，取长补短，看到自己的长处后提高自我效能感，增强学习自信心。

*2. 充分利用校园文化活动资源，参与形式多样的课外活动*

学校设有各种各样的社团，开展各种各样的课外活动，大学生置身于这些社团之中，参加课外活动，能够扩大兴趣爱好，拓宽知识面。这种广泛的兴趣和较宽的知识面有助于激发创造的火花。

*3. 接受创新教育指导*

目前大部分院校开设了创新创业方面的课程以及与专业紧密结合的特色化的创造教育课程，教师队伍中也有热心创造教育的研究者，大学生们可以通过参加创新创业训练项目等方式，接受创造能力的指导和训练，培养创新动手能力，手脑结合，积极投身于社会实践中，提高实践操作能力。

*4. 积极参加科学研究，培养科研能力*

许多创造性成果都是科研的结果，因此大学生应当积极参与有关科研活动。通过参加科研活动，可以培养实事求是的科学态度，掌握科研的步骤和方法，提高科学实验能力，为未来从事科研活动打下基础。一般地说，科研步骤主要有：①选题；②查阅文献及初步调查；③制订科研计划；④收集并整理资料；⑤分析研究；⑥撰写报告。高等院校培养的是高等教育人才，如教师能让大学生将课堂上所学到的知识直接应用到未来所从事的、与社会生产和生活紧密联系的一些科研课题中去，就更能激发学生的学习兴趣，实现预定的教学目标。

## 五 创新人格

### （一）创新人格概述

心理学研究表明，在智力因素相近的情况下，人格因素可能成为创造力的关键。创新人格指创新精神或创造性个性倾向，是创造性发展的动力和方向性保证。它是实现创新所表现出来的与一般人相异的那些心理特征，主要包括五个特质，即独立性、好奇心、自信心、敢为性和持久性。

### （二）创新人格的培养

目前全社会掀起了创新创业的热潮，而创新人格的培养是高校创新教育过程中最基础、最坚实的一步。当代大学生只有注重培养创新人格，敢于创新、勇于创新，才能更好地实现人生价值，为祖国的建设贡献自己的力量。掌握一些方法有助于创新人格的培养，那么大学生应该如何培养创新人格呢？

1. 充满热忱

热忱是一种意识状态,能够鼓舞及激励一个人对创新采取行动,是行动的主要推动力。爱迪生说过:"有史以来,没有任何一件伟大的事业不是因为热忱而成功的。"事实上,这句话揭示了创新的成功与热忱的联系。热忱能够充分调动个体创新的积极性,提高学习及工作的效率,使个体充满活力,感到精力充沛,干劲十足。因此,大学生调动参与创新的主动性,激发自身的创新潜能,有助于创新人格的培养。

2. 培养好奇心

好奇心是一种驱动力,是驱动个体探索和追求的原动力。在好奇心的驱动下,个体的思维更活跃,有助于激发创新思维和创造力,进而促使人们不断地探索、发现新的未知领域,推动人类的发展和进步。每一个有志于创新的大学生,都应该始终保持纯真可贵的好奇心,并加以自我肯定和赞赏。此外,学习科学文化知识、增长智慧的过程也是塑造、优化人格的过程。通过训练让大脑有效地、创新地思考,把其中新的想法和观点记录下来,保护和培养不断萌发的好奇心。

3. 发扬勇敢质疑的精神

勇敢质疑就是要敢于对习以为常的现成的答案提出疑问,并设想解决问题的新思路和新方法。大学生要想创新就要不畏权威和名人,勤于思考,敢于质疑已有的公认的观点和学说;大学生可以培养以批判性眼光阅读文献书籍的习惯,积极开展探究式学习,加强问题意识和求异品格的培养。

4. 磨炼坚韧的意志

就创新历程来讲,挫折与成功密不可分。每一位立志创新的大学生都应该对挫折进行正确的知觉判断,具有对挫折良好的"心理预期",以极大的心理包容性去迎接挫折。创新过程中遇到困难的时候,大学生应对挫折及逆境有着正确的认识和乐观、豁达的人生态度,并将这些态度逐渐在日常生活中转化为一种意志习惯。此外,适度的刺激和压力能够使机体调动一切积极因素来加速目标的实现,大学生应善于化压力为动力,磨炼自己的意志。

总体而言,大学生创新心理素质是个体体能、脑力、心理和行动能力等多种能力整合而形成的一种综合素质。创新心理素质可聚合为创新意识、创新能力和创新人格三个维度。创新意识和创新能力是大学生创新活动的核心过程,而大学生的创新活动又同时受到创新人格的影响。在创新活动中,创新意识对创新活动有激活、指向、维持和调整的作用,创新能力是创新活动的操作系统,创新人格是创新活动的非智力因素和调节系统。三个要素之间相互影响和相互作用。大学生智力高,思维敏捷,想象力丰富，但缺乏对学科发展和社会需求的了解，经验不足，应积极培养创新意识、创新思维、创新能力和创新人格，以提高自身创新心理素质，顺应发展需要。

## 参考文献

［1］刘丽君，杨丽．新编大学生心理健康［M］．大连：大连理工大学出版社，2003．

［2］刘元英．大学生学习心理研究及创新素质培养［D］．哈尔滨：哈尔滨工程大学，2005．

［3］陶国富，王祥兴．大学生创新心理［M］．上海：立新会计出版社，2006．

［4］姜喜双．大学生创新心理素质的结构和测量［J］．中国集体经济，2010（18）：86-88．

［5］杨琼敏，陈晓燕，吕英．大学生心理素质教程［M］．长春：东北师范大学出版社，2011．

［6］方钰．大学生创新人格培养的途径与机制［J］．传播力研究，2017，1（11）：156．

［7］许冬梅．大学生创新思维培养教育的路径探析［J］．创新与创业教育，2018，9（02）：19-22+42．

［8］于丹丹，赵海楠．论心理教育在高校大学生创新创业教育中的应用［J］．长江丛刊，2018（30）：154．

［9］吴丹青，王倩．大学生创新思维培养技法研究［J］．教育教学论坛，2020（44）：119-120．

［10］李成会，武炜，蔡玉梅，朱莲英．关于大学生创新思维培养的思考［J］．创新创业理论研究与实践，2020（21）：108-110．

［11］李雅雯．浅议大学生创新能力形成的心理准备［J］．现代职业教育，2020（48）：208-209．

［12］夏翠翠．新编大学生心理健康［M］．北京：人民邮电出版社，2015．

［13］龙星．大学生心理健康教育［M］．成都：电子科技大学出版社，2018．

［14］袁一平．新编大学生心理健康［M］．北京：化学工业出版社，2014．

［15］邱鸿钟．大学生心理健康教育（第3版）［M］．广州：广东高等教育出版社，2018．

# 第六章 大学生的情绪与情感

## 心理 引言

小华今年刚刚入大学,却一点新鲜和喜悦的感觉都没有,舍友都说小华平时不爱言谈,经常一个人吃饭、学习。终于有一天,小华向心理老师诉说自己很长一段时间感觉到非常烦躁和压抑,疫情期间在家里每天都睡不着,心烦气躁,来了学校之后也感觉心情很差,学习也完全学不进去,经常控制不住自己的情绪,偶尔还会和家里人发脾气,不断抱怨疫情给自己带来的痛苦,抱怨去每个地方都要查体温、戴口罩,抱怨大家都不能在一起玩耍了,抱怨自己本来计划好的考上大学之后的各种活动都泡汤了,感到很不爽,心情非常差。

小锋也是刚入大学的新生,他积极地参加学校的各种活动,每天都会出去跑步,而且非常健谈,大家对他的印象就是开朗、自信。所以他特别受大家的喜欢。小锋说原来自己也不是一个这么爱交流的人,疫情期间在家里利用空余的时间,读了很多自己感兴趣的书,积累了很多专业知识,并且养成了良好的作息习惯和学习习惯,由于每每看到精彩之处就不由得和家里人分享,逐渐养成了和人交流的习惯,也越来越开朗,每次和大家分享都是自己最开心的时候。小锋觉得大学生活非常开心和美好,正是因为疫情让自己有大量的时间学习和交流,才成就了现在的自信的自己。

## 思考

疫情是所有人共同面对的一个客观的社会问题,这是我们不能够改变的,它有着自己的发展规律。有的同学会因为疫情带来的不便而备感痛苦,感觉到吃不下饭、睡不着觉,像小华一样觉得很多大学期间的规划都受到了影响而心情苦闷烦躁,寝食难安。而有的同学却能在疫情期间充分把握时间,提升自己,像小锋一样积极地交流和分享自己的收获和喜悦。长时期的疫情对大家带来的影响是有目共睹的,我们的生活肯定会发生一些改变。每个人都要去面临这种变化。有的人可能会烦闷、苦恼、压抑和痛苦,出现各种情绪情感的问题,对生活的各个方面甚至是个人的成长产生影响。

作为一名经历过疫情的大学生,我们有没有思考过面对疫情或者疫情之后我们应该如何调整自己的情绪和情感状态?如何用恰当的情绪面对疫情的影响,关乎我们生活的状态和学习的质量。

## 名人说

能够控制好自己情绪的人,比能拿下一座城池的将军更伟大。　　——拿破仑

真正的管理是去管理人的情绪。　　——顾修全

世界如一面镜子:皱眉视之,他也皱眉看你;笑着看他,他也笑着看你。

——塞缪尔

# 第一节 情绪概述

## 一 认识情绪和情感

### (一)情绪情感的概念

情绪是人们对于客观情景或事物是否满足主体需要而产生的一种复杂的态度体验,涉及了生理变化、感觉、认知和行为等方面和不同层次的变化。它是一种基本的感情现象,也是影响一个人人生发展的较为关键的非智力因素之一,对人们的心理健康和身体健康都有着至关重要的影响。人们在认识世界、改造世界的过程中,难免会有因为成功、胜利或者挫折、失败而产生的高兴、开心或者愤怒、生气等多种内心的

体验，人们这种对客观的情景、事物或者对象的态度的反应和表现，我们称为情绪。情绪有正面情绪和负面情绪之分，它和人们的主观愿望和需求有关，当人们的愿望或需求得到满足，就会产生相应的正面感受和体验，比如爱、喜悦等，当人们通过努力取得了优异的成绩，会不由自主地喜笑颜开。反之，就会产生负面的感受和体验，比如恨、悲伤等，当生活中遇到挫折或者不幸的时候，就可能愁容满面。它们都是人们情绪情感的组成部分，共同构成了通常我们所说的"感情"。

情绪和情感的关系密切，它们既有区别，又有联系。主要表现在以下几点。

1. 从稳定性来看，情绪通常来说不太稳定，相对来说比较短促和激动，波动性较大；相比而言，情感就比较稳定，持续时间较长，甚至影响一个人的一生，比如爱、自豪感和归属感等。

2. 从层次高低来看，情绪的心理层次较低，它是感情的反应过程，任何动物都会产生情绪，所以情绪这个概念既可以用于人，也可以用于动物。情感则与人特有的社会属性相联系，是感情的体验和感受，它是人类特有的主观体验，是一种较为高级的心理现象。

3. 情绪与情感互相依存和影响。情感是通过情绪表现的，是在情绪的基础上形成的，它是情绪的深层核心；情绪受情感的制约，是情感外部的表现，脱离了情绪，情感很难来表达。它们是相互制约、互为依存的关系。

## （二）情绪的分类

人们的情绪是复杂而多样的，表现形式也相当丰富。所以心理学上对情绪的分类非常多，没有比较统一的划分。我国古代著名的文化典籍《礼记》将人的情绪分为"七情"，分别是喜、怒、哀、惧、爱、恶、欲；西方对情绪分类历来也有研究，比如美国的心理学家普拉特切克也曾对情绪分类，他提出人们共有悲痛、恐惧、惊奇、接受、狂喜、狂怒、警惕和憎恨等八种情绪。在近代的情绪研究中，很多人按照不同的依据分了不同的类别。根据情绪的强度、持续的时间可以将情绪分为三种基本的状态，即心境、激情和应激。

1. 心境

心境是一种情绪状态，通常来说，它比较微弱和平静，但是相对持久，而且有弥散性的特点。比如"考上了理想的大学，得知被录取后最近一段时间都比较开心，看到什么都高兴""失恋了，半个月都在悲伤的情绪之中，心里很烦"，这就是心境的弥散性。情绪不只和引发的具体事情有关，还指向周围的一切事物。而且心境还具有长期性的特征，它可以持续较长的一段时间，甚至在某一段时间里主导一个人的心理体验，比如长期的低落压抑。心境对我们的生活有着很大的影响。积极良好的心境有助于激发人们的生活热情，提高工作的效率，增强人们的自信和勇气；消极低落的心境可能会让人心烦意乱，降低工作效率，消极应对生活，甚至引发一些身心疾病，比如抑郁症。所以，我们要保持良好的心理状态，用开朗自信的态度去应对生活。

2. 激情

激情是一种在较短时间内爆发的猛烈而短暂的情绪体验和状态。

它具有冲动的特性，人们在日常生活中有可能会狂喜、暴怒，受到剧烈的刺激而绝望等都属于激情的表现形式。一般来说，激情的强度比心境要大很多，但是持续的时间不长，而且爆发的时候伴随着生理和心理上较为明显的变化和反应，激情到来的时候，很多人会失去对自己的控制能力。历史上比较出名的就是范进中举的故事，《儒林外史》中写道：当范进听到自己终于中举的时候，意识出现了混乱，欣喜若狂，手舞足蹈，甚至出现了疯癫的状态。这就是激情的表现，它是一种神经中枢强烈兴奋的反应，一般激情过后，人们的能量得到了释放，就会很快平静下来。激情作为一种情绪状态有好有坏。好的激情可以激发人们积极向上，比如面对疫情，无数英勇的战疫人士满怀热血，积极抗疫，取得了振奋人心的成果。而坏的激情可能会让人们不明是非，甚至危害自身和他人的安全，比如失恋一时激动出现跳楼、自残自伤或者伤害他人的行为等。我们在生活中要认识到激情的作用，积极发挥其有利的一面。

3. 应激

应激是一种高度紧张的情绪状态，一般是由没有预料到的严重紧迫而又危急的情景引起的，比如，突然地震、火山喷发、车祸等。日常生活中突然遇到了歹徒的抢劫，老师突然宣布本堂课要考试等诸多的情况都会引起人们心理的高度紧张，并且产生相应的身心反应，比如神情呆滞、心跳加快、血压升高等，这些都是应激的表现。积极的应激状态能够让人急中生智、化险为夷，消极的应激状态可能会让人知觉缩小、语言混乱、行为呆滞、处置不当，产生严重的后果。

（三）情感的分类

人们的高级社会性情感主要分为三种类型，分别是道德感、理智感和美感。

1. 道德感

道德感是在一定的社会历史范畴下，人们根据一定的社会道德标准，对思想、意图和行为评价的内心主观体验。不同的时代、民族和阶级在不同的情况下都会产生不同的社会道德评价标准。如果当时当地人们的行为符合标准，人们就会对他产生敬仰、爱慕和尊重的感情，比如爱国将领岳飞备受人民的爱戴，包青天、海瑞一直都是人们心中清正廉洁的道德化身，近代的为人民奉献一生的伟大共产党人雷锋、焦裕禄等也都是人们心中具有高尚道德情感的典型人物，永远被人们纪念和传颂。

2. 理智感

理智感是我们探索、认识和评价事物等智力活动进行时所产生的情感体验，它是人们学习、认识和掌握事物发展规律的动力。比如人们去探索世界的好奇心、认识世界的求知欲、解决问题的快乐感以及遇到问题的坚持己见、发现自己错误认识的羞愧感等全部都属于理智感的表现。它能不能发挥作用以及发挥作用的大小，和一个人的认知水平、学习的动机与愿望有着密切的联系。

3. 美感

美感是人们在社会生活中，按照一定的审美标准，对事物评价时所产生的内在情感体验。人们的审美标准既受到个人已有知识、思想和价值观的影响，也受事物的客观属性的影响。所以，不同的民族和文化背景下的人们对事物美感的评价既有共同的一面，也有不同的一面。比如大多数地区的人觉得猫咪很美很可爱，老鼠很丑很令人讨厌。但是，在对颜色的认识上，有的地方和民族崇尚白色，以白色为美，有的地方和民族崇尚黑色，以黑色为美。当然，事物的内容和表现形式有时候也不一致。比如有的东西外表看上去很美丽，但是实际上毫无价值；有的东西外表看起来丑陋，但是内在是美的。

（四）情绪情感的功能

情绪情感作为人们应对客观事物和情景的主观体验，有其独特的存在价值和功能，是我们适应外部变化的重要工具。

1. 自我保护功能

任何一种情绪都有其存在的意义，即使痛苦、恐惧等负面情绪也对我们的生活有着重要的意义。比如人们面临危机时会产生恐惧的情绪，恐惧的情绪能够帮助我们的身体作出及时迅速的反应以应对面临的危机。当人们面对生活和学习中过度的压力时，会产生疲惫和烦躁的情绪状态，这种状态会让我们不得不暂停工作，进而使得身体获得一定的休息。这些情绪的反应都是身体的自我保护机制的外在表现。

2. 社会沟通功能

情绪作为人际社交的非言语因素，对人们的沟通有着非常重要的影响。正向的情绪表达，比如轻松、热情、愉快、宽容等可以积极地促进人际沟通的顺利进行，维持和保护我们的社会关系；而负向的情绪表达，比如愤怒、冷漠、生气、偏执等不仅不能帮助我们的沟通，反而可能会对我们正常的沟通造成一定障碍。

3. 信息传递功能

情绪作为一种非言语因素，能帮助人们传递信息。比如恋人之间的一个眼神，彼此就能心领神会，也就是我们常说的"眉目传情"或"心有灵犀一点通"。当一个人生气时，眼神所传递出来的愤怒就可能会让人马上感觉到不舒服，而且这种情绪会影响到周围的人，这就是情绪的信息传递功能。

## 情绪情感对大学生的影响

### （一）对健康的影响

大学生正处于身心发展的关键时期，情绪对身心健康的重要性不言而喻。反应适度的愉快和平稳的情绪，可以使大脑处于最佳的活力状态，帮助我们良好地处理日常事务、学习和协调各种人际关系。良好的情绪还能使我们的免疫系统保持平衡的状态，增强抵御各种疾病的能力，让我们有积极的心态去探索生活，求知求学，提升我们学习的效率。然而反应过度或者消极的情绪状态对我们的身心健康和社会功能都有损害。激烈的情绪，比如狂喜、暴怒会让我们短暂失去理智，过度的紧张也会让我们在人际关系和考试中发挥失常。长时间的消极情绪还会让人萎靡不振、郁郁寡欢，甚至引起生理上的一些变化或者疾病。人们常说的"笑一笑，十年少；愁一愁，白了头"就很形象地反映了情绪变化对人的影响。

### （二）对学习的影响

大学生的情绪情感不仅和身心健康有关，和学习成绩也有着密切的关系。良好的情绪情感体验能够让大脑保持较好的灵活度，有助于提升大学生学习的热情、专注度和求知欲望，激发潜能和创造的力量，有效地完成各种智力活动，促进学习的进步和提升。而过分的紧张和焦虑可能会导致学习效率下降，大脑活力受限。研究发现，大学生的焦虑程度和学习成绩呈倒"U"形曲线分布，当焦虑程度过高或者过低时，都会影响学习的进步，甚至对学习和考试产生负面的效果。经常能够看到一些大学生因为过度焦虑而出现失眠、考试发挥失常等现象。所以保持适度的情绪，能够帮我们在学习上获得较好的状态。

### （三）对人际关系的影响

情绪在人际交往中作为一种非言语因素，起着重要的信息传递作用。它可以帮我们去表达一些言语不能完美展现的态度和意图。在人际交往中，是一种不可或缺的沟通手段，直接影响了人际关系的远近亲疏，是一个人情商的重要体现。有效的沟通离不开情绪的表达和传递。对自己和他人情绪的正确觉察、调控和反应是一个人建立和稳定良好人际关系的基础。只有准确地认识和了解了自己和他人的情绪情感状态，才能够在人际交往中根据外部情况适时调整自己的沟通和表达方式，促成最有效的沟通和良好人际关系的形成。

### （四）对人格塑造的影响

大学生正处于人格的形成、不断调整和完善的初期，众多的研究表明，良好而稳定的情绪能够促进大学生优秀人格的形成，而不良的情绪往往是形成人格缺陷、障碍的重要原因。对情绪情感的有效觉察和调控，能够帮助大学生处在一个积极稳定的情绪状态里，促进大学生积极向上、宽容友爱、善解人意、奋发进取的良好人格品质的形成，而失控或者消极的情绪情感可能会对大学生的心理完善、人格成长形成障碍，不利于大学生人格的完善和自我同一性的发展。

（1）小贾是某机械工程学院今年刚入学的大一新生，这也是他第一次在远离家乡的城市上大学，第一次和新的舍友住在一起。他觉得大家都很沉默，无法融入大家的生活圈子，而且小贾本身也比较内向，有什么话都憋在肚子里。一次，因为打扫卫生的事情，和舍友产生了冲突和口角，小贾觉得自己特别委屈，明明自己是对的，却不能被大家理解，他感到非常伤心和痛苦，也因此对舍友产生了怨恨的心理，两个星期都不再说话了。

（2）有一个男孩脾气很坏，于是他的父亲就给了他一袋钉子，并且告诉他，当他想发脾气的时候，就钉一根钉子在后院的围篱上。第一天，这个男孩钉下了40根钉子。慢慢地，男孩可以控制他的情绪，不再乱发脾气，所以每天钉下的钉子也跟着减少了，他发现控制自己的脾气比钉下那些钉子来得容易一些。终于，父亲告诉他，现在开始每当他能控制自己的脾气的时候，就拔出一根钉子。一天天过去了，最后男孩告诉他的父亲，他终于把所有的钉子都拔出来了。于是，父亲牵着他的手来到后院，告诉他说："孩子，你做得很好。但看看那些围篱上的坑坑洞洞，这些围篱将永远不能恢复从前的样子了，当你生气时所说的话就像这些钉子一样，会留下很难弥补的疤痕，有些是难以磨灭的呀！"从此，男孩终于懂得了管理情绪的重要性。

### 💡 分析

1. 从以上两个案例分析，情绪会对我们的生活造成什么样的影响？
2. 我们应该如何调控自己的情绪，培养良好的情绪管理能力呢？
3. 讨论一下你有什么其他的调控情绪的方法，和大家一起交流。

## 第二节 大学生的情绪问题及管理

### 一 大学生常见的情绪问题

　　大学生活是愉快的，也是紧张的。大学生活，有丰富多彩的活动，有令人向往的爱情，有浩如烟海的知识，同时也有一些意想不到的挫折，令人头疼的问题以及应对学业、情感、人际关系、考试甚至就业等方面的压力。处于大学生阶段的青少年自身应对问题的能力和经验有限，以及青春期学生相对不稳定的情绪特点，使得大学生可能会在日常的学习、生活、情感和人际关系等方面产生一些心理和情绪上的不稳定。如果不能有效地处理这些问题，就可能影响到大学生的身心健康及日常发展，尤其是受疫情影响，大学生的心理健康及情绪稳定，上升到了一个非常关键的地位，我们将在这里一起探讨一些典型的大学生情绪不良问题。

　　（一）自卑情绪

　　自卑是一种由对自己过度的否定而引发的自惭形秽的主观内在情绪体验。有自卑情绪的同学一般对自己的认识不足，会过低地估计自己，总是会觉得自己不如别人，没有信心，而且胆怯懦弱，性格非常内向，不敢去做很多事情，也很少与他人交往，放不开手脚，尤其是在生活中遇到困难和挫折的时候，可能会产生各种消极悲观的反应，稍微有一点挫折感就可能受到沉重的打击。

　　（二）焦虑情绪

　　焦虑是大学生群体中比较常见的一种情绪状态。它是一种可能会导致主观上紧张、害怕、担忧、恐惧的内在体验。大学生常见的焦虑有应对考试的焦虑、情感的焦虑和面对学业、就业和前途的焦虑。除了适度的焦虑外，其他的焦虑都是一种消极的

情绪状态，会干扰人们正常的情绪活动体验，使人过于消极或者烦躁不安，还可能产生消沉、自卑、沮丧等不良的情绪，影响大学生身心的正常发展。

### （三）厌学情绪

厌学也是学生对学习的一种消极的心理和行为上的应对模式。一般具有厌学情绪的同学会对学习的认识有一定的偏见，在情绪和态度上表现得较为消极，不愿意进行学习活动。究其原因，很多厌学的同学对学习的价值认识有误，缺乏积极学习的动力。有的同学因为跟不上进度或者长期因学习的失败而产生厌学情绪，有的同学则是出于对老师的不喜欢或者学业压力过重等产生厌学情绪。无论是什么原因，厌学情绪都会影响到学生的学习和发展，甚至是学校氛围和办学质量的提升。

### （四）抑郁情绪

抑郁情绪的症状包含了低落压抑的情绪、感觉、认知和行为等多种因素。受抑郁情绪影响的个体好像掉到了一个无限循环的黑洞中，感觉像被淹没或者窒息一样，几乎不能体验到快乐的感觉，和人交往的功能也有明显的下降。经常用比较消极的心态看待自己，注意力和记忆力都不能够集中，对未来会感到悲观和失望，严重的还可能有自杀的倾向。失恋问题、学习压力或者人际压力都可能产生抑郁情绪。

## 二 不良情绪的调适和管理

因为学生存在个体、家庭和成长环境的差异以及遇到的问题类型会各有不同，当遇到不良情绪问题的时候，应该积极对症下药，采取不同的调节和管理方法。

### （一）转变思维

积极转变思维、转换角度看问题，学会看到事情的积极和正向的一面。学生要发现自己的优势和特长，积极利用自己的优势，发挥自己的正向能力，扬长避短。同时大学生应学会爱自己，善待自己，不做超出自己能力范围的事情，将不利因素转化为有利因素。

### （二）转移焦点

当学生发生不良的情绪状态时，适当地转移注意的焦点是一种有效的情绪改善方式。比如：情景转移。曾经有一个经典的故事，小女孩看到了窗外的落叶而备感伤心，爷爷马上把孩子带到了一个生机勃勃的窗口旁，跟孩子说，她看错了地方。及时地转换自己的注意力，当遇到焦躁、烦闷的情绪时，到户外散步、欣赏美景就是一个很好的改善情绪的方法。

### （三）适当宣泄

宣泄是一种释放内心不良情绪以及调节心理平衡的常用方式。当一个人较为负面的情绪能量累积到一定程度时，就需要进行必要的释放。学校应设立心理减压室、情绪宣泄室等必要的宣泄和减压场所。采用合理的方式进行宣泄，可以有效地避免因为负面能量过高而引发的学生极端行为，可以有效地减少暴力和犯罪事件的发生。当然学生也可以找到心理咨询老师咨询，进行语言或者情绪上的有效释放。

### （四）学会放松

放松是一种有效调节自我心理能量的方法，可以让一个人的情绪得到一定的缓解和释放。常见的情绪放松方法有呼吸觉察训练、冥想和正念训练，当然也可以通过音乐、运动、绘画、唱歌和高声呼喊等方法进行放松。比如身体觉察的方法，当内心焦虑不安的时候，学会觉察自己的情绪，放松身心，安定那一颗躁动的心。又比如语言暗示法，当压抑时，可以通过唱歌或者高声呼喊、朗诵等形式进行情绪的宣泄和放松。

小杨是一名刚入学的大一新生，刚开学的时候大家都说小杨是一个活泼开朗、非常健谈的同学，在各种活动的场合都可以看到小杨的身影，小杨周围更是聚集了一批"粉丝"。但是，最近小杨的情绪状态有些不好，常常一个人待着，低落消沉，闷闷不乐，有时候突然又很愤怒，感慨万千，情绪波动非常大，这样的状态已经持续两个多星期了。小李作为小杨最好的朋友，主动关心近来情绪有些反常的小杨，陪着小杨一起在河边边散步边谈心，问小杨遇到了什么样的事情。许久，小杨才说出了自己的心事：在读高中的时候，他有一个非常喜欢的女孩，两个人一直都相处得特别好。因为疫情的原因，大家都不出门聚集，自从高考结束之后，他很久没有和喜欢的女孩见面了，不过两人还一直保持着线上的交流。开学后，两个人分别到了不同的城市和学校，小杨明显感觉到无论是地理距离还是心理距离都和自己喜欢的女孩子越来越远，一开学还互相给彼此发各自校园的美景，但是随着时间的推移，两个人互相的联系和消息越来越少。最近小杨心仪的女孩和他的联系越来越少了，甚至在和他的聊天中表现出了不耐烦的心理和语气。小杨为此而备感痛苦，一方面不能接受他喜欢的女孩子对他如此冷淡，另一方面，又因为疫情的影响和距离的拉长，不能够及时地去看望喜欢的女孩，感觉到很无奈，心中闷闷不乐，感慨为什么老天会这样对他。最近因为情绪不好，甚至没有心思继续学习，睡眠也出了一些问题，常常失眠，自己的社交活动也明显减少了，觉得人生真没有意思，有时候还想着退学回家重新参加高考，考到同一所学校。小李听完了小杨的故事，非常理解小杨，也很想帮助自己最好的朋友，但是又不知道用什么样的方式去帮助小杨，该说些什么……

思考

1. 你遇到过小杨生活中遇到的问题吗？小杨的情绪表现到底合不合理？
2. 如果你是小杨的好朋友小李，你会用什么样的方式去安慰小杨？
3. 大学生恋爱和情感问题是较为常见和普遍的，谈一谈情感上遇到了挫折我们应该如何解决。

## 第三节 我的情绪我做主

### 一 认识情绪是我的

情绪总是依托于个体来表达和体现的，我们说的情绪一般说某个人的情绪，比如我高兴、我悲伤、我愤怒……既然情绪是个体身上出现的，对于每个人来说都是"我的"，然而我们常常对待自己的情绪采取两种态度，当正面情绪来临的时候，一般都会喜欢和欣然接受，对待我们的负面情绪总是会不由自主地逃避或者抗拒、压抑、漠视。其实阻抗的态度并不能让我们的情绪消失，它还会在你的身体中继续停留、酝酿、发酵，时时刻刻都有可能爆发出来。所以清楚认识情绪是我们的一部分，我们需要接受我们自己的情绪，充分地去感受它，无论是喜怒哀乐，都是发生在我们自己身上的主观内心体验和感受，都是我们的朋友。情绪的出现是为了提示我们现在正在处于一个什么样的状态，及时的认识、了解和接受情绪，我们才能够更加全面地认识和了解自己。

## 二 解读情绪的心理学意义

从心理学的角度来看,每一种情绪的出现都有它背后的意义存在,都是在通过身体的外在形式提示我们当下的内在状态,每一种情绪都有它存在的价值,正向的情绪带给我们愉悦的体验,是生活中不可或缺的,然而很多负向情绪对我们也有着正面和积极的意义,比如:

愤怒:是对一个不能够接受的情况的反应,也预示着即将作出改变;

痛苦:让我们寻求改变,脱离危险;

焦虑:适度的焦虑可以让我们在做一件事情的时候注意力更加集中;

后悔:让我们能够有所反思,对未来的同类事件积累经验;

惭愧:虽然事情做完了,但是下一次期待做得更好和更尽心尽力;

困难:觉得还要付出更大的努力和精力来完成目标;

……

所以,对于出现的每一种情绪,我们都要认真对待,分析它对我们生活的正向和积极的意义。只有全面地接纳情绪,才能够全面地认识自我,让我们的人格和心理状态更加稳定和平衡,活出健康的自我。

## 三 发展积极的情绪

情绪是一种人们对客观情境或事物是否符合我们预期的一种主观心理体验。积极的情绪则是一种内在感受的正向体验。对积极情绪的研究,最早开始于芭芭拉·弗瑞德,她强调我们应该更加关注积极正面的情绪,比如高兴、愉快、爱等。当我们感受到消极的情绪时,我们的身体会产生相应的防御机制,避免危险的发生,但是消极的环境也会限制我们的选择,让我们的反应更为狭窄。然而积极情绪代表着我们内心的安全,它不仅不会限制我们的选择范围,甚至还会扩大我们的选择范围,比如:增加注意力的广度,提高记忆力和语言表达能力。所以看待事物的态度和培养积极情绪非常重要。

## 四 培养乐观的解释思维

看待同一件事情,不同的人可能会具有不同的思维模式,进而产生不一样的情绪或者选择。我们都听过一个故事:沙漠里走着两个人,他们都非常干渴,突然两个人都见到了半瓶水,一个人觉得只有半瓶水,离走出沙漠还有很远的距离,于是顿感失望,心灰意冷,最终他没有走出沙漠;而另外一个人看到半瓶水之后,欣喜若狂,居

然有半瓶水，他看到了希望，终于凭着他的坚持顺利地走出了沙漠。看到这里，我们会给这两个人分别贴上"悲观者"和"乐观者"的标签，但是标签本身并不具有任何意义，重点是他们内在不同的思维模式。如果你是一个具有乐观思维模式的人，那么恭喜你，你的生活处处都充满了希望。如果你是一个悲观思维模式的人，不妨进行下面的练习。

一位你熟悉的老师今天早上和你在楼下相遇，然而一句话都没有说，更没有给你打招呼，像没有注意到你一样就匆匆离开了，这时候你觉得很郁闷，也很愤怒，本能地就可能会想到：

"我什么事情得罪老师了？"

"老师对我印象不好，会不会以后前途堪忧啊？"

"老师肯定是不喜欢我或者对我不满意了。"

"我平时一定做得不好老师才这样。"

"我真是个没用的人，我该怎么办？"

仔细检查一下你出现的这些想法就会发现，这是一种悲观的思维模式，你只需要改变自己的反应方式就不会陷入负面的情绪中去。

"估计老师今天心情不太好。"

"他是不是有事，这么着急？"

"或许老师根本就不知道我是他的学生。"

"估计是我换了衣服和新造型，他一时没有认出来我。"

"他大概正在思考问题吧？"

"估计他跑这么快正赶着上厕所。"

……

如果换成上述的思维反应方式，你可能就觉得心情不是那么沉重了，反而还可能笑出来。你会发现，对于不明确的事情，你的思维方式是如何解释的决定着你情绪的变化和内心是否会受到伤害。在生活中刻意练习，培养用乐观的思维方式去解释生活中的事情，每个人都可以变得乐观开朗、积极向上。

同学小杨是今年刚入学的设计学院的大一新生，她对美术有很浓厚的兴趣。从小她就展示出了优秀的艺术天赋。小杨一直都是非常追求完美的一个人，这一点不仅体现在她的专业上，在生活中她也是一个极为认真的追求完美的人。来了学校之后，小杨谈了一场恋爱，但是最近不知道为什么，她的男朋友和她分手了，她觉得自己非常失败，把一切原因都归结到了自己的身上，整日闷闷不乐，陷入了重度抑郁的状态中。当她来到心理咨询室时，老师首先让她停止称呼自己是一个失败者，撕掉固有的标签。在抑郁和自责的状态中充分觉察和感受自己的情绪，慢慢地接受自己全面的感受和情绪，完整地接纳自己。这一点是至关重要的，在心理学中，我们只是觉察和合理化自己的情绪和行为，不要把对行为的评判带入情绪中去，接受客观的现实。慢慢地，小杨觉得没有必要非要做一个完美的人，逐渐接受了自己认为的不完美之处，走出了焦虑和抑郁的状态。她还告诉老师："不管我有什么样的表现，我都是一个优秀的人，不是非要获得人们眼里的成功才有资格活在这个世界上。"

### 案例分析

所有产生在我们身上的情绪、感受和认知都是我们的一部分，我们首先要学会完全地接纳它们，才能真正地接纳自己。只有不断地接纳自己，我们才不会在内部和自己斗争，出现各种不合理和不理性的想法。每个人都可能做出一些不太合乎人意或者不完美的事情，我们完全可以承认我们做错了事情，做得不够好，但是不要给自己贴标签，说我就是一个蠢货，任何时候都要做到对事不对人。不要轻易去评价自己的人格，完全地接纳自己的优缺点。

## 参考文献

[1] 高兰. 大学生心理健康教育[M]. 北京：教育科学出版社，2015.

[2] 刘国华，王婧. 大学生心理健康教育[M]. 武汉：武汉大学出版社，2013.

[3] 吉家文. 新编大学生心理健康教育[M]. 天津：南开大学出版社，2012.

[4] 陈昉，王明娟. 新编大学生心理健康教育[M]. 北京：北京邮电大学出版社，2012.

[5] 周红，曾庆璋. 大学生心理成长论[M]. 北京：科学出版社，2012.

# 第七章 大学生人际关系与社会支持

## 心理 引言

 案例

小陈是一名重点大学的大二学生，20岁，广东佛山人。因与同学的关系不和导致出现了严重的心理问题。下面是小陈走进心理咨询室后的一段自述：

自从进入大学生活以后，我忽然感觉自己受到了非常大的冷落，身边的同学处处针对我，我知道因为和大家的关系不好，他们都对我爱搭不理的。原本同宿舍的几个同学对我还可以，但后来慢慢开始变得越来越冷，而且有时候他们会故意在我休息的时候玩游戏、看电影，经常吵得我无法入睡，对此我非常气愤，但我并没有和他们发生正面冲突，而是冷面对着他们。现在，他们都跟我开始了冷战，吃饭、买东西都是我一个人独来独往，他们完全把我孤立了。我实在是想不通，明明是他们的错，为何还要这样对我？这对我来说太不公平了。我现在一放假就回家，假期结束我也不想回学校，因为只有家里才能让我放松，而在学校我总感到无比的痛苦和压力，不想再见到那些同学了！老师，我现在学习学不进、睡觉睡不好，真不知道该怎么办了！

# 第七章 大学生人际关系与社会支持

> **思考**
>
> 心理咨询师介入后，对小陈的抑郁和焦虑状况进行了测试，结果发现小陈存在明显的负面情绪，兴趣下降、情绪低落，但逻辑思维和社会功能并未受到严重影响，初步排除了抑郁症的可能。只是从其日常学习和生活情况来看，小陈的心理问题已经持续了三个月以上，且负面情绪不断泛化，严重影响其正常的生活和学习，人际交往功能也受到严重影响。因此，咨询师根据病与非病三原则，将小陈诊断为严重心理问题。
>
> 思考一下，大学生应如何构建合理的认知和行为方式，从而正确处理人际交往问题？

> **名人说**
>
> 不是真正的朋友，再重的礼物也敲不开心扉。　　　　——弗·培根
>
> 世间最好的东西，莫过于有几个头脑和心地都很正直的朋友。
>
> ——爱因斯坦
>
> 铁路的5%是铁，而95%是人。　　——美国某铁路公司前总裁史密斯
>
> 专业知识在一个人成功中的作用只占15%，而其余的85%则取决于人际关系。
>
> ——卡耐基

## 第一节 大学生人际关系概述

### 一、人际关系的基本内涵

人际关系是指人与人在交往过程中所形成的一种心理关系，表现为人与人之间的亲近、疏远、敌对和友好等心理距离，反映着人们寻求爱与归属等需要满足的心理状态。它具有以下的心理特点。

首先，人际关系是以个体的需要为基础。需要是建立人际关系的动机，人际关系反映着人们在交往过程中需要能否被满足的心理状态。人际关系的友好、敌对或亲

疏主要取决于人们心理需要是否得到满足，若交往双方的需要得到了一定的满足，就会产生亲近、好感、喜欢等情绪反应，反之则会产生憎恨、厌恶等负面情绪反应。因此，心理需要的满足是建立良好人际关系的心理基础。

其次，人际关系以情感为纽带。人际关系总带有情感色彩，人们在相处中呈现出的疏远、冷漠、喜欢或厌恶等情绪状态都是人际关系好与坏的基本评价指标。人际交往所具有的情绪性，使得人与人之间的心理距离成为可直接观察的心理关系。

再次，人际关系总反映着社会关系的一个侧面。人存在于复杂的社会关系之中，人的社会关系可分为两类：一类是人与人之间的心理关系，即人际关系；另一类则是社会的生产关系，以及由此所建立的政治、经济与文化关系。其中人际关系的实质是情感上的关系，如师生；而社会关系的实质则是社会角色间的关系，是不以人的意志为转移的客观关系，如学生会主席与干事之间以身份地位为基础而形成的关系。

最后，自我暴露是衡量人际关系深度的标志。所谓自我暴露就是我们常说的"敞开心扉"，即在人际互动过程中将自己的相关信息、思想和情感暴露给对方。良好的人际关系是在交往双方的自我暴露逐渐增多的过程中建立起来的。随着我们对一个人的接纳程度与信任感的增强，自我暴露也会越来越多，同时也要求别人越来越多地暴露他们自己。

## 二 人际关系的重要意义

人的成长、发展、幸福和成功都离不开人际关系，如果没有人与人之间的关系，就没有生活基础。对于任何人而言，正常的人际交往和良好的人际关系是保证个体正常发展、拥有健康心理以及生活满意度的前提条件。

### （一）人际交往与个性发展

交往是个体个性发展和独立人格形成的必经之路。心理学研究表明，儿童与其抚养者间通过积极的交往建立起来的亲密关系，是其心理乃至身体正常发展不可或缺的条件。相反，如果儿童缺乏与成人的正常交往及由此建立起来的亲密关系，不仅性格发展会出现问题，而且智力也会出现明显障碍。

因此，人们只有通过与他人发生联系，才有可能获取社会生活的资格，不断习得社会知识、文化和技能。离开了社会环境，离开与他人的合作，个体便无法成为一个合格的社会人。例如，狼孩因为失去了与他人交往的最佳时期，失去了作为"人"的成长环境，因而即使后来被发现，也很难在一个正常的人的环境里生活了。人都有交往、合群的倾向和需要，正所谓"物以类聚，人以群分"。每个人活在世间，都必须和他人、社会进行交互，沟通情感。当你成功时，与他人分享你的喜悦和快乐会让你更加开心和舒畅；当你遇到困难时，他人一个真诚的问候、一句关心的话语，都会令你倍感亲切。

### （二）人际交往与成才

大学时期是个体走向成人的关键时期，在大学期间他们会遇到各种复杂的人际关系问题，学会处理这些人际交往的经验对日后的职业发展会产生重要影响。加州大学圣塔芭芭拉分校的南希·柯林斯和卡耐基·梅隆大学的布鲁克·费尼都强调，对于个人来说人际关系的重要性不仅在于处理压力和逆境的能力，还在于他们能够在生活中学习、成长、探索、达到目标、培养新的技能以及发现人生的意义。

21世纪是人才竞争的时代，但对于一个事业成功的佼佼者而言，能在人才竞争中脱颖而出，靠的不仅是才华出众，更在于有良好的社会适应能力和良好的人际协调技能。在科技日新月异的今天，知识的更新换代非常频繁，每个人都需要不断地补充知识。但仅凭个人有限的能力是难以适应社会发展的实际需要的，而积极有效的人际沟通和交往才是他们获得新知识的可靠途径。对于在校大学生而言，虽然他们思维活跃、行动积极、成就动机高，但由于社会经验和知识的不足，他们在处理问题时难免会发生偏差。因此，大学生间的互通有无、畅所欲言，有助于他们在思想碰撞中产生新的火花，增长他们对人生、事业和成功的积极看法。此外，在现代社会中寻求发展的机会，必须要掌握不同专业的知识，但受到"隔行如隔山"的阻碍，各学科之间的相互语言转码越来越复杂，单靠一门专业知识很难获取高成就。所以，大学生应该学会与不同学科的人才进行交流的能力，进而在心灵上相互沟通、行为上互相协调，相互促进，共同成长。

### （三）人际交往与心理健康

心理学研究表明，如果一个人长期缺乏与别人的积极交往，无法建立稳定的人际关系的话，那么这个人往往存在明显的性格缺陷。新精神分析学家霍妮认为，人类的心理病态主要是因为人际关系失调所导致的。换言之，人际关系紧张，不仅会阻碍个人事业发展，而且当事人心情也会不好，常常陷入极大的痛苦之中。

心理健康教育实践也发现，绝大多数学生的心理危机与缺乏稳定的人际交往和良好的人际关系有关。同宿舍室友间的交往状况，通常决定了一个学生对生活是否感到满意。如果生活在没有形成合作、友好、融洽人际关系的宿舍里，学生常常出现敏感、压抑、难于合作、自我防卫的特点，情绪时常低落。相反，如果生活在关系融洽的宿舍里，他们则以欢乐、乐于交往与助人、注重学习与成就为主流。心理学家的研究表明，健康的个性总与健康的人际交往相伴随，心理健康水平越高的个体，与别人的交往也越积极，越能符合社会的期望。心理学家奥尔波特发现，个性成熟的人，都同别人的关系良好，他们能很好地理解别人，容忍别人的缺陷和不足，能对别人表示同情，常常给别人以温暖、亲密、关怀和爱的体验。马斯洛发现高水平的自我实现者，对别人具有更强烈、更深刻的友谊和更崇高的爱。此外，还有研究表明，那些心理健康水平的优秀者，往往来自人际关系良好的家庭，这也从一个侧面提供了人际交往状况影响个体心理健康发展的证据。因此，大学生的心理健康水平直接受到与别人交往状况的影响。

## 三 大学生人际关系的类型与特点

### （一）人际关系的分类

根据社会学的分类，我们可将人际关系分成血缘关系、地缘关系和业缘关系。血缘关系是指父母与子女的关系、兄弟姐妹之间的关系以及由此衍生出的亲戚关系。地缘关系是指因居住在共同地区而产生的人际关系，如邻里关系、同乡关系等，这种关系因共同的乡土观念、相同的语言文化和相似的生活方式而带来更多的心理相容性。而业缘关系是指因共同的学业、事业或爱好而形成的关系，如师徒关系、师生关系等。大学里的师生关系不同于中学阶段，这种师生关系是以平等的身份为基础，以学术为纽带而建立的。

根据交往的范围可将大学生人际关系分为三大类：① 个体与个体间的关系，如朋友关系、师生关系、同学关系以及亲子关系等；② 个体与群体间的关系，如学生与社团、个体与家庭等之间的关系；③ 群体与群体间的关系，如学校与学校之间的关系等。

### （二）大学生人际关系的主要类型

根据上述分类，我们将大学生人际关系的主要类型分为同学关系和师生关系。

1. 同学关系

同学是大学生人际交往的基本关系，也是大学生人际交往的主要对象。总体来说，大学校园里的同学关系是友好、和谐的，同学间的关系有家庭化、亲情化的发展趋势，即在日常学习、生活中创造一种如同亲人般的稳定关系。

在大学校园里，同学间的人际交往是最普遍也是最复杂的关系。这类群体经历相同、年龄相仿、兴趣爱好相似，他们学习相同的专业，生活在一个集体里，沟通和交往也相对容易；同时，因为他们来自不同的地方，家庭背景和生活习惯各异，加上大学生之间空间距离小、交往密度高而自我空间相对较小，对人际交往的期望较高，如果得不到满足很容易采取退缩、躲避的态度。

一般而言，大学生人际交往比较频繁的关系包括宿舍内的关系、班级内的同学关系以及与社团、同乡等关系。人际交往是大学生生活的基本内容，师生之间、同学之间、室友之间、同乡之间以及与学校、社团等复杂的社会交往，构成了大学生人际关系的网络系统。

2. 师生关系

学生和老师是大学校园里两个最基本的群体，老师作为学生主要的交往对象，师生交往构成了大学生人际交往的重要内容。因此，师生关系如何直接影响着学生在学校里的健康成长，而且在很大程度上决定了学校能否对学生的身心施加影响以符合社会期望。

教师不仅是知识的传授者，更是大学生模仿的对象。与老师交往是大学生获取知识的重要途径，二者间的平等交往是师生共同成长的前提条件。同时，师生关系又是一种业缘关系，更是一种纯洁且无私的人际关系，师生之间的心理相容度很高，教师对学生充满关心与爱护，学生对教师则充满崇拜与尊敬。然而，因为大学授课的流动性和课堂的拓展，教师与学生之间缺乏直接的沟通和情感上的交流，因此师生关系虽然是大学生的主要人际关系但仍需进一步加强。

综上所述，大学生处于一种渴求理解、渴望人际交流的心理发展时期，建立和保持良好的人际关系，是确保大学生个性健康、心理正常发展以及拥有归属感、幸福感和安全感的必然条件。

## （三）大学生人际交往的特点

大学生对友谊非常渴望，希望能够结交更多的朋友，接受更多的新思想，获得更多、更全面的信息。随着互联网的快速发展，大学生人际交往呈现出多元、开放的复杂特点。

1. 交往频繁且范围扩大

大学生进入学校之后，交往逐渐由偶尔的相聚、互访发展到频繁的社团互动、微信聊天、信息分享、体育活动、结伴旅游等一系列团体活动。随着网络的快速发展，人与人之间形成的社交网络也变得更加复杂，这使得大学生的人际交往范围不断扩展，由班级内部不断发展到其他院系、其他学校、其他地区甚至其他国家的信息交流。

2. 交往方式的多元化

手机与网络的快速发展，使得大学生的人际交往变得更快捷、更方便，人际交往

的范围和方式也变得更加丰富，尤其是网络交往的身份隐蔽性，思想表达的自由性、随意性和超时空性等特点，使网络交往越来越成为大学生新型、时髦的人际交往方式。例如，通过一款简单的手机应用程序，你就可以了解周边学校的课程信息或讲座安排情况。

3. 交往目的呈现复杂性

随着社会经济的快速发展，大学生的交往目的也逐渐趋向"理性化"，选择与什么样的人交朋友，并不完全是出于感情或志同道合，其交往动机变得更加多元和复杂。换言之，现在的大学生人际交往在关注情感的同时，也越来越重视与自己利益的相关性，呈现出功利与情感双重性的人际交往特点。

## 四 影响大学生人际关系的因素

人们为什么渴望被别人喜欢，同时又会喜欢别人呢？人们会喜欢与什么样的人进行交往呢？心理学研究得出，人们喜欢的对象一般有如下几点：一是有能力、有技术的；二是信仰或利益与自己相同的；三是拥有令人敬仰或崇拜的个性品质的。因此，概括来说，影响大学生人际关系的主客观因素主要包括以下几点。

1. 个性特征

大学生的个体能力、性格、品德等个性特征，是构成人际吸引的重要因素。心理学家奥尔波特经过研究发现，人际吸引力的主要成分第一是人的内在属性，如幽默、涵养和礼貌等；第二是形体特点；第三是个人表现出的特殊行为；第四是个人的角色地位而引起他人的尊敬和爱慕。

2. 相似性因素

所谓相似性，包括年龄、兴趣、学历、态度、爱好、容貌、脾气等方面的类似性或者共同性，具有上述某方面相似性的人容易成为朋友，建立密切关系，其中特别是态度的相似性。俗话说，"物以类聚，人以群分"。人与人若有共同的态度与价值观，不但容易获得对方的支持与共鸣，同时也容易预测对方的感情与反应倾向，在交往过程中彼此容易适应，进而建立良好的人际关系。

3. 需求互补性

所谓互补是指人的个性表面的差异，由内在的共同观点或看法来弥补。互补实际上是一种主观的需要或动机。有时两个性格不相同的人相处很好，并成为好朋友，就是由于双方都知道自己的长处和短处，都想利用对方的长处来弥补自己的短处，这是一种心理上的需要。

4. 距离因素

邻近性是指如果其他条件相同，个体在时空上越接近，双方交往和接触的机会就越多，彼此间就越容易形成密切的人际关系。俗话说"远亲不如近邻"，这说明时空距离是形成密切的人际关系的一个重要条件。

5. 个人形体因素

美丽的外表是人际吸引的最初动力。"爱美之心，人皆有之"。大量研究表明，外貌的魅力会引发明显的"辐射效应"，使人们对高魅力者的判断具有明显的倾向性。一个大学生的长相、仪表、穿着、容貌和体态，往往是构成人际吸引力的重要因素，尤其是初次交往时所留下的印象。

6. 人际安全

大学生在日常生活中的人际关系能否适应，关键在于个体感知到人际安全的程度。所谓人际安全是指个体在人际相处和交往中对自身状况保持有利地位的肯定性体验。常常诉说自己人际关系不好的大学生往往是因为人际安全得不到保障，感知到自己总被嘲笑或愚弄，或是担心自己的弱点暴露给别人。

7. 人际报复

在大学生的人际关系中，还普遍存在着一种微妙的人际报复现象。即如果某一个体有意或无意地贬损了另一个体，无论被贬损的个体当时反应如何，该个体往往会在以后的某一时候遭到被贬个体的报复。虽然这种报复可能是无意识的，并且不一定是激烈的暴力行为。但这种人际报复也会直接增大人际张力，进而影响人际关系。

## 第二节 大学生人际关系中的心理效应及心理障碍

### 一 大学生人际关系中的心理效应

（一）首因效应

首因效应又称第一印象，是指初次对人产生的直觉印象往往最为深刻、鲜明，并对以后的认识产生较大的影响。

因为首因效应的存在，人们在第一次交往过程中给别人留下的印象往往是最深刻的，而且这一基本印象会影响别人对他们其他方面的评价。因此，大学生必须要重视人际交往过程中的首因效应，势必在人际交往中给别人留下良好的第一印象。例如，在招聘、求职、交友等社交活动中，大学生可利用这一效应展示自己最好的一面给他人，为日后的交流打下坚实的基础。在大学生活中，首因效应所形成的第一印象时常影响着大学生对同学以后的评价和看法。

## （二）近因效应

近因效应是指最近的信息对人的认识具有强烈的影响，最后留下的印象比较深刻，这就是心理学上所谓的"后摄"作用。当多种刺激一起出现时，印象的形成主要取决于之后呈现的刺激。换言之，个体在交往过程中，对他人最新的认识占了主体地位，掩盖了以往形成的对他人的评价，因此，近因效应又称为"新颖效应"。例如，多年不见的朋友，在自己的脑海中的印象最深的，其实就是临别时的情景。

## （三）投射效应

投射效应是指在人际交往中，认知者形成对别人的印象时总是假设他人与自己有相同的倾向，即把自己的特性投射到其他人身上。所谓"以小人之心，度君子之腹"，反映的就是这种投射效应的一个侧面。心理学家罗杰斯曾做过这样一个实验来研究投射效应，在80名参加实验的大学生中征求意见，问他们是否愿意背着一块大牌子在校园里走动。结果，有48名大学同意背牌子在校园内走动，且认为大部分学生会乐意背，而拒绝背牌的学生们则普遍认为，只有少数学生愿意背。由此可见，这些学生会将自己的态度投射到其他学生身上。

为克服投射效应所带来的消极影响，大学生应该正确地认识自己与他人，做到严于律己，客观待人，尽量避免以自己的标准去判断他人。

## （四）刻板效应

刻板效应是指人们在长期的认知过程中所形成的关于某类人概括而笼统的固定印象。在人际交往活动中，当我们认知他人时，常会不自觉地产生一种有准备的心理状态（出现原有的某种想法），并从这种心理状态出发，按照事物的一定的外部联系进行认知和评价，于是也就产生了定式效应。例如，农村来的同学认为城市来的同学见多识广，但小气、狡猾；而城市来的同学则认为农村来的同学孤陋寡闻，但老实、忠厚。

刻板印象对大学生人际交往的积极作用在于简化了大学生的认知过程，使他们能够迅速做出判断，增强人际沟通过程中的适应性。但刻板印象更多的是带来消极作用，容易阻碍人们对于某类成员新特性的认识，使人认识保守、僵化，一旦形成不好的刻板印象，就有可能造成认知上的偏差，如同戴上了有色眼镜识人，阻碍有效的人际交往。

### （五）晕轮效应

晕轮效应又称光环效应，是指人们在人际交往中常从对方所具有的某个特性而泛化到其他有关的一系列特性上，从局部信息形成一个完整的印象，即根据最少量的情况对别人作出全面的结论。所谓"情人眼里出西施"，说的就是这种晕轮效应。在大学生的人际交往过程中，晕轮效应是一种常见的现象。例如，男女大学生会对外表吸引人的同学赋予较多理想的人格特征，常为那些长相比较动人的同学设计美好的未来。

据此，大学生一方面可在人际交往过程中利用晕轮效应的积极因素来增加自身的吸引力；另一方面，大学生也应该在人际交往中注意不要被别人的晕轮效应所影响，以防陷入以偏概全的误区。

## 二 大学生人际关系常见的心理障碍及调适

### （一）孤独心理

孤独心理是一种主观的心理感受，是因经常独处或长时间受到孤立而体验到的一种无助感和孤单感。孤独心理在大学生中非常普遍，主要表现为消极悲观、沉默寡言、缺少朋友、在新环境下难以适应；感情脆弱、抗挫折能力低且自卑感强；多疑敏感，不喜欢参加集体活动；不善言辞、人际交往紧张、遇事容易发怒甚至犯罪；等等。孤独心理的产生主要来源于大学生不能正确的自我评价，要克服这种孤独感所带来的危害，应从如下三个方面入手。

首先，改正不良的性格。因为自负、自卑、尖酸刻薄、冷僻等性格缺陷所导致的孤独，就如同作茧自缚，如若不破茧而出，就很难走出孤独的困境。大学生应该认识到自己身上所存在的性格缺陷，并加以矫正和克服，钻出自织的茧，进而克服孤独。

其次，开放自我，拥抱社会。大学生独立生活能力的培养并不意味着与世隔绝，应该多主动与他人接触，关心他人，真诚相待，寻找更多的机会让别人认识你。

最后，培养广泛的兴趣与爱好。兴趣和爱好是建立个体人际交往的重要桥梁，尤其是在大学校园里，各种社团吸引着那些具有共同兴趣爱好的同学，并为他们创建施展才华的平台。所以大学生应多培养自己的兴趣爱好，享受生活的乐趣，建立自己的朋友圈。

### （二）自卑心理

自卑是一种认知上的偏差，自卑者常认为自己在某些方面都不如别人，从而产生的一种畏缩、失去自信的负面情绪体验。这种情绪体验有浅层与深层之分，前者只是认为别人看不起自己，而后者的体验是自己看不起自己。自卑心理在某种程度上会影响学习和生活的正常进行，严重时还会产生心理疾病。因此，大学生应该将自卑心理转化为自强不息的动力，使自己在学习和生活中成为一个强者。

首先，正确认识和评价自己。研究发现，成功者与失败者其实在智力上并无显著差异，他们最主要的差异体现在自我评价上。正所谓"金无足赤，人无完人"，每个人都有自己的长处和短处，既比上也比下。跟上比，鞭策自己不断进步；跟下比，看到自身存在的价值。

其次，积极暗示、调节不良情绪。要学会积极的自我心理暗示和自我激励，当遇到某些情况而感到信心不足时，不妨使用语言暗示"别人能成功，我也能成功""别人行，我也行"，从而增强自己改变现状的信心。

最后，学会正确的归因。不能因为一次失败，就认为自己能力不行。殊不知这次失败的原因可能是多方面的，不一定是因为能力不足造成的。对过去的成绩要作分析。要有实事求是的态度，不夸大自己的缺点，也不抹杀自己的长处。只有这样，才能确立恰当的追求目标。

### （三）自负心理

人贵在有自知之明，过高评估自己的能力很容易出现自负心理。大学生人际交往中常见的自负心理表现有：人际关系不和谐，体验到较强的孤独感。这类人总在学习、打扮或个人才能上表现出某种优势，认为自己非常了不起，而别人都不行。一般而言，缺乏自我认识的人、被父母过分溺爱的人、极力维护自尊的人或缺乏挫折的人都容易产生自负心理。如果在适度的范围内，自负有助于大学生树立坚定战胜困难、树立必胜信心的信念；但如果自负未建立在客观事实的基础上，不仅不能帮助学业成功，反而会影响自己的学习、生活和人际交往，严重时还会威胁心理健康。因此，大学生应该学会理性地避免自负心理。

首先，平等与人相处。有自负心理的大学生往往认为自己就是上帝，无论在观念还是行为上，总要求别人服从自己。平等相处则要求自负者以一个普通社会成员的身份和别人平等交往。

其次，接受别人批评、提高自我认识。自负者的致命弱点就是不愿意改变自己的态度或接受别人的观点。所以自负的同学应该提高自我认知、接受别人的批评,改变自己过去唯我独尊、固执己见的形象。

最后,学会赞美和感恩。学会发自肺腑地赞美和感谢他人对于自负者而言确实不容易,但只要有意识地去学,一定会受用。要相信每个人都有自己的优点和长处,承认他人并赞美他人,将有助于改变自负者的人际关系,同时也会得到更多的赞美和感谢。

### (四)嫉妒心理

嫉妒是对他人的名望、品德、成就和优越地位的一种敌视、不友好和憎恨的情感。从心理学的角度看,嫉妒是对超过自己的人感到愤恨和恐惧的混合心理,这是一种唯我独尊、自私自利的异常心理表现。嫉妒心理是阻碍大学生人际交往最卑劣的情感,且在大学生人群中普遍存在。时常因周边同学的成绩、家庭条件、社交能力或外貌形象等方面优于自己,而产生嫉妒心理。那么大学生应该如何消除这种嫉妒心理呢?

首先,要学会正确地看待人生价值。一个志向远大、为自己理想而埋头苦干的人是不会在意眼前的得失,更不会去花时间和精力去嫉妒别人的成功。反之,如果一个人没有理想,无所事事,只会寻别人之短自己又不上进的话,注定会平庸地度过一生。

其次,要培养达观的人生态度。人生就像一个大舞台,自得其所、各取所需。要学会看到别人的优势,进而重新认识和创造自己,这样便能从病态的自卑感和自尊心中释放出来,从嫉妒的泥潭中获得解脱。

最后,多接触、少误会。很多异常的嫉妒心理都是在误解之中产生的,嫉妒者误以为对方的优势会给自己带来威胁而久久不能释怀。因此,要学会接近别人,加强心理沟通,尽可能避免误会的发生。

## 第三节 大学生人际交往的原则与技巧

大学校园里,每个大学生都希望自己能够建立和谐的人际关系,如何使这种和谐的人际关系一直保持呢?这是一个非常值得思考的问题。大学生在日常人际互动过

程中，应遵循平等、真诚、尊重、理解和互惠等交往原则，同时还需要掌握倾听、共情、助人等交往技巧。

## 一 人际交往的基本原则

开放的人际交往环境赋予大学生更加多元的人际交往方式，不同的人可能出于不同的目的而建立各异的人际网络，但人际交往的基本原则是不会改变的。以下归纳了几条基本原则，为大学生人际交往提供参考。

### （一）平等互惠

平等是大学生人际交往的基本原则。无论来自哪里、家境好坏、身体强弱，每个人在人格上都应该是平等的。因此，在人际交往过程中，大学生不应该自认高人一等，尽量不要给别人一种"拒人千里之外"的感觉。

同时，人际交往过程中还应该照顾到各方的利益，尽可能互惠。所谓互惠是指人际交往中各方都能满足自己的心理需要，同时获得一定的好处和利益。交往所追求的目标之一就是维持"我为人人，人人为我"的互惠关系。大量实践经验也证明，交往中的互惠性越高，交往关系就会越稳定。因此，大学生人际关系只有是平等的、互惠双赢的，才能可持续发展。

### （二）真诚相待

真诚是做人之本，也是人际交往得以深化和延续的保障。"以诚相待、人格平等"是大学生人际交往的基础，热诚的赞扬和诚恳的批评都能使交往双方信任、交心、倾诉。大学生人际交往中的真诚相待表现如下：当别人有缺点时，能给予劝解和批评；当别人有困难时，能伸出援助之手；当别人犯错时，能伸出友谊之手接受他人承认错误，给予他改正错误的勇气和机会。只有以一颗诚挚的心去靠近别人的心，才有可能换得别人对你的真心和放心，良好的人际关系才能得以建立。

### （三）尊重包容

尊重和包容是缩短人际距离、建立人际信任的催化剂，在人际交往中的每一位大学生都有自己的人格尊严，他们期待得到对方的尊重和包容。首先，尊重既包括尊重自己，也包括尊重他人。尊重自己是指在各种社交场合都应该自重自爱，维护自己的人格尊严；尊重他人是指尊重别人的隐私、习惯和价值观，不得诋毁别人的名誉和人格。其次，包容则是在尊重的基础上更宽泛地接纳。大学生与别人交往时，不能仅用一种标准来要求他人，更不能太苛求别人。正所谓"人非圣贤，孰能无过？"如果在人际交往中遇到一些不愉快，应该学会包容，学会忍耐和克制，学会以德报怨。

### （四）理解体谅

"己欲立而立人，己欲达而达人，己所不欲，勿施于人。"相互理解是人际沟通、人际促进的条件。"金玉易得，知己难求"，知己就是能够关心和理解自己的人。对于人际交往来说，大学生不仅需要细心地了解别人的喜好、处境、需求、心情、好恶等，还需要根据彼此的实际情况调整或约束自己的行为，尽可能给别人更多的关心、方便和帮助。此外，还应该学会体谅别人，多设身处地为他人着想，自己不爱听的话不要说给别人，别人反感的行为不要强求他人。总之，在人际交往中不仅要善解人意，还应多多理解和体谅别人。

综上所述，对于还未走出校园的大学生来说，要建立良好的人际关系，需要从各方面锻炼自己，克服各方面的心理障碍，使自己能够适应大学生活。大学阶段，是学生心理逐渐成熟的一个时期，尤其需要别人的理解，愿意向别人倾诉自己的情绪和思想，以求获得别人的肯定和理解进而调节自己的情绪，使压力得以缓解。而且，重视人际交往，遵守人际交往是最基本的原则，不断积累经验，也是大学生成功走向社会的需要。

## 二 人际交往的技巧

### （一）学会倾听

"倾听"是有效沟通的必要成分，也是建立和维系良好人际关系的"良药"。如果你能静下心来倾听对方说话，就会让对方感受到"你是一个值得我诉说的人"，这在无形中会增加对方的自尊感，加深彼此之间的感情。要做好一个倾听者，需要做到"五心"：听人说话要有"耐心"；听取别人意见要"虚心"；倾听过程中要"留心"观察，捕捉深层含义；会话过程要"专心"；倾听之后要"会心"（即反馈）。

### （二）共情

人际关系的本质就是情感沟通，情感沟通越充分，双方的心理相容度就越高，人际关系也就越亲密。所谓共情是体会和感知对方情绪状况的能力，它不同于同情，而是交往双方内心情感的同一和共通。

### （三）赞扬别人

渴望得到别人的支持与肯定，是每个人的心理需求。心理学家认为，赞扬能激活一个人身上的能量，调动人的积极性。适时适度、真情实意地表达你对别人的赞扬，有助于增强彼此之间的吸引力，是人际关系建立的催化剂。但需要强调的是，赞扬并不意味

着阿谀奉承。赞扬别人态度上一定要真诚，实事求是；不要赞扬那些别人都能关注到的优点；切记赞扬别人后不要立刻要求别人做事；尽可能将赞美的内容细化。

### （四）助人为乐

心理学家研究发现，以助人和互助为开端的人际关系，不仅能够确立良好的第一印象，而且还有助于迅速缩短人际距离，使良好的人际关系快速建立起来。日常生活中常出现的"锦上添花""雪中送炭"都可以反映这样的心理。

### （五）拒绝别人要委婉

人际交往并不是一味地接受和容忍，有时候拒绝也是一种智慧。如果你要想成功，首先需要学会如何说"不"。那么，怎样拒绝别人才能算是"委婉"呢？

1. 态度要诚恳。拒绝别人时，要先表示对对方的理解，然后再告诉对方真实情况。

2. 先肯定后拒绝。对于那些勉为其难的事，可以先肯定对方的人格和意见，然后再委婉地拒绝。

3. 幽默含蓄。用幽默的语言含蓄地表达拒绝对方的某些要求，既能显示自己的大度和睿智，更能免得对方遭拒而尴尬。

## 第四节
## 走出人际困境与冲突

每个生存着的人几乎都离不开人际交往。人际交往既能带给我们愉悦和满足的体验，同时也会伴随种种不快和折磨。生活总是现实的，大学生在人际交往过程中难免会出现人际冲突，不难发现曾经多么亲密的好友或情侣最终却形同陌路、分道扬镳。那么，大学生在人际交往过程应该如何避免或减弱人际冲突，走出人际关系困境呢？

### 一　人际冲突的内涵

冲突是指两个或两个以上成员之间，由于希望或反应的互不相容性而产生的紧张状态。一般而言，冲突发生的原因各异，可能是对问题的认识与看法不同，或是各方的需要与利益不同，抑或是做事风格、行为方式存在差异等。总而言之，当相互关联的两个个体或多个个体之间的动机、态度、期望、价值观或实际行动存在矛盾时，且交往双方也意识到他们之间的矛盾时，个体间的冲突就产生了。

对人际关系而言，冲突既可带来挑战，也可带来机遇。冲突的负面功能表现为由于恶意攻击、互不相让而导致双方关系破裂，或者是因为心存芥蒂而导致交往双方的情感隔膜、沟通不良，甚至相互拆台、相互诋毁。但冲突可能存在很强的正面功能，主要体现为双方把各自的看法及其理由摆出来，通过建设性的讨论，可激发新思想，最终找到更好的解决问题的方案；此外，交往双方因为冲突而把隐藏的误解、彼此间的不满表达出来，可通过这种辩论的形式而得以化解、澄清，进而增进理解，深化关系。

## 二 大学生人际冲突的类型

根据人际冲突的不同层次可将其分为三个层次的人际冲突。第一个层次是特定行为上的冲突，即交往双方就某一个具体问题存在不同意见。例如，两个人一起出去旅游，就搭乘哪一种交通工具存在不同意见。第二个层次是角色上的冲突，即双方对于如何处理两个人的关系，在关系中各自的权利和义务有不同的理解。例如，宿舍同学可能在宿舍公共劳动怎样分工上存在分歧。在人际关系中，有些角色规范比较明确，也有一些角色规范比较模糊，如果两个人对于规则看法不同，就难免会发生冲突。第三个层次则是个人性格和态度上的冲突，这是一种深层次的冲突，涉及双方价值观乃至人格上的差异。例如，同宿舍中的同学可能因为性格不合而产生矛盾，一方喜欢找一大堆朋友来宿舍玩，另一方则喜欢在宿舍独处。

根据冲突的基础可将人际冲突分为五种类型：平行冲突、错误归因的冲突、潜在的冲突、错位的冲突和虚假的冲突。在平行冲突中，双方都能明确知道这一分歧，例如你和你的同学去电影院看电影，你很想看爱情片，而他很想看动作片，虽然你们彼此知道对方的喜好但都不肯让步。在错误归因的冲突中存在客观的分歧，但双方对这种分歧产生的原因并没有准确地知觉。例如，宿舍出现异味，一个同学怀疑是你的臭袜子没有洗，但事实上是垃圾桶没有倒。潜在的冲突是指交往双方都不知道客观存在的分歧是什么。在错位的冲突中，一方可能有一个客观的理由，而且知觉冲突的存在，但却不直接针对真正的问题本身。例如，你认为期中考试时老师给你的分数太低不公平，心中虽有不满但却不好意思去说，于是乎在公共场合故意刁难他。在虚假的冲突中，双方虽有分歧，但这种分歧没有客观的基础。例如，好朋友生日聚会没有邀请你，你非常生气，而你的好朋友也因为你没有去参加而生气。而事实上，他本来到宿舍邀请你去参加，恰好你不在只好让另一个同学通知你，但这个同学忘记了，所以

导致了这种误会的产生，双方都不知道既存的分歧。

## 三 走出人际困境的建议

心理学家建议，认清人际冲突或分歧存在的原因，并积极寻找处理这一冲突的方法，可以有效地帮助人们缓解人际冲突，走出人际关系的困境。

首先，我们需要懂得这样一个道理：因为每个人的经历和出身不同，都有着自己独特的情感、利益背景，所以人与人交往过程中出现冲突是在所难免的。不管是什么样的关系，都有可能出现冲突。因此，当面对未来可能出现的人际冲突时，我们要有心理上的准备。

对人际冲突作前瞻性的预计是我们了解并建设性地解决冲突的有效途径，一般而言，如果个体在毫无防备的情况下直接卷入冲突当中，那么要想在整个冲突过程中保持冷静的态度就非常困难。人是情感性动物，过于激动的情况下容易做出非理性的决策，在激怒的情况下出现一些过激行为是常有的事情。

在实际的大学生活里，很多人际冲突是可以有效避免的。如学会采用移情的方式去体验别人为何会有那样的行为，可有效地帮助我们换位思考、理解他人，避免判断错误而做出不恰当的行为。而对于已经发生的冲突，如果处理得当，就事论事，往往不会给日后的人际交往带来太大的危害。有心理学家提出有效解决人际冲突的步骤，其具体内容如下。

（1）相信一切冲突都可以理性而建设性地获得处理。

（2）客观及时地了解冲突产生的本质原因。

（3）具体地描述冲突。

（4）向别人核对自己有关冲突的观念是否客观。

（5）提出可能解决冲突的方法。

（6）对提出的办法逐一进行评价，筛选出最佳的解决途径，最佳的方法必须是双赢、互惠的。

（7）尝试使用选择出的最佳方法。

（8）估计实现最佳方案的实际效果，并按照给双方带来最大利益和有利于良好人际关系维持的原则给予修正。

综上所述，只要我们在人际交往过程中，前瞻性地预计可能出现的人际冲突，客观理性地选择有效的措施，人际冲突所带来的危害是可以避免的。

# 参考文献

[1] 陈国梁. 大学生心理健康教育[M]. 广州：华南理工大学出版社，2009.

[2] 王书荃. 学校心理健康教育概论[M]. 北京：华夏出版社，2005.

[3] 郭念锋. 心理咨询师：三级[M]. 北京：民族出版社，2005.

[4] 库恩，等. 心理学导论：第11版[M]. 郑钢，等译. 北京：中国轻工业出版社，2007.

[5] 冯铁蕾. 大学生心理学原理与应用[M]. 北京：中国计量出版社，2010.

[6] 杨蕴萍. 心理与健康[M]. 北京：中央广播电视大学出版社，2012.

[7] 季丹丹，曹迪. 青春导航：大学生心理健康[M]. 沈阳：辽宁大学出版社，2006.

[8] 聂振伟. 大学生心理健康教育：心理健康起航[M]. 大连：辽宁师范大学出版社，2005.

[9] 李明，张新梅，常素芳，等. 大学生心理健康教育[M]. 北京：清华大学出版社，2013.

# 第八章
## 大学生恋爱及性心理

## 心理 引言

2019年10月9日，北京大学大三女生包丽在宾馆服药自杀。事后包丽母亲在包丽的手机中发现她与其男友牟某的聊天记录，记录的内容充满了精神控制和虐待。包母认为正是这段披着爱情外衣但实则是扭曲的关系造成了女儿的自杀。南方周末发表了一篇名为《"不寒而栗"的爱情：北大自杀女生的聊天记录》的报道后引起大众的震惊，由此引发舆论对亲密关系中的精神控制、PUA行为等问题的关注。

PUA（Pick-up Artist，译为"搭讪艺术家"）原本是指男性接受过系统化学习、实践并不断更新提升、自我完善情商的行为，后来泛指很会吸引异性、让异性着迷的人和其相关行为。目前以组织的形式快速发展，以网络课程、线下培训等方式来教唆人进行诈骗。PUA行为中充满了施害者对"恋爱"伴侣进行身体、精神以及经济方面的侵害，其中女性受害者较多。

PUA行为不仅给受害者带来了较大的创伤，同时施害者也需要经历心理咨询或治疗才能摆脱蛊惑，恢复正常人的思维模式。2016年《中华人民共和国网络安全法》中有条文对PUA相关行为进行限制和惩罚。目前有关部门已从源头入手严厉打击PUA的传播。同时社会各界舆论呼吁加强对青少年恋爱的教育和正确引导。

> 思考
>
> 相信各位同学都憧憬在大学期间与相爱之人携手，拥有共同呵护和经营的爱情。有人说爱情是大学阶段的必修课，但是爱情之路上不仅有美丽之花，也有荆棘之丛。那么我们在大学期间如何才能找到自己满意的爱人、如何预防自己陷入恋爱的种种苦恼、如何正确看待性以及在建立亲密中如何一起与恋人承担爱情的责任呢？

> 名人说
>
> 幼稚的爱是我爱你，因为我需要你；成熟的爱是我需要你，因为我爱你。
> ——弗洛姆
> 爱情使人心的憧憬升华到至善之境。 ——但丁
> 建筑在了解自我、了解别人上的爱，才不是盲目的爱。 ——傅雷
> 我会有这样的爱情，全世界在我眼中这时分为两半：一半是她，那里一切都是欢喜、期望、光明；另一半是没有她的一切，那里一切是苦闷和黑暗。
> ——列夫·托尔斯泰

# 第一节 爱情心理概述

## 一 爱的吸引

爱情的发展很多起始于人际间的相互吸引。那么我们来看看影响人们之间好感度的因素有哪些。

### （一）时空接近性

心理学研究显示，那些我们看见并与之交往最频繁的人，往往可能成为我们的朋友或恋人。费斯廷格和斯坦利在研究中发现，一栋宿舍楼里41%的住户与邻居成为好友，而只有10%的人和宿舍另一端的住户成为好友。较近的距离意味着我们与对方交往所付出的成本较少，再加上如果双方交往的积极体验较多，那么就越容易建立良好的友谊或发展恋爱关系。

## （二）熟悉性

熟悉性又被称为曝光效应，即个体对特定事物接近的频率越高越容易喜欢该事物。心理学家扎琼克将一个男性的照片分别以1、2、5、10、25次的频次，呈现给不同的被试，然后让被试对照片上人的喜欢程度做出评估。结果发现照片的呈现次数与被试评定的喜欢程度有正相关关系。但如果这个特定事物本身具有负面特征，曝光的次数越多反而会增加人们对其的厌恶。如果我们想要和一个人发展亲密关系，那么我们最好在对方面前多出现，但需要注意的是避免出现负面特征。

## （三）相似性与互补性

在恋爱的过程中，我们会更容易被与自己有相似特质的人吸引，还是更容易被与自己互补的人吸引？当别人拥有的是我们所缺少的特质时，的确我们会增加对这个人的喜欢程度，这样我们就能在交往过程中获得互补的满足。但心理学研究显示，与自己相似度较高的个体更具吸引力。这些相似体现在兴趣、态度、价值、背景、人格等方面。再进一步研究证实，那些建立在相似性之上的关系比建立在互补性之上的关系更容易长期维持。

## （四）外表吸引力

在"美即是好"的刻板印象下，个体通常会认为外貌较好的人热情有趣、乐于助人和善解人意，因此个体更会被好看的人所吸引。一些进化心理学家从生物学角度提出，美丽其实反映出一些重要信息——健康、年轻和富有生殖力。人际交往之初外表的吸引力作用很强，但随着人际交往的深入，外貌的作用会逐渐减弱。

## （五）才能

在一定限度内才能越高的人越受人喜欢。但超出这个范围，才能较高的个体反而会给周围人造成一定的压力，使人们倾向于逃避或拒绝该个体。心理学家阿伦森在一项实验中发现，对被试而言那些才能较高但犯了一点小错误的人更具有吸引力，这种现象也被称为"犯错误效应"。

## （六）个性品质

个性品质对人际吸引的影响很大，并且这种吸引比较稳定和持久。心理学家安德森在一项研究中，将555个描绘个性品质的形容词列成表格，让大学生被试评价在多大程度上喜欢具有这些不同个性品质的人。结果表明被试评价最高的个性品质是真诚，而评价最低的是虚伪。

## 二 爱情的内涵

### （一）爱情的定义

爱情是人际吸引最强烈的形式，是身心成熟到一定程度的个体对异性个体产生有浪漫色彩的高级情感。马克思认为：爱情是一对男女基于一定的社会基础和共同的生活理想，在各自内心形成的相互钦慕，并渴望对方成为自己生活伴侣的一种强烈、纯真、专一的情感。著名性心理学家霭理士提出，恋爱是一种吸引的情绪与自我屈服的感觉之和，其动机出乎一种需要，而其目的在于获得可以满足这种需要的一个对象。

尽管人们对于爱情定义的表述很多，但其基本涉及生物、精神和社会三种因素。生物因素是指爱情是个性生理和性心理正常发展的产物，相爱的人根据本能产生相互结合的强烈愿望；精神因素主要指爱情是一种高尚的情操，健康的爱情能使人身心愉悦，产生美好体验；社会因素是指爱情虽发生于个人的欲望与情感，但其同时受到社会道德、传统文化和法律法规的制约，同时爱情还承担婚姻、生育子女等社会功能。

### （二）爱情的特点

1. 两人之间

专一性和排他性是爱情的核心特点。忠诚与信任是爱情长久的保证。双方一旦确立恋爱关系，都希望自己是对方唯一的恋人，容不得对方与其他人暧昧。

2. 双方地位平等

恋爱双方在情感上享受的义务和权利是平等的，一方付出另一方需要回应。仅有一方付出的爱情，或者靠放下自尊乞求来的爱情都不是真正的爱情。

3. 分享和分担

在爱情中，当我们遇到美好的事物会由独享变为分享，另外我们还可以在这种安全的关系中分担自己的忧愁。美好的爱情具有教育性和治愈性，它可以修复自己在以往不良人际体验中形成的心理创伤。

4. 在相处时有坦然的安全感、信任感

当我们感到足够安全和信任恋人时，就可以在爱的关系里卸下一般人际关系中的"伪装"，像孩子一样表达真实的自我。

5. 渴望成为对方生命中的一部分，渴望走入婚姻

当爱情发展为强烈、深厚、长久的稳定关系时，双方会产生共度一生的想法。亚里士多德所说：真正的爱，非环境所能改变；真正的爱，非时间所能磨灭。这就需要恋爱双方相互扶持，彼此滋养，让爱随时光流淌不断升华，最终将爱带入婚姻以及婚

后的生活。

## 三 爱情理论

### （一）爱情的本质——爱情三角理论

美国心理学家斯滕伯格认为爱的本质包含有亲密、激情和承诺三种成分。亲密是情侣间亲近与温暖的体验，是相互契合与归属的感觉。激情是基于身体吸引上的性冲动与性兴奋，它是爱情的主要驱动力。承诺是双方维持爱情关系的意愿与决定，分为长期和短期，长期承诺是维持爱情关系的投入、责任心等，短期承诺是做出是否爱一个人的决定。如图8-1所示。

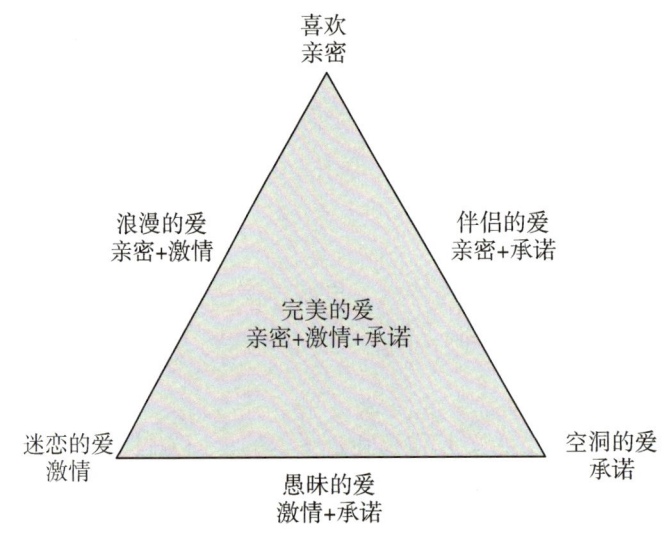

图8-1　斯滕伯格的爱情三角理论

以上三个成分可以组合成为八种不同类型的爱，如表8-1所示。

表8-1　爱情三角理论中的爱情类型

| 爱情类型 | 亲密 | 激情 | 承诺 | 特点 |
| --- | --- | --- | --- | --- |
| 无爱 | 无 | 无 | 无 | 两个个体之间仅是普通人际关系 |
| 喜欢 | 有 | 无 | 无 | 同伴间的友谊 |
| 迷恋的爱 | 无 | 有 | 无 | 仅基于性吸引而短暂投入的关系 |
| 空洞的爱 | 无 | 无 | 有 | 没有情感基础，被安排的恋爱或婚姻 |

（续表）

| 爱情类型 | 亲密 | 激情 | 承诺 | 特点 |
|---|---|---|---|---|
| 浪漫的爱 | 有 | 有 | 无 | 经历了快乐的约会，但尚未对彼此共同的未来做出任何规划 |
| 伴侣的爱 | 有 | 无 | 有 | 情侣更多是在完成各自承担的责任和义务，缺少激情，很平淡 |
| 愚昧的爱 | 无 | 有 | 有 | 双方缺乏情感联结就盲目地做出在一起的决定，没有亲密支持的承诺像是空头支票 |
| 完美的爱 | 有 | 有 | 有 | 理想中的爱，同时富有这三种元素，且三者之间的比重大致均等 |

很多人都渴望自己获得完美的爱情，但其实在生活中这种理想的爱情是很难找到的。此外，研究显示双方关系中主导地位的爱情类型会随着时间的推移而发生变化：如在恋爱早期，激情成分占主导地位，随后会下降趋于平坦；在恋爱中期，承诺成分成为主导；而亲密成分会随着时间流逝不断持续增长。

（二）如何增加亲密感——依恋理论

在著名的陌生情境实验中，心理学家安斯沃斯通过观察母亲离开又回到婴儿身边过程中的互动模式，从而提出了依恋的三种类型。

1. 安全型：当母亲不在场时婴儿也能感到自在并能独立探索环境，当母亲归来时，婴儿立即回到母亲身边寻求接触。

2. 回避型：婴儿面对母亲的离开并不难过，即使面对母亲归来也表现得非常冷淡。

3. 矛盾型：婴儿紧挨母亲不去探索外界，面对母亲的离开会很伤心，但当母亲归来时却表现出生气甚至是击打母亲。

依恋理论的核心假设为，我们在婴儿时期形成的特定依恋类型会成为我们日后同他人交往的模板，在建立亲密关系时会自然流露出来。心理学家菲利普·谢弗和同事们对该假设进行验证后得出以下结论。

1. 安全型依恋的成人，觉得在亲密关系中能信任并接近对方，觉得自己是值得被爱的，因而很少担心自己被他人抛弃。该类型的人可以长期与人保持浪漫关系。

2. 回避型依恋的成人，很难信任和接近对方，面对爱侣的亲近总是会有躲避和不自在，是最不容易投入亲密关系的。

3. 矛盾型依恋的成人，则总是发现别人不愿接近自己，总是怀疑和猜忌爱侣是否

真的爱自己。该类型的人往往是最难建立与维持一段亲密关系的。

不过,依恋理论并不是说个体在婴儿期和父母的依恋模式不佳,就注定会在遇到的每个人身上重复这种模式。研究表明,人们所表现出的依恋类型都是他们伴侣的行为及双方的互动所引发的,有的人会在一段感情中表现为安全依恋型,而在另一段关系中则表现为焦虑型。因此我们即使在童年与照养者没有建立良好的依恋,也可以在后期建立的亲密关系中去进行修复。

### (三)恋爱的不同类型——爱情六类型理论

心理学领域对爱情观的实证研究起始于鲁宾,他认为爱情是一种可以进行测量的社会态度。鲁宾收集整理不同社会文化中的经典爱情故事,提出爱情的三原色——激情、游戏和友谊。这三者两两结合便有了浪漫、游戏、同伴、占有、现实和奉献这六种爱情类型。

1. 浪漫之爱建立在理想化的外在美的激情之爱。

2. 游戏之爱视获得异性的青睐为一种有趣的挑战性游戏,当事人会避免自我情感的投入,且喜欢更换对象,是一种只享受过程,不一定要有结果的爱。

3. 同伴之爱是指如青梅竹马似的感情,由于长期相处而不自觉地视彼此的相处有如兄妹、好友般的自然习惯,是一种细水长流、宁静无波的爱。

4. 占有之爱者情感需求几乎达到强迫性的程度,常因恋爱而心神不宁,而且情绪起伏甚大。

5. 现实之爱正如社会交易理论所说的,人们倾向于选择能够带给自己酬赏而减少成本的对象,是一种理智的、顾虑现实条件选择对象的爱情。

6. 奉献之爱带着宗教情操,是一种甘愿付出、不求回报的爱。

## 四 大学生恋爱心理

### (一)大学生恋爱发展阶段

爱情的发展阶段以相互吸引为基础,继而增进相互了解,萌发爱情,最后确立恋爱关系,这符合人与人之间的情感纵向发展的过程。大学生在恋爱中普遍分为萌芽期、酝酿期、表白期、热恋期和平稳期。

1. 萌芽期

青少年随着第二性特征出现和性意识的觉醒,面对与异性交往常会感到羞怯不安。但进入大学之后,青少年面对建立亲密关系来对抗孤独感的需要,此时也被允许谈恋爱,所以青少年往往会被一些人的言谈举止、仪表气质或者才能品质所吸引,萌生爱情。

2. 酝酿期

一旦大学生对他人萌生爱意，那么就会在心中酝酿如何去开始一份美好的爱情。此时大学生常会对有好感的个体产生理想化，觉得对方是自己理想中的人物，并开始通过陪伴和接触来促进情感的进一步发展。

3. 表白期

通过相互的了解，大学生逐步在判断对方是否真的符合自己理想的标准，如果符合就会寻找合适的时机，向对方表白自己的心意。如果对方认可自己，双方则对彼此的爱情做出初步的承诺。该阶段是恋爱心理发展的关键时期。

4. 热恋期

双方确立恋爱关系之后，就会进一步通过浪漫的话语、亲密的肢体语言以及深入的自我暴露来增进相互了解和传递爱意。此时，恋爱双方常会用欣赏的眼光看待彼此，经常有"一日不见，如隔三秋"的眷恋，爱到深处时会对未来充满憧憬和向往。

5. 平稳期

经过热恋的激情之后，恋爱心理趋于理性，双方开始冷静地思考人格、价值观、生活方式等方面是否匹配，此时双方都比较希望自己在恋爱中的投入和所得是比较公平的。如果双方能坚持走到毕业，那么也会注重规划双方未来的生活。

## （二）大学生恋爱动机

大学生的恋爱在特定的校园环境中展开，这种情感相对较少沾染功利色彩。但现如今"00后"大学生在受到多元价值观的影响下，普遍有自己独特的性格及行为方式，在恋爱动机方面更是呈现出复杂性和多样性。

1. 爱情驱使

大多数大学生是在爱情驱动下认真对待爱情，具有正确的恋爱动机。

2. 追求浪漫体验和情感慰藉

有些大学生不顾现实情况，谈恋爱仅仅是为了追求浪漫的体验。或是想通过恋爱获得对方的陪伴、温暖与关怀，以此排解自己内心的压力和孤独。

3. 盲目跟风

有的大学生看到周围人纷纷拥有爱情，为了满足虚荣心而跟风；或是为了显示出自己的价值而随便选择一个聊得来的异性便也加入了恋爱大军。

4. 追求名利

有的大学生将恋爱当作满足自己物质需求的跳板，错误地认为找个好恋人可以让

自己少奋斗好几年。

5. 满足生理需求

处于青春期的大学生，随着性生理和性心理的成熟，对异性的渴求越来越强烈，而有些大学生谈恋爱仅是为了满足自己对异性的好奇和冲动。

一项针对"00后"大学生恋爱动机调查的结果显示：52.47%的受访者认为恋爱是为了追求纯真浪漫的爱；16.67%的受访者认为恋爱为寻找婚姻配偶的最好机会，4.94%的受访者认为恋爱可以驱逐内心空虚；25.92%的受访者选择其他原因。由此可以看出大学生恋爱中混有不纯粹的动机。在恋爱中除了以爱情驱使外，其他动机都违背了恋爱的真正目的。

恋爱是为了找到一个志同道合、同舟共济的终身伴侣，不应该把恋爱作为获得社会地位或金钱的手段，更不应该将爱情作为消磨时间、满足生理需求和虚荣心的工具。当然在恋爱的过程中也要考虑现实因素，不能只一味地追求浪漫的体验。

# 第二节
## 大学生恋爱问题及调适

### 一 大学生常见恋爱问题

#### 案例一：单恋

小梅从小家教严格，父母严厉禁止她与男生来往。进入大学之后，看到很多女孩都拥有了爱情很是羡慕，她也想拥有美好的爱情，可是自己连怎么和异性正常交往都做不到。有一次她忘了带饭卡，刚好同班的一个男生看到并帮她刷了卡。小梅在感动之余对这个男生心生爱慕，上课时小梅总尽量坐在这个男生附近，有几次对方还主动和她交谈，这越发让小梅觉得对方可能是爱上了自己。之后小梅胸有成竹地进行了告白，可是该男生向其解释了与其交往只是出于友谊。小梅内心不愿接受这个事实，很长一段时间陷入悲伤、愤怒的情绪中。

【案例讨论】

很多大学生也会有小梅这样的困扰：在大学中与异性交往的过程中，有时我们会把正常交往中的友好误认为是爱情的信号，之后会有意在后续交往中寻找证据，来逐步确认对方确实爱着自己，但其实这些证据很可能只是源于自己一厢情愿的投射。所以，当对方澄清对自己的好感仅仅出于友谊时，单恋的个体又不免陷入悲伤、痛苦，甚至认为自己被对方欺骗。

单恋往往是一场美丽的误会，是爱情错觉的产物，会对当事人的感情和自尊心造成一定的挫败，但是也正是经历过单恋，我们才会去学习如何更好地区分友谊和爱情，最终找到志同道合的异性朋友或是适合自己的恋人。

### 案例二：多角恋

我的男友小梁是与我考入同一所大学的高中同学。我性格内向不擅交际，刚入校时没有什么朋友，感到很孤独，小梁主动接近我，陪我聊天，给予我很多帮助。到现在我们恋爱一年了，可就在两个月前，多次撞见他和一个女生牵手散步。我很气愤去质问他，他说自己实在无法拒绝那个女生的追求，但是也同样无法割舍我。我真的舍不得他，但又不愿委屈自己，我现很困惑是否要分手。

### 【案例讨论】

用现在流行的名词来形容小梁的行为，就是"中央空调"或者"海王"。当他们脚踏两只船的行为被揭穿后，他们总觉得是自己太优秀因而受到很多异性的青睐，并坚持鱼与熊掌可兼得的恋爱行为模式。多角恋是指与多个异性保持恋爱关系，抱着游戏人生的态度挥洒感情。把恋爱视为游戏，把自己的幸福建立在不尊重、不珍惜他人情感的基础上，这不仅违背了爱情的专一性和平等性，更是社会道德所不允许的。

恋爱的双方一旦作出承诺，就应该彼此相互珍惜，不要在其他暧昧关系中辗转反侧。被多角恋伤害的个体，也应及时考虑这段关系是否能挽回。如果自己已尝试过挽回，但对方执意不改，最好不要在贬低自我价值还继续停留在这种伤害自己的关系中。

### 案例三：网恋

小乐是一位大二学生，性格内向胆小，不擅长交往，尤其面对异性时总是害羞胆怯，但她一直充满了对爱情的向往。网络为小乐提供了一个很好的交友机会。一天小乐与A男士聊天时感觉到两人十分投机，虽然没见过面，但总觉心有灵犀一点通，经常聊到深夜还不睡。一个月后A提出见面，小乐欣然接受，虽然见面初期还有些紧张，但是看到A相貌英俊，潇洒大方，完全符合自己心中的恋人形象。晚饭过后，A不顾小乐一再反对强迫与其发生性关系。小乐因此患上了创伤后应激障碍，进行了长时间的心理治疗后才回到正常的生活中。

### 【案例讨论】

网络可以帮助两个时空距离较远的人进行沟通。恋爱网站或交友应用程序上的用

户不仅可以看到很多人的照片和简介，同时线上平台还会通过相似度来匹配潜在情侣的方式，帮助用户尽快找到理想中的恋爱发展对象。大学生通过线上约会的方式，大大扩展了自己的潜在伴侣圈。但这种行为本身也具有很大的风险，因为网络具有虚拟性、隐蔽性、间接性等特点，致使大学生很难验证线上信息的真实性，同时也缺乏相互的承诺。

## 二、提升自我爱的能力

心理学家弗洛姆认为：爱是人的一种主动的能力，一个突破把人和其他同伴分离之围墙的能力，一种使人和他人相联合的能力。那么我们如何才能走入别人的世界，也能允许他人走进自我的世界，而在这个过程中还能保持自我的完整性呢？我们需要学习和培养自己爱的能力。

### （一）识别爱情的能力

大学生在与同学朝夕相处的过程中，对他人产生好感是正常现象，但这种朋友间的欣赏、喜欢和信任等不一定就是爱情。大学生个体应学会识别爱情，避免混淆了爱情和其他情感而使自己陷入困境，尤其是要警惕那些动机不纯、不明确的虚假爱情。

我们可以通过以下三点来鉴别真爱。

1. 是否有反复性。如果对方经常对自己表示好感，需要引起重视，但如果这种现象只是偶尔出现，则不必太过在意。

2. 是否有相关性。如果对方的情况与自己比较接近，可以考虑恋爱的因素，比如年龄差距不大、志趣相投，尤其是三观相近等；如果双方很多条件相差甚远，则可不必考虑恋爱。

3. 是否有对比性。如果对方对你很热情、很关心，但对其他异性也如此，那么则反映出这个人个性如此，并不是爱你。

### （二）表达爱的能力

很多大学生面对自己心爱之人，往往是爱在心头口难开，的确向心仪之人表达自己的爱慕之心需要勇气和信心，但爱意最好要用正确的方式表达出来，让对方了解比较好。

阻碍大学生表达爱意的原因不仅是害羞，更多是害怕表白后被拒绝而引发自己的失望和挫败感。其实，如果我们将"对方必须接受我的表白，否则自己会很难堪"的想法，转变为"我只要将自己的心意传递给对方，就是勇敢地突破自我和成功"，那么就会减轻表白被拒绝的引起的负性体验。我们在网上经常可以看到，很多大学生喜欢在众人瞩目之中高调表白，但这比较适合那些早已两情相悦的情侣，如果你不了解对方的心意就这样做，难免会加重对方的心理压力。

### （三）接受爱的能力

自己接受别人的爱也是需要很大勇气的，因为接受就意味着承担一份责任，意味着相爱的双方已准备好去面对爱情中的风风雨雨。在面对别人的表白时，我们先要明白何为爱，自己为何爱；然后经过理性的分析之后，能及时准确地对"爱"做出接受、拒绝或是再观察的选择。

### （四）拒绝爱的能力

我们要学会拒绝自己不满意的爱。不要担心这样会伤害对方，因为你的犹豫不决很可能会让两人的关系陷入暧昧，这样反而会引起更多彼此的误解和伤害。而有些同学根本不在意对方的感受，随意粗暴地拒人千里之外。还有些同学为了满足自恋，而沉浸和陶醉在别人对自己的爱中，所以面对任何人的示爱都舍不得说"不"。

不得不承认拒绝他人的爱意会让对方感到失落，所以我们首先要对这份感情表示感谢，肯定对方的优点，再婉转并清晰地讲出拒绝的理由。如果当面讲不出可以选择其他表达方式。拒绝的表达要温和但态度要坚定。拒绝之后要保持言行一致，不要过度地安慰对方，更不要还继续接受对方的约会，甚至接受对方的礼物，这样会加重对方的混乱和承受更多似是而非的煎熬。

## 三 学会维持爱情

### （一）解决爱的冲突

恋爱中的双方来自不同的生长环境，因此恋爱双方产生冲突是不可避免的。有很多人对恋人抱有一种不合理的期待，即希望对方能够时刻明白自己的需求并进行满足，但遗憾的是这个世界上不存在"读心术"，要想让对方更了解我们的内心，也许最好的方式就是我们直接表达自己的需要和想法。

在谈恋爱之前我们最好具备解决人际冲突的能力，这样才能更好地面对和解决爱的冲突。当在恋爱中发生冲突时，我们最好先不带有敌意地陈述冲突发生的经过和自己的情绪、想法。然后在双方进行足够的倾听基础上，通过共情充分理解对方的想法和行为。最后双方一起商量出一套切实可行的解决办法，不要在还没听懂对方的时候，就急着仅从自己的角度出发提出多种改善的建议。总之就是要树立双方共同承担和解决爱的冲突的意识。

## （二）满足爱情的要素

所有形式的爱常常包含关心、责任、尊重和了解这四个要素。如果我们能留意自己的爱情，能时刻蕴含这四个要素，那么爱情关系就很容易维持。

爱是对所爱对象生命和成长的积极关心。这种积极关心中蕴含了给予，正是在给予的过程中我们会感受到自己的强大、富有、能干，同时体验到自己精力充沛、勇于奉献、充满活力，因此这个过程我们是欢欣和愉悦的。然而，最重要的奉献不是物质财富，而是将我们自身充满活力的东西（快乐、兴趣、理解、知识、幽默）具象化表现出来给予对方。在恋爱中我们要先学会爱自己，肯定自我价值，明确爱不能成为对方要求我们付出一切甚至是生命的理由，并且不能为了"接受"而"给予"。维持良好的爱情，需要双方共同承担给予者和接受者的角色。

关注和关心同时也是责任感的表现。在维持爱的过程中，我们都需要从爱的角度出发，自愿去承担自己的责任，而不是因为外界的强迫。苏霍姆林斯基说：爱情首先意味着对你的爱侣的命运、前途承担责任。勇于承担爱情之路上的责任，慎重地做出承诺并共同坚守，对自己和他人都负责，时刻自尊自爱。

假如没有尊重，那么责任有可能蜕变为支配和占有。尊重是一个人应对另一个人成长和发展，应顺应其自身规律和意愿，是平等的，是没有剥削和畏惧的。在爱的维持中尊重是感到与对方的融合，而不是仅仅将其视为满足自己的工具。同样，只有自我独立，才不需要支配和剥削他人来立足和前行，才能做到真正尊重对方。在爱情中，双方都是独立的个体，但是又可以相互融合。

不了解对方，我们就不能很好地尊重对方，而了解若无关心为动力便是一句空话。了解有多种层次，具体到恋爱，了解不仅是表面还要深入本质。也许只有按其本来面目发现对方，这种了解才能完成。那么我们应该先通过不断地客观认识自己，才能从现实出发去看到对方的本质，由此来不断消除对对方存有的幻想和不合理的歪曲印象，这样便能更好地维持恋爱关系。同时在了解的过程中，双方又可逐步通过相互分享自己的秘密，来增进亲密感和信任感。

## （三）学会爱的五种语言

根据心理学家的研究，一段恋情平均寿命为两年。盖瑞·查普曼作为一名婚恋专家，他在研究中发现爱的五种方式可以帮助人们更好表达爱，并促进恋爱关系稳定、长久、深厚地发展。

1. 肯定的语言

肯定的语言具有鼓励、肯定、仁慈、谦和的特点。我们不仅要善于看到恋人的优点，更需要我们用夸奖和鼓励的语言表达出来，让对方知道我们对他（她）的理解、认可和欣赏。注意肯定的语言不是向对方施加压力，而是采用夸奖、鼓励的方式。比如男友并不希望减肥，而女友却总是说"如果你瘦下来一定更帅"。

2. 精心的时刻

当相恋的人在一起时，应该将自己的注意力尽量全部放在对方身上，专注倾听对方的话语，并及时回应，通过这种交流内心的小确幸来传递关心与爱。防止在恋爱初期双方还能很好保持互相关注，但是当激情退去，很多情侣在一起时总是会忽略对方的现象发生。

3. 服务的行动

服务的行动是指自愿为对方做一些事情来表达爱。例如恋人忙于学习的时候，另一半会为其打好饭；双方互相叮嘱天冷加衣等。一时的关怀行动容易做到，难的是能持续做，尤其处于恋爱稳定期的情侣们，经常会抱怨"追我的时候经常嘘寒问暖，现在却对我爱搭不理"。

4. 接受礼物

礼物在某种程度上将爱具象化，并附加了很多美好的意义。在了解对方喜欢什么之后，可在经济允许的范围内给对方准备小礼物。而频繁送礼并非我们和恋人维系爱情的唯一手段；同时也要注意礼物太过贵重可能会给接受的一方带来压力。礼物只要是自己精心准备，能承载自己的爱意就是最好的。

5. 身体接触

恋人之间的身体接触，如拉手、拥抱或是相互依偎都能传递爱的信息。和所爱的人有恰当的身体接触，有时胜过千言万语。

## 四 学会应对失恋

失恋是一段亲密关系的丧失，对任何人来说都是痛苦的情感体验。失恋者起初都不愿承认分手的事实，经常回忆、辩解，心里常体验到绝望感、孤独感、虚无感，甚至还会产生巨大的心理创伤，变得颓废萎靡，严重影响正常的学习、生活和人际交往。有些人还会在失恋后，行为上变得压抑、谨小慎微，甚至将自我封闭起来不愿与人交往，尤其是回避与异性接触。有些人更是产生报复的想法甚至做出过激行为。还有的人通过迅速、随意地开展下一段恋情的方式，来填补自己内心的空虚。失恋有时是不可避免的人生经历，同学们应该提升自己应对失恋的能力。

首先当出现以下信号时，我们就需要思考目前的恋爱关系是否值得再坚持。

（1）两人相处中感觉不平等，对方不够尊重自己。

（2）在对方面前不能或不敢表达自己，在一起的时候总是做违心的事、说违心的话，或者感觉到对方不够真诚、不容易交流沟通。

（3）虽然在恋爱中，但是内心却经常感到寂寞和孤独，双方缺少理解与支持，就算经常在一起也很少感到爱的温暖与亲密。

（4）双方重要的价值观差异过大，缺乏相同的爱好，缺乏在一起做事的乐趣。

（5）恋人具有暴力倾向，甚至已经出现暴力行为。不仅要考虑身体暴力也需要考虑心理方面的暴力，如挖苦、故意贬低、无故指责、威胁辱骂等。一旦自己感受到对方的暴力威胁，内心有恐惧不安时，应及时离开对方。我们要树立对恋爱中的暴力零容忍的观念。

其次，如果自己主动提出分手，需要注意以下事项。

（1）不在对方处理重大事件前或处理中提出分手。

（2）不要突然提出分手，最好是在共同商讨下做出分手决定。

（3）要在顾忌对方的感受和尊严下，温和而坚决地提出分手，明确讲出分手的理由但不再批评对方。

（4）分手的时间最好选在白天，因为晚上情绪比较难控；分手地点最好选公开但相对安静的地点。

（5）做出分手决定后不要出尔反尔，行动不要拖泥带水。

如果自己是被分手的一方，需要注意以下事项。

（1）先尝试进行真诚、坦白的讨论，如果沟通无效不要继续纠缠。

（2）处理分手的哀伤是需要一段时间的，你可以找亲近的人分担你的悲伤。

（3）不采用伤害自己的方式来处理分手的痛苦。

（4）在尝试自我调节失恋痛苦无果，并严重影响正常学习、生活时可求助心理咨询。

最后，双方都需要注意的事项。

（1）分手是双方导致的，哪一方都不应独自承担分手的责任。

（2）分手初期双方不要见面，等彼此平静下来，再考量是否可以以朋友身份相处。

（3）分手之后最好不要立即开展新的恋情。

总之，爱情虽然是我们生活中不可缺失的一部分，但是它绝不是我们生活的全部。希望同学们能做到失恋不失德，失恋不失态，失恋不失学，失恋不失命。

## 第三节
## 大学生性心理问题及调适

### 一 性心理概述

#### （一）性心理

在了解什么是性心理之前，我们先来看看如何定义"性"。从生理角度讲，性是人类基本的生物学特质之一，它是人类的一种基本需要与自然本能。从社会角度来看，性活动是人类社会生活的基本内容，因为性，人类才得以繁衍和进化。性心理的定义为在个人性生理成熟的基础上所形成的与性特征、性欲、性行为有关的心理状态和心理过程。

性心理包含以下内容。

（1）性情感——两性之间微妙的情感关系，促进双方的吸引。

（2）性意识——对性的言语水平的觉知，主要包括性别意识和性欲意识。

（3）性知识——间接或直接获得的有关性问题的知识内容。

（4）性经验——通过身体力行获得关于性的感受和体验。

（5）性观念——对性较为稳固的看法、态度和评价。

#### （二）性心理健康

性心理健康是指人具有正常的性欲望，能够正确认识与性有关问题，并且具有较强的性适应能力。大学生正处在性生理发育成熟和性心理逐步走向成熟的时期。大学时期也是性生理需求和性社会规范之间冲突较为激烈的时期。性心理健康对大学生的健康成长、人格完善有着重大影响。

性心理健康的标准如下。

（1）正确认识和接纳自己的性别。一个性心理健康的人能正视自己的性生理发育、性心理变化，能在所处的社会环境中正确、客观评估自己和他人的性别角色。

（2）具有正常的性欲望。性欲望的对象要指向成熟的个体，而不是其他期待物，并且个体应将性欲望控制在合理的范围内。

（3）性心理和性行为符合年龄特征，即性生理和性心理的发展要保持统一。

（4）正确对待性变化。人在生长和发育过程中，性生理因素、性心理因素和社会因素是交互影响的，个体需要在建立自我同一性的基础上才能保持这三者的平衡状态，个体从而能达到正确对待性生理成熟所带来的一系列身心变化。

（5）对性没有恐惧感。个体能够把性作为生活的一部分并科学地对待，坦然地面对。

（6）和异性保持和谐的人际关系。在与异性交往的过程中，既要保持自己的人格独立完整，又要做到相互尊重和信任。

（7）选择正当、健康的性行为方式，符合社会伦理道德规范。

### （三）青春期性心理发展阶段

1. 异性疏远期

异性疏远期也称为性发育早期、性紧张期。在青春期开始时，少男少女对性的差异非常敏感，第二性征的出现，使他们内心深处产生了春情萌动的朦胧感觉，对两性关系似懂非懂，对性知识、性行为一知半解。将异性的生理差异与男女之间的关系看得神秘，在与异性的交往中显得羞涩、忸怩和不自然。这是一个正常的心理过程，它标志着人的性意识的觉醒。

2. 异性接近期

在完全进入青春期后，随着生理机能的进一步发展，青少年对异性关系有了进一步的了解和认识，对性意识的情感体验也开始有了新的变化。他们不满足于对异性朦胧的、泛泛的好感和爱慕，而是希望与异性交往。他们喜欢与异性在一起活动，力求成为异性眼中有吸引力的人，他们会在各种集体活动的场合，有意无意地在异性面前显示自己的特点和优秀品质，或故意打打闹闹、嘻嘻哈哈，以博得异性的注意和青睐。

3. 异性恋爱期

随着年龄的增长、阅历的丰富，大学生对异性的态度也逐渐客观。处在这一阶段的大部分大学生摆脱了上一阶段的冲动和冒失，爱情也专一地集中到某一个异性身上，开始展开主动积极的进攻，对其他异性的关心显著地减少了。

### （四）大学生性心理的一般特征

大学生作为青年中的群体，除有着一般青年的性心理发展规律以外，又由于其所处的较特殊的学习环境，性心理发展有其自身的特点。

1. **性心理的本能性和朦胧性**

大学生性心理尤其是低年级的大学生性心理缺乏深刻的社会内容，基本上是生理急剧变化带来的本能作用。他们对异性的认识还披着一层朦胧的面纱，对异性的兴趣、好感和爱慕主要是异性间的吸引。

2. 性意识的强烈性和表现上的文饰性

青年期闭锁心理特点导致了大学生青年期心理外显方式的文饰性。他们虽然十分重视自己在异性心中的印象、评价，但表面上却表现出拘谨、羞涩、冷漠；心里对某一异性很感兴趣，表面上又表现得无动于衷、不屑一顾，或做出回避的样子；他们表面上显得讨厌那种亲昵的动作，实际很渴望体验。

3. 性心理的动荡性和压抑性

青年期是人一生中性能量最旺盛的时期，但由于不少大学生的心理还不成熟，他们的性心理易受外界不良影响而动荡不安。同时，一些大学生由于性的能量得不到合理的疏导、升华而导致过分的压抑，少数大学生还可能以扭曲的方式、不良的甚至变态的行为表现出来，如厕所文学、课桌文学、窥视、恋物等。

4. 男女性心理的差异性

大学生性心理因性别不同而有所差异。女性性意识比男性成熟更早，而男性较外显和热烈，女生则含蓄深沉；在内心体验上，男生多新奇、喜悦和神秘，而女生则常常是惊慌、羞涩和不知所措；在表达方式上，男生一般较主动，女生往往采取暗示的方式；此外，男生的性冲动易被视觉刺激唤起，而女生则易在听觉、触觉刺激下引起兴奋。

## 二 大学生常见的性心理困扰及应对

### 案例一：性观念困扰

我今年19岁，是一名大一男生。性格内向，不善于与人交往，更不要说和异性交往了。到大学后，我发现很多女同学打扮得很漂亮，很想像其他男生一样和她们说笑。但每次走近她们的时候，我就面红耳赤，满头大汗，为此我苦闷极了。出于生理的驱动，我经常用幻想来满足自己和异性交往的需求，但事后总感到懊悔。更可怕的是不久前，我做了一个梦，梦中居然和同班一个女生发生了性关系。梦醒后我愧疚不已，觉得自己做了坏事。但是不知道为何我总是回味梦里的场景，我心里清楚这种想法是不道德的，但就是克制不住。心理的负荷使我不敢入睡，生怕重温旧梦。

【案例讨论】

性冲动是大学生生理和心理的正常反应，在冲动的影响下个体会幻想自己和异性交往的画面。性幻想使人在想象中做现实中不能做的事，以此来满足自己的性需求和释放一些性压抑，它对维护性心理健康是有益的。尤其在梦中，人们的前意识暂时失去监控，被压抑在潜意识中的性冲动会通过梦的形式展现出来，帮助个体释放性压抑

带来的紧张与焦虑。

性幻想没有好坏对错之分，更不是道德的问题。同学们应该认识到性幻想仅仅是一种想法，只要不付诸行动就没有问题。大家不必对性冲动有抵触和否定心理，认为自己一旦出现性幻想就是不纯洁、不道德的，并伴有强烈的罪恶感。就像本案例中的来访者一样，本来想克制自己不去想"性"，结果却适得其反，让自己陷入更深的自责和矛盾之中。

同学们应该正确认识和接纳自己的性意识活动，顺其自然反而能减轻对其的抵触和自责。同学们还需注意如果性意识活动变成强迫思维，不受控制地频繁出现于脑海之中，并伴随无法摆脱的痛苦时，则需要及时进行自我调整或寻求心理援助。

### 案例二：性自慰焦虑

林某，22岁，男。上高中时有过第一次自慰的经历，当时感觉很刺激，此后时不时会把自慰当做一种自我放松的方式。大学期间，他也交往了一个女朋友，在性行为中无法体会到性快感，还是觉得自慰更能获得满足，为此和女友分手了。现在正准备研究生考试，但近来精神状态欠佳，学习压力大，睡眠也不好，并且有经常自慰的习惯。目前尽管极力克制自己，但还是每周至少要自慰两次，否则很难入睡。林某一方面担心这种行为对身体不好，更怕影响到将来的夫妻生活；另一方面还有一种罪恶感，特来求助心理咨询。

### 【案例讨论】

性自慰是指用手或是其他物品来刺激生殖器引起性快感和性满足。正如本案例中的来访者一样，很多大学生认为性自慰有害身体健康。其实性自慰本身不具有危害性，它是一种补偿性和宣泄性性行为，是可以释放集聚的性冲动能量的正常性行为。而对其的错误认知才是引起个体产生内心冲突和变得难以节制该行为的重要原因。如果个体对性自慰的心理冲突比较严重，很可能还会产生疲惫、精力不佳、睡眠食欲下降、情绪紧张等身心反应。

很多大学生在接受性知识教育或是心理咨询后，一旦形成了对性自慰的正确认识，卸下了心理负担，反而性自慰的欲望和行为减少了。但大学生需要注意的是性自慰虽然无害，但也不要过于频繁。

### 案例三：性心理偏差行为

我的父母在外打工，一直由奶奶在老家照顾我。她对我的教育很严格，在上大学前严厉禁止我和女孩子往来，因此我不知道如何与女生正常交往。我很想了解女生，于是经常浏览黄色网站或让朋友讲述他们的性经历。但是我发现这样反而会让我更不敢和女生讲话，因为看着她们的脸时，我的脑海里总是会浮现出黄色网站的淫秽画面，这让我更加痛苦。为了能缓解尴尬，我总是会看着她们的脚和鞋子讲话。久而久之，我会对女生的脚产生了性幻想。我甚至还偷过女生的鞋子和丝袜，抚摸着它们让我有种性满足感。我觉得自己是变态，而且现在我都大四了，还没有交过女朋友。今后如何在工作中面对女性，又如何能正常恋爱走入婚姻？

【案例讨论】

在2019年一项针对29个省、直辖市、自治区大学生性知识获取渠道调查中发现，80.7%的被调查大学生是从电视、网络中获取性知识；59.8%是通过朋友或同学；而通过学校和家庭教育途径的两者共占41.7%。父母从来没有过性教育的占53%。由此可知，大学生获取性知识的渠道比较单一且不够科学。这就提示同学们要从正确、科学、专业的渠道来获得性知识。很多学校也应采用形式各异、适合大学生心理特点的教育方式，来灵活地开展性心理知识传播，以此尽量弥补家庭性教育的缺失，帮助学生树立正确的性意识、性观念。

在本案例中我们还可以看到，该来访者已经出现了性心理偏差行为。性心理偏差行为是指青年性发育过程中的不适当行为，如迷恋黄色视频、不当性游戏、轻度性别认同困难、恋物等。这类行为源于正常的性对象、性方式的需要无法满足而采取的一种补偿行为，多属于正常心理范围的偏差行为。当出现性心理偏差行为时不能盲目给自己贴上"性变态"的标签，这样反而加重自己的心理负担。但如果长期沉溺于这些行为当中应及时求助心理咨询，并通过增强自身性道德观念和意志品质，以此来有效地调整性心理偏差行为。

### 案例四：婚前性行为

老师，大二时我和男友一见钟情。有一次他约我旅游，当晚我们订了双床房，可是睡到半夜他迷迷糊糊地爬到了我的床上，开始，我拒绝和他发生性关系，但是他却说，我如果爱他就应该用行动表示出来。之后不想发生的都发生了。他说会对我负责，但是交往了一年，因为他的移情别恋，我们分手了。我痛苦了很久，之后我就破罐破摔频繁更换男友。两个月前我和现任男友发生了无保护性行为，这几天我发现自己怀孕了。我很害怕，觉得没脸见父母，我现在不知如何是好。

【案例讨论】

随着大众对性的正确认识和接纳程度逐步提高，婚前性行为在大学生群体中也越来越被普遍接受和频发。大学生婚前性行为通常具有以下特点：①往往是在没有心理准备的情况下突发的；②往往是在自愿但不理智的情况下发生的；③一旦冲破这一条防线，便不再过多顾虑地反复发生。

性是两人情感发展到一定程度时自然发生的事情。个体一旦由爱发展到性，不

必过于自责，但我们要明白性并不是唯一证明爱的方式。大学生在发生性行为之前，需要考虑以下问题：①对方是我喜欢的类型吗？②这是我真正想做的吗？③我是放松的、愉悦的并有思想准备的吗？④发生了性行为但如果分手了，这个事情我能承受吗？⑤我们做好充分的避孕措施了吗？如果这些问题的答案都是"是"，那么代表个体已经具备对自己和爱人负责的能力。

大学生如果在婚前性行为中不懂得保护自己，那么往往会品尝到爱情的苦果。在一项针对广州市六所高校大学生性行为和性观念的网络调查显示，1503名大学生中有14.5%发生过性行为；这些人中意外妊娠的报告率为10.1%，对于发生意外妊娠时所采取的措施，72.7%的学生选择人工流产。

以下是恋爱中的自我保护方法，希望同学们能践行。首先，约会最好选择白天，如果是晚上尽量去人多热闹的地方；衣着不要过于暴露。其次，发现对方有性冲动让你感到不适时，可以转移话题。如果对方提出性要求，自己不愿意接受时，不要害怕会伤害到对方，直接以温和但坚决的态度提出拒绝。再次，学习避孕知识，拒绝无保护措施的性行为。最后，请同学们牢记：没有安全没有性。相爱的双方都有责任承担避孕的责任，这不仅是自爱和对自己负责，同时也是对爱侣的尊重和珍惜。

## 三 大学生性心理困扰的预防

大学生建立对性困扰的正确认知之后，还可以通过以下几个方面来预防性心理困扰的产生。

1. 正确认识性在两性关系中的地位和作用

在两性关系的发展过程中，爱情高于性欲并支配性欲。当然承认性爱在爱情中的地位和性冲动的合理性，并不宣扬纵欲主义。性不是爱情的全部，它受社会伦理和道德的制约。当前有些大学生忽视爱情中的情感交流，忽视爱情的道德与义务，偏重爱情的生理体验，这是夸大了性在爱情中的地位和作用。

2. 树立正确人生观和远大理想

青春期的性生理发育给大学生带来了心理上的骚动，但是因为现实和社会道德的约束，必须予以控制或延缓满足自己的性需求，这种矛盾往往使大学生感到压抑或苦恼。大学生应在正确的人生观和远大理想的指导下，选择通过注意力的转移和情感的升华，如精进专业学习、培养兴趣爱好、坚持体育锻炼等来转换和排解性能量。

3. 积极参加各类集体活动

性生理和性心理发育成熟，给大学生带来了身心上的紧张，而这种紧张必须得到适当的宣泄才有利于健康成长。大学生可以积极参加集体活动，如各类社团、体育和艺术活动等，这样不仅可以满足自己与异性交往的需要，还有助于帮助个体宣泄多余的性能量，以此获得身心的放松。

4. 学会建立正常的异性交往

在与异性交往时最好遵循"自然"和"适度"两个原则。如与异性交往时要注意感情自然、注重礼节，不要因过分羞怯而引起对方误会。在与异性交往过程中要做到真实、坦诚，在言行上要谨慎把握好立场，不能过于轻浮并尽量回避一些敏感话题。随着双方正常关系的发展，逐步表现出亲密感。

5. 性心理困惑的自我调节

如果你已经受到性心理困惑的影响，不要羞于面对或逃避，你可以尝试用以下方法来进行自我调节。首先你需要从权威的渠道获得正确、科学的性知识，以纠正自己以往对性的错误认知，不要受一些淫秽书籍、色情影视的畸形影响，由此对性产生更多的歪曲认知。其次，向充分信任的朋友倾诉自己的性心理困扰，同时也可以了解对方是否也有相似的烦恼。作为倾听的同学需要注意为对方保密，切勿将对方的隐私当作谈资随意外泄。最后同学们如果自己尝试了很多调节性心理困扰的方法但效果不佳时，最好及时求助心理专业人员。

## 四 常见的性心理障碍及应对

### （一）性心理障碍概述

性心理障碍又称性变态，泛指明显偏离常态性心理和性行为的一组心理障碍，并以此为性满足、性兴奋的唯一或主要方式，不同程度地干扰正常的性活动。其中不包括躯体疾病和精神疾病所继发的性心理问题和异常性行为；也不包括境遇造成的暂时的替代性性行为。

以往很多人认为性心理障碍患者具有极强的社会危害性、攻击性或其他精神疾病，但大量研究证明大多数性心理障碍患者并未表现出更多的恶性犯罪行为，他们仅是性欲满足对象和性行为异于常人。该群体具有以下特点。

（1）性心理障碍患者虽然性心理和性行为不符合社会规范，但其他广泛的行为方面一般不具备人格障碍的特征，也没有明显的反社会行为。

（2）这些人大多数并非道德败坏者，该群体中绝大多数人社会适应良好，人际关系正常，对触犯社会道德规范的不良行为怀有内疚、悔恨。

（3）性心理障碍患者对自身异常性行为一般具有辨识能力，但是往往控制能力较低，试图改变但却无能为力。

（4）性心理障碍患者大多数并非性欲亢进，相反他们中间大多数人性欲低下，甚至无法或不能正常地进行性交活动。

（5）性心理障碍患者大多数在儿童早期有关于性方面的异常经历，或家庭成长环境不良。

### （二）性心理障碍类型

常见的性心理障碍分为性欲倒错障碍和性别烦躁。1973年，美国精神病学会将同性恋排除精神障碍。

非典型的性偏好被称为性欲倒错。DSM-5指出性欲倒错本身并不是一种精神障碍，但当性欲倒错导致个体有明显痛苦或功能损害，或引起个体自伤以及伤害他人风险时，就可诊断为性欲倒错障碍。性欲倒错障碍包含以下类型。

（1）恋物障碍。

恋物障碍是指使用无生命物体或非生殖器的身体部位来获得性唤起或性满足。无生命物体通常分为软性的恋物（如女士内衣、丝袜等）和硬性的恋物（高跟鞋、手套、皮革制品等）；常见的身体部位包括脚、脚趾和毛发等。

（2）异装障碍。

异装障碍即通过穿着异性服装来产生性唤起，这种行为给个体造成明显的痛苦或损害。异装障碍与易性症都会有穿着异性服饰的行为，但两者具有不同的心理动机。易性症的异装行为并不是为了获得性唤起或性满足，而多是表现对自身生理性别的不认同。

（3）性施虐和性受虐。

性施虐障碍是指个体的性幻想、性冲动或性行为涉及未经性伴侣同意而在对方身上施加疼痛和羞辱。在性受虐障碍中，个体的性幻想、性冲动或性行为涉及在性活动中承受疼痛或羞辱，这些疼痛和羞辱给个体造成明显的心理痛苦或功能性损害。在施、受虐的性行为中有时会因发生意外而导致个体获得永久性伤害甚至是危及生命。

（4）窥阴障碍和露阴障碍。

窥阴障碍是一种长期或反复窥视他人脱衣、裸体或从事性行为的性欲倒错障碍，这种行为往往是触犯法律的。露阴障碍是通过在非自愿的观察者面前暴露自己的生殖器来获得性满足，而这些观察者通常是陌生人。

（5）摩擦障碍。

摩擦障碍是指个体在性冲动的驱使下通过摩擦或抚摸未征得同意者的身体部位来获得性满足。该行为常常发生在拥挤的地方，并经常伴随露阴或窥阴行为，而目标对象可能意识不到这种接触的性意味。

（6）恋童障碍。

恋童障碍是指个体的性幻想、性冲动和性行为指向青春期前的儿童。恋童者经常会用伤害、身体束缚来威胁或恐吓儿童，如果不服从命令就惩罚他（她）们或是他（她）们所爱的人；而另一些恋童者则利用情感上的亲密，如给予儿童关爱照顾、温柔以待，来达到与其发生性接触的目的。恋童行为往往给受害儿童带来深重的不良影响。受到性侵犯的儿童最常见的症状是创伤后应激障碍、品行障碍、发生与其年龄不符的性行为以及自尊低下，有相当数量的受害儿童即使在脱离侵犯成年后仍有心理问题。

性别烦躁是DSM-5诊断标准中的新类别，取代了原有的性别认同障碍。如果个体认为自己的出生性别和生殖器长期感到不舒服和不适宜，并希望以另一种性别生活，则可以被诊断为性别烦躁。分别具有以下几个类型。

（1）儿童性别烦躁。

这类儿童对自己的生理性别很排斥，希望或坚持认为自己属于另一种性别。有这种障碍的女孩子相信自己会长出阴茎，并总是寻求参加男性化活动或加入男孩同伴团体；而患有该障碍的男孩则厌恶自己的阴茎，希望它消失，并在很早就开始穿女孩的衣服、寻求参加女性化活动或加入女孩同伴团体。

（2）易性症。

被诊断为性别麻烦的成年人也可称为易性症，又称异性转换症，患者对自己的性别认定与生理性别特征呈逆反心理，持续存在厌恶和改变自身生理性别特征以达到转换性别的强烈愿望。

在了解了性心理障碍后，请同学们注意偶然出现异常的性心理及性行为，不能随意给自己贴上"性变态"的标签。性心理障碍需要精神科医生的专业严格会诊才能做出诊断，并且通过医生的药物、物理及心理治疗可以得到有效的矫正。

（三）如何应对性变态

如果在生活中我们遇到性变态，可以采取以下自我保护方式。

（1）当遇到性变态时，你一定要冷静，因为你越害怕对方会越兴奋。比如遇到露阴癖，如果你尖叫反而会让对方更兴奋，如果你若无其事地走开，对方反而觉得很无趣而终止这种行为、离开。如果你在拥挤的地方遇到摩擦癖，你应该用眼神或语言直接提示对方停止不当的行为方式，还可以求助周围人，你越害羞会越让对方兴奋。

（2）大多数性心理障碍者不会对他人造成伤害，但是如果你遇到暴力或是严重威胁到人身安全的心理障碍者的侵犯时，最好向周围人求助或是立即报警，可能的话最好能拍下视频或照片作为证据。

（3）如果你受到性方面的骚扰或侵害，担心被人知道的这种心情是可以理解的，但是你需要明确的是，你没有做错任何事，而是施害者的错，在这种认知的引导下你会慢慢从阴影中走出来。但如果你持续受到影响，无法正常生活和学习，最好及时寻求专业心理咨询或心理治疗的帮助。

## 参考文献

[1] 阿伦森，等. 社会心理学[M]. 侯玉波，朱颖，译. 北京：机械工业出版社，2014.

[2] 迈尔斯. 社会心理学[M]. 第11版. 侯玉波，等译. 北京：人民邮电出版社，2016.

[3] 菲尔德曼. 发展心理学：人的毕生发展：第六版[M]. 苏彦捷，等译. 北京：世界图书出版公司北京公司，2013.

[4] 张敏生，谭娟晖. 大学生心理健康教育与训练[M]. 北京：中国轻工业出版社，2019.

[5] 唐斯娜，杨洋. 大学生的爱情观与自尊：基于性别及性别角色双视角[J]. 牡丹江师范学院学报（社会科学版），2019（05）：114-122.

[6] 俞国良. 大学生心理健康教育[M]. 北京：北京师范大学出版社，2019.

[7] 李昀，杜莉莉. "00后"大学生恋爱动机、危机及其应对策略研究[J]. 传播力研究，2020，4（17）：124-125+127.

[8] 弗洛姆. 爱的艺术[M]. 刘福堂，译. 北京：人民文学出版社，2018.

[9] 罗晓路，夏翠翠. 大学生心理健康教育[M]. 上海：上海交通大学出版社，2019.

[10] 姜薇薇，陈竞秀. 大学生心理健康教育[M]. 北京：科学出版社，2012.

[11] 张金姨，杨娟，杨冲，贺映月，王鑫山. 大学生性态度、性生理及性教育现状调查[J]. 当代教育实践与教学研究，2019（12）：200-202.

[12] 黄梅香，肖瑶，王舒梵. 互联网背景下广州市6所高校大学生性观念和性行为现状调查[J]. 中国性科学，2020，29（10）：157-160.

[13] 李荐中. 性心理学[M]. 北京：人民卫生出版社，2018.

[14] 苏珊·诺伦-霍克西玛. 变态心理学：第6版[M]. 邹丹，等译. 北京：人民邮电出版社，2017.

[15] 方刚. 青春期那些事儿[M]. 北京：中国劳动出版社，2019.

# 第九章 大学生的亲子关系

## 心理引言

**案例**

杨泉是一名即将毕业的大学生,因为新冠肺炎疫情,他已经宅家5个多月了。目前,有5门功课挂科,为了可以顺利毕业,他要在家里复习好这5门功课通过补考。然而在家的学习并不顺利,父母经常去他房间检查他的学习情况,如果他白天睡觉或者早晨起得比较晚,就会被唠叨:"怎么还不复习,再不复习怎么毕业,不毕业的话怎么养活自己……"父母每天的唠叨让杨泉觉得压力特别大,尝试和父母沟通的时候,没说几句就会吵起来。通过辅导员老师的调解,杨泉和父母的关系没有以前那么僵了,疫情相对平稳后,杨泉回到了学校,仍然时不时向辅导员吐槽对父母的一些不满,不过已经没有以前那么激烈了。

**思考**

亲子关系是人生中最基本、最原始的人际关系。杨泉和父母的紧张关系并非个案,突如其来的疫情,将众多大学生的寒假从严冬拖到了酷暑。"宅家"时间本应是和父母重温亲情、增进亲密关系的黄金时期,但由于生活习惯、思维方式的不同,两代人在家中长时间相处,若不懂得沟通、理解和尊重,亲子关系会变得紧张，甚至陷入令人头疼的冲突、矛盾之中。引发大学生亲子关系冲突的原因究竟是什么？采用何种方法调整，才能促进亲子关系的和谐？这是本章探讨的重要问题。

### 名人说

无论是国王还是农夫，家庭和睦是最幸福的。
　　　　　　　　　　　　　　　　　　　　　　　　　　　——歌德

幸福的家庭，父母靠慈爱当家，孩子也是出于对父母的爱而顺从大人。
　　　　　　　　　　　　　　　　　　　　　　　　　　　——培根

父亲们根本的缺点在于想要自己的孩子为自己争光。　　——罗素

是以父不慈则子不孝，兄不友则弟不恭，夫不义则妇不顺矣。
　　　　　　　　　　　　　　　　　　　——颜之推《颜氏家训·治家》

爱亲者，不敢恶于人；敬亲者，不敢慢于人。——孔子《孝经·天子》

君子不可以不修身；思修身不可以不事亲。——孔伋《中庸》

人生最重要的关系是父母和子女的关系，任何一种人生哲学如果不讲求这个根本的关系便不能说是适当的哲学，甚至不能说是哲学。
　　　　　　　　　　　　　　　　　　　　　　——林语堂《人生的盛宴》

# 第一节
# 疫情下大学生亲子关系的特点

## 一　大学生亲子关系概述

### （一）亲子关系的概念和内涵

亲子关系通常指父母与其亲生子女、养子女或继子女之间的相互关系。一般认为，亲子关系即父母子女关系，它是以血统关系和共同生活为基础，以抚养、教养和赡养为基本内容的自然关系和社会关系的统一。

就亲子关系的本质来看，其内涵有如下三方面：第一，自然的血缘关系；第二，人伦道德关系；第三，法定的养育、监护关系和法定的赡养关系。亲子关系的本质属

性，乃是亲情、道德和法理浑然一体的关系，随着子女的成长和父母年龄的变化，情、德、法在亲子互动中所占的地位也随之变化。

## （二）亲子关系的特征

1. 亲子关系的不可选择性

亲子关系是在人出生时就确定的，且一旦确定就不可更改。人们可以根据自己的兴趣爱好选择朋友、配偶等，但不可随意选择父母，更不能决定父母的性格、文化程度等。亲子关系的这种确定性和不可选择性，预示着无论个体是否满意，都必须接受，亲子关系随之而来的对个体身心健康及其成长施加的影响和作用也是不可选择的。

2. 亲子关系的不平等性

一般来说，父母对亲子关系的出现是有心理准备的，在亲子关系中占有支配和主导地位，孩子处于被支配地位，特别是在儿童年龄小、判断力不强、自我意识不明确的阶段，亲子关系对孩子的影响较大，因此，对孩子的心理健康具有举足轻重的作用。

3. 亲子关系的稳定性

亲子关系是建立在血缘伦理基础上的，且从人的一出生就存在，几乎延续他的一生。这种关系不可能被人为地终结，只要亲子双方存在，就不可回避，不会因时间发展或事件变化而消失，因此，亲子关系对人的影响是必然的、稳定的。

4. 亲子关系的发展性

在同一个家庭里，在不同时期，由于父母和子女态度的变化、孩子年龄的增长、家庭成员的增减、社会文化的变迁等因素，亲子关系必然随时发生变化。再者，在面对不同性质的问题时，亲子关系往往也不同，时而和谐、时而紧张、时而权威、时而放松，这应该是亲子关系的常态。此外，因情、德、法在亲子关系中所占的地位会随着子女的成长和父母年龄的变化而变化，于是，亲子关系便明显地表现出它的年龄阶段性质。做父母的如若能真正理解这一客观事实，那么，孩子处在婴幼时期，便会以亲情为主；在孩提时，便会训导德行；再往后，便会教以法理。

## （三）大学生亲子关系的特点

大学生的亲子关系具有矛盾性和不平衡性。大学生的年龄一般在18～23岁，是人生发展的重要时期。在这一时期，大学生个体的生理发育已经基本成熟，心理发展正迅速走向成熟但又未完全成熟，表现为"生理成熟，心理晚熟"的身心不平衡状态，特别表现出强烈的独立意识，对事物、社会现象有自己的看法，希望作为一个独

立的个体与成人建立一种平等的关系。理解、尊重的需要在他们的需要结构中居优势地位。因此，他们对父母的认同程度比以前减弱了，常感觉父母不能尊重和理解自己而产生怨言，对于父母行为中的缺点，他们的感受特别强烈甚至近乎痛苦。同时，大学生情感上具有不稳定的特征，情感丰富，但又不善于控制自己的情绪和情感，易偏激，因此，能理解和感激父母为自己的辛劳付出，却又常因父母对待自己的方式而心生不满。

父母对大学生亲子关系的影响主要在价值观和独立观念方面。如果父母和大学生在价值观和理想上有相同的地方，父母能够尊重和理解孩子，那么，亲子冲突就会较为平缓，亲子间就能发展一种相对和谐的社会关系；而如果在价值观和独立观念等问题上亲子无法形成一致的看法，就会产生"代沟"与"隔阂"，这就不利于形成和发展健康、亲密的亲子关系。

### （四）大学生亲子关系的影响因素

1. 大学生主观因素

（1）心理成熟程度。当大学生心理发展较为成熟，认知思维更加理性和全面，情绪情感稳定性较高，做事有规划，重视人际关系的处理，掌握人际矛盾改善方法，在与父母互动过程中，就能客观看待父母在家庭中的付出，更容易理解、尊重和关心家长，促进亲子关系和谐。

（2）人格特质倾向。人格是指一个人与社会环境相互作用表现出的一种独特的行为模式、思维模式和情绪反应的特征，也是一个人区别于他人的特征之一。孩子的沟通方式、思维角度、情感表达模式等方式同样会影响父母的反馈，因此，当子女乐于沟通、客观思考、愿意表达内心情感的话，父母同样也会受到感染，可能形成良性互动，促进亲子关系的和谐，反之，则会使亲子关系紧张。

2. 家庭因素

（1）父母个体因素。父母的文化修养、教育观念、心理健康水平是影响亲子关系的重要因素。受过较好教育的父母会注重民主和谐的家庭氛围，积极采用鼓励、引导、赞美等方式教育孩子，理解和信任孩子；家长主动获取有关家庭教育方面的知识，教育观念更加开放和科学，也更易于接受孩子的变化和成长；情绪稳定、处理方式成熟的家长，给予子女较多的尊重和理解，双方沟通融洽，亲子关系较好。

（2）父母婚姻状况。亲子关系与家庭中婚姻关系密切相关。夫妻与孩子之间是一个动态平衡的互动系统，夫妻关系是系统的基础和保障。在夫妻关系亲密的家庭里，孩子才会体验到更多的欢乐、和谐、尊重和爱，这样的家庭环境有助于孩子形成积极乐观的性格和正确的与人相处的方式。夫妻关系如果出现问题，孩子通常成为最直接的受害者，父母间经常冷战或者争吵，对孩子的伤害无疑是巨大的，很容易造成孩子敏感、自卑等极端性格，而且父母间的这种相处方式潜移默化地影响着他与别人的相处，包括和父母的关系。

（3）家庭经济状况。家庭收入较低的家庭中，父母一般都为了生计疲于奔命，对孩子疏于照顾和陪伴，有可能导致亲子关系不良和亲子冲突。但我们欣慰地看到一些家庭经济困难的家庭中父母也能创设包容、安全的家庭氛围，孩子开朗积极，展现出互动良好的亲子关系。

3. 社会因素

由于社会和时代的发展变革，导致大学生与父母的受教育水平、思想观念、习惯等方面必然存在差异，有可能存在"代沟"，影响亲子的交流与关系。另外，随着经济的发展、生活观念的改变，产生了"农村留守儿童""单亲家庭"等现象，使得留守子女与父母交流过少，而单亲家庭中往往一方父母或对子女过度关注，或关系冷淡。同时"快乐教育""赏识教育"对传统的"棍棒教育"等教育观念的冲击，亲子观念发生更迭，亲子关系的互动和质量也必然受到影响。

## 疫情下大学生亲子关系的现状

### （一）疫情对大学生亲子关系的影响

据2020年一项对全国31个省（区、市）的1万余人开展的疫情下家庭关系状况的调研结果显示，疫情对亲子关系是一把双刃剑，一方面让亲子关系面临了一些挑战，另一方面积极的变化也随之发生。全国绝大多数人开始"居家抗疫"，这让多数家庭原有的结构和互动模式发生了改变，家长有更多时间来监管孩子的学习和娱乐，年轻人可能会觉得自己的生活被父母更多干涉，这些改变在时间和空间上给家庭成员间的冲突创造了可能。与此同时，家人们也有了更多时间待在一起，分享生活经验与快乐，体会生命和健康的宝贵，更加珍惜家人亲情。

### （二）疫情下亲子冲突的原因

毕丹认为，大学生亲子冲突的主要形式是言语冲突和情绪对立，男性大学生的亲子冲突多于女性大学生，亲子冲突的发生呈现不对称的"V"形，处理亲子冲突的方式为"和平解决"最多，"公开反抗"最少。其实，疫情长期居家导致的亲子矛盾并非新产生的，而是原有、潜在的亲子差异和矛盾在紧凑的时间空间内被凸显和激发，一一般来说，疫情下大学生亲子冲突的原因主要集中在以下几个方面。

1. 应激状态下亲子模式需适应

疫情作为广泛性的"应激刺激源"，它给人带来了焦虑、恐惧、孤独、烦闷、愤怒等一系列应激性反应，而父母和学生长期封闭式居家生活，单一的家庭空间为负面情绪的短兵相接提供了条件。另外，原本平衡的生活模式被打破，父母和子女需要调整彼此的空间距离和心理距离，互相适应作息时间、饮食习惯，重新划分家务分担，这都需要彼此的理解、包容和改变。

2. 父母对子女的控制和塑造

随着年龄增长，大学生要求更多的独立和自由，更强烈地希望被尊重或者被看作大人进行平等交流，如果受到过度控制和压抑，势必会产生不良情绪。部分父母出于指导、教育的初衷，对孩子的生活、学习等全面规划，不听孩子的意见、不尊重孩子的想法，甚至强行把自己的心愿强加于子女身上，经常指责和唠叨，既扼杀了子女个性特长，又剥夺了子女的幸福和快乐，同时也很容易给孩子带来伤害，并由此引起孩子的强烈反抗，冲突在所难免。

3. 亲子之间缺乏真诚的交流沟通

有些父母与孩子之间也有交流，真正引发情感共鸣的、高质量沟通交流却很少。父母更关心孩子考得怎么样、究竟能不能找到工作等客观现象，但并不知道孩子今天高兴还是伤心以及对将来有什么想法，家长单方面交流、灌输、教育；而大学生却认为"说了父母也不懂""不想让他们担心""无法明白我到底想要什么"等，不愿意向父母敞开心扉，互相不理解对方，造成亲子关系疏离，产生矛盾和冲突。

4. 大学生过度自我，缺乏对父母的理解

大学生年龄阶段处于埃里克森人格发展八阶段中的青年期和成年早期，关注自我的发展和期待建立真正的亲密无间的关系，注意力更多集中在个人探索和同辈人际交往上，避免产生失落感和孤独感。同时思维具有一定的冲动性和极端性，对父母有过高要求，甚至期待完美型父母，因此对父母的辛苦和付出也不够重视，亦存在诸多不满。

## 第二节
## 亲子关系与个体心理发展

林语堂先生认为，人生最重要的关系是父母和子女的关系，任何一种人生哲学如果不讲求这个根本的关系便不能说是适当的哲学，甚至不能说是哲学。亲子关系为何如此重要呢？众多的心理学理论和社会实践都表明，亲子关系作为个体最先面临的人际关系，对个体的心理发展乃至终身成长都有着深远的影响。

### 一 亲子关系的理论

20世纪40年代开始，亲子关系被广泛研究，各种理论对亲子关系的形成、影响因素等内容都进行了解释和阐述。

#### （一）依恋理论

儿童在婴儿阶段形成了对父母的依恋。依恋是亲子之间形成的一种亲密的感情关系。按照美国心理学家安斯沃斯的观点，依恋是儿童与父母相互作用的过程中，在感情上逐渐形成的一种联结、纽带或持久关系。婴儿自出生那天起，就开始了与父母（主要是母亲）的交往。最初主要是父母对婴儿的各种本能反射作出应答性反应，母子之间的早期皮肤接触，会促进亲子依恋关系的早期发生。随着婴儿认知能力的发展，与母亲交往活动的增加，社会性相互作用开始产生，大约在6个月以后，婴儿与父母建立了一种稳定的亲子关系，婴儿形成了依恋。根据心理学家鲍尔比和安斯沃斯的研究，儿童依恋的发展大致可划分为四个阶段：

第一阶段：无差别的社会反应阶段（出生～3个月），这期间婴儿对人的反应是无差别的，对所有人的反应几乎都是一样的。

第二阶段：有差别的社会反应阶段（3～6个月），这期间婴儿逐渐对他人的反应有所选择，对母亲和照料者更为偏爱，对陌生人的积极反应减少，但也不怕生。

第三阶段：特殊的情感联结阶段（6个月～2岁），这时期，婴儿出现了明显的对母亲的依恋，形成了专门的对母亲的情感联结，特别愿意与母亲在一起，开始主动追随依恋对象，对陌生人表现紧张、恐惧甚至哭泣。

第四阶段：目标调整的伙伴关系阶段（2岁以后），从这时起儿童开始能认识、理解母亲的情感、需要和愿望，把母亲作为一个交往的伙伴，知道交往时应考虑她的需要和愿望，调整自己的目标。如母亲需要做别的事情，要离开一段时间，婴儿表现能理解而不会大声哭闹。

依恋理论认为，婴儿的母亲或者养护者有不同的对待婴儿的方式，比如对婴儿的需求的敏感与否、忽视与否等，都会无形中在婴儿的心里产生某种影响。婴儿每天就是在与养护者的这种相互作用中形成了对成人的预期，这种预期渐渐发展为一种"内部工作模式"。这种行为模式一旦形成，就具有了很强的保持自我稳定的倾向，将对儿童的各种社会人际关系（如母子关系、师生关系、同伴关系等）产生影响，更会对其成年以后的人际关系和婚恋关系产生长期的影响，它会引导个体去思考自己应该得到何种对待和关注、给他人怎样的信任和支持、对他人的需要给以怎样的关注，以及在亲密关系中的交往策略等。

### （二）精神分析理论

精神学派创始人弗洛伊德认为，"儿童的心理发展具有阶段性，每一个阶段都有自我意识形成发展的社会化任务，将为成人后的人格模式奠定基础"。瑞士著名心理学家荣格认为，"父母的家庭教育及其心理状况才对儿童的心理产生着直接而深刻的影响"。奥地利精神病学家阿德勒认为，"溺爱"和"忽视"是两类最普遍的父母行为，并能肯定导致儿童后来的人格问题。凯伦·霍妮直接从文化中探寻个体人格的成长和神经症产生的根源，"幼儿出生后具有两种基本的需要，即满足和安全，如果子女缺乏真正的温暖和爱，会使之失去安全感，从而埋下产生神经症人格的隐患"。

### （三）行为主义理论

行为主义学派反对研究个体的心理，而强调在行为研究中揭示亲子双方社会经验的相互作用。早期的行为主义理论代表人物华生认为"幼年时期训练的差异可以出现不同的成人行为差异"。斯金纳通过小白鼠的"按压杠杆试验"到儿童抚养的"育婴箱"试验，认为"教养者若能良好运用操作性强化技术，通过控制行为反应，即可随意控制儿童出现教养者所希望的行为"。班杜拉的社会学习理论认为亲子关系的互动主要是通过社会学习而来，并发现儿童的自我效能感会因父母的过度保护而损害。

此外，皮亚杰的认知发展理论揭示父母越能在儿童发展过程中提供适宜刺激，亲子关系越好。以上各种理论的侧重点各有不同，但都丰富和拓展了亲子关系的理论发展和实践应用。

## 二 亲子关系对大学生的影响

亲子关系是个体出生后形成的第一个人际关系，融洽与否直接关系到大学生的身心健康以及人生观、价值观和世界观的形塑，也是满足其生理和安全需要的源泉。

### （一）亲子关系与大学生学习的影响

大学生的学习不仅包括专业理论知识的学习，也包括如何做事、如何做人等实践社会能力的学习。在这个过程中，既有智力因素的影响，也有学习习惯、教师水平、亲子关系、家庭环境等非智力因素的影响。有研究表明，亲子关系对孩子的智力发展与学习成绩有显著的影响。良好的亲子关系能促进并产生积极的情绪体验，家长的期望也更容易激发孩子的学习动机，提高学习效率。

### （二）亲子关系与大学生情绪

家庭是大学生重要的社会支持系统，为大学生提供源源不断的成长动力，在其承受挫折时，作为其温暖的依靠和支撑。亲子关系和谐、家庭融洽，大学生感受到民主和包容，态度就会友好、情绪稳定积极。亲子关系失衡甚至破裂，大学生就会情绪低落、内心压抑，甚至不愿回家。

### （三）亲子关系对大学生人格塑造的影响

心理学家大量研究表明，家长对子女的态度和方式，在很大程度上影响着儿童和青少年人格的发展。良好和谐的亲子关系互动有利于大学生形成较完善和健全的人格，过度强调支配和保护的亲子关系容易导致大学生缺乏主动性、依赖、自私等性格。有研究表明，父母的拒绝、粗暴甚至虐待的养育方式与反社会人格障碍的形成有关。

### （四）亲子关系与大学生人际关系

亲子关系对个体人际交往的影响是潜移默化的。亲子关系影响着个体在人际交往中的地位、态度和信息，在一定程度上，还决定这个个体在家庭外人际交往的质量和模式。一个人是否有爱、懂爱、会爱，都与和父母的互动密切程度相关。良好亲子关系中，大学生感受被爱、被尊重、被接纳、被欣赏，善于理解和沟通，为人际交往中良好互动打下基础；冷漠、冲突式的亲子关系中长大的孩子不易相信别人，不善建立良好的人际关系。可以说，家庭外的人际交往模式，是对亲子关系的呈现和复制。

### （五）亲子关系与大学生心理健康

有研究表明，民主平等的亲子关系，严格有度，子女有心理问题的较少，严厉、

溺爱的亲子关系，子女的心理问题比较多。心理学家霍妮认为"儿童的异常行为始于儿童期制造焦虑的那种环境，特别是不正常的亲子关系"。如果亲子关系是积极的、温和的，是建立在爱、尊重、包容上的，个体就容易获得正常、健康的心理发展；反之，如果父母与子女关系是冷漠的、暴力的、失和的，不能给子女真正的爱，就会造成子女的不安全感、不信任感，使之陷入心理失衡状态甚至导致心理疾病。

## 第三节 建立和谐的亲子关系

亲子关系来源于家庭，是家庭中的重要关系，如果家庭关系和谐、健康，必然也会促进亲子关系的良性互动，因此，在参考健康家庭特征的基础上，建立良好亲子关系、营造融洽家庭氛围，是当代大学生心理成熟的表现和要求。

### 一 健康家庭的特征

美国教育家多洛斯·柯伦提出了健康家庭的特征，大学生作为家庭、亲子系统中具有较高文化水平、心理健康意识的成员，可参考进行构建健康、和谐的家庭关系、亲子关系。

（1）家庭成员之间具有相互交谈和倾听别人谈话的愿望。家庭成员之间也会密切注意他人的"体态语言"，即目光碰触和沉默等各种表现，能够坦诚相待、积极沟通、尊重接纳他人的表达需求。

（2）具有快速平息家庭争吵和得出令人满意的结论的能力，并且事后彼此之间不怀恨在心。

（3）家庭成员之间相互合作、互相帮助，使每个人都维持一种既可靠又积极的自我形象。

（4）形成家庭整体感，又尊重个人发展。具有一起度过闲暇时间的愿望和机会，家中重大事件常一起讨论，尊重个人隐私而不横加干涉个人私事。

（5）父母有着明确的是非准则。家庭中教育原则要统一，一视同仁。

（6）家庭内建立共同分担家庭职责的体系。成员们各司其职，彼此认可其价值，愿意互相帮助。

（7）当家庭内有某些严重问题不能解决时，要有家庭之外求助的愿望。遇到问题时会积极向外寻求解决方案而不避讳问题。

## 二 建立和谐亲子关系的艺术

有研究表明，建立和改善亲子关系的着眼点在于关系的构建。对于大学生来说，如何与父母有效沟通，如何客观看待父母的不足和付出，如何处理自己与原生家庭的问题，这不仅仅是建立和谐亲子关系、家庭氛围的过程，更是调节自己的心理状态，进一步了解、接纳、战胜和完善自我的成长历程。

### （一）承认父母的不完美，客观看待差异

有的大学生因为家境平平，埋怨父母没有给自己提供发展的平台；有的人因身体不好，埋怨父母没照顾好自己；有的同学发现自己存在情绪、性格不足便将其归咎于父母的教育方式有问题……这其实都在以"完美""万能"的错误观念来看待父母。实际上，没有人是完美的，任何家庭也都有或多或少的问题，父母只是普通人，甚至在文化程度、思维方式、接受新观念的能力、心理健康程度等方面都比不上受过高等教育的大学生，两者在个人能力、人生追求等方面也存在较大差异，大学生应承认父母的不完美，客观看待差异，认识和接纳父母也有固执，也有偏见，也有情绪不稳的时候，也会犯错误，也在不断地成长。同时，学习和继承父母的优点，避免父母的缺陷和不足，学习反思和总结。

### （二）理解父母爱的表达，孝顺关心父母

父母一直在按照他们认为对的观点、方式教育抚养子女长大，或严厉要求期待孩子积极发展有选择的自由，或关心孩子生活起居为孩子免除后顾之忧，可能会让孩子觉得强势或唠叨，甚至难以理解和接受，但这都是父母表达爱的方式，对于孩子来说，要学会主动与父母沟通，让他们了解自己的变化和想法。此外，对于有知识的大学生来说，"君子不可以不修身，思修身不可以不事亲"，孝顺父母是维护亲子关系的重要方式，也有助于增强个人修养、培养移情能力，是永远不会过时的。孝顺父母体现在理解父母的辛苦、关心父母的情绪和需要、提供情感安慰、让父母开心快乐等，而非一味地盲从和愚忠。

### （三）主动与父母沟通，学会情感表达

亲子沟通的质量对亲子关系及家庭的和谐程度有极大的影响。有研究表明，沟通障碍是大学生感知亲子冲突的主要来源。大学生因长期在校生活，与父母相处时间明显变少，加之与父母存在年龄代沟，老爸的简单粗暴，老妈的唠唠叨叨，子女的懒得

解释，使亲子沟通成了艰难的事情。在沟通时，可以参考非暴力沟通的方式，理解父母的需要和感受，并将内心的情感和意愿积极传达，避免单纯的情感宣泄。

"非暴力沟通"是心理学家马歇尔·卢森堡博士发现的一种沟通方式，依照它来谈话和聆听，能使人们情意相通，和谐相处。非暴力沟通的步骤是这样的：第一步，客观描述观察到的事实，不评价；第二步，表达自己的感受，不批评；第三步，提出自己的需要；第四步，说出具体的请求。非暴力沟通的基础是尊重和爱。尊重他人需要，哪怕和你的需要不同；沟通的目的是表达关心和爱，而不是施加伤害。

### （四）理性认识亲子冲突，学会有效处理

在新冠肺炎疫情期间及后疫情时代，大学生的亲子冲突频率有所增加，言语冲突和情绪对立的程度也明显增强，但应理性地认识到作为亲子关系的一种状态，亲子冲突是父母和子女之间一种对立性的双向互动过程，是亲子双方表达出来的不一致，这种表达方式可能是言语的方式，也可以是观念或情绪的对立、沉默、退缩或逃避等非言语的方式。首先，亲子冲突具有一般性，亲子冲突在几乎所有的亲子间都存在，随着时间的变化冲突的原因和形式会有所不同，但完全消除亲子冲突是不现实也是不可能的。其次，亲子冲突具有建设性，虽然价值观、生活习惯和心理发展阶段的差异导致冲突，但冲突的过程也是增进了解、缓和矛盾、宣泄情绪的重要契机，尤其在疫情期间的应激状态下。最后，亲子冲突具有自愈性，亲子间具有天然的血缘联系和深厚的亲情基础，一般情况下，亲子关系不会因冲突而破裂和受到明显损害。

在与父母产生冲突时，大学生也应理解父母也具有普通人的负面情绪，克服自己的逆反心理，避免情绪冲动，努力以平等、宽容和开放的心态进行沟通和面对。

## 三 超越原生家庭的方法

东野圭吾对原生家庭有这样的解释："谁都想生在好人家，可无法选择父母。发给你什么样的牌，你就只能尽量打好它。"也许亲子矛盾长期积累难以解决，也许家庭带来的苦痛仍难以释怀，面对无法割舍的血缘枷锁，大学生们可以这样做。

### （一）探寻亲子模式成因，理解父母表现

探讨原生家庭的意义不是去抱怨，也不是为自己的现状找合理化的理由，而是寻找自身及父母心理缺陷、错误亲子互动模式的原因。心理学理论认为，孩子对父母的行为具有认同倾向，父母在孩童时期在家庭中习得的教养方式，便自然展示在新家庭中，从这个角度讲，父母在一定程度上也是受害者，也需要不断成长和学习。

## （二）接纳内心真实感受，学会为自己负责

面对曾深深伤害自己的父母，怨恨、厌恶甚至想要逃离，在心理上都是可以接受的，但这不是自己不努力甚至伤害自己、伤害别人的理由。父母无法选择，个体可以实现个人成长和超越，选择自己成为一个什么样的人，可以选择做什么样的父母，避免让自己的孩子再承受同样的痛苦。

## （三）学会让家庭角色归位，避免过度卷入

在一些家庭里，孩子是父母矛盾裁判的"法官"，是照顾父母情绪的"大人"，在家庭中承担的工作超出个人的角色和能力。在这种家庭关系中，子女需要明确家庭成员各自的权利、义务、角色，把父母之间的问题交给他们自己去处理，甚至要画出自己和父母相处的"安全距离"，避免过度卷入。

## （四）学会心理求助，实现个人成长

通过自我调节仍存在亲子方面心理困扰的大学生，建议找专业的心理咨询师进行心理咨询或邀家人共同进行家庭治疗，寻求妥善处理与父母或其他家庭成员的关系，实现个人的心理成长和人格完善的方法。

当一个人能够接受原生家庭的不完美，接受自己的缺陷，主动与自己达成和解的时候，就拥有了获得幸福的能力。

参考文献

[1] 邱鸿钟. 大学生心理健康教育 [M]. 广州：广东高等教育出版社，2012.

[2] 郭念锋. 心理咨询师：三级 [M]. 北京：民族出版社，2005.

[3] 孟育群，徐岫茹. 改善亲子关系的方法 [M]. 北京：新世界出版社，2005.

[4] 叶丽霞. 从心理学角度分析亲子关系的影响因素 [J]. 文学教育（下），2017（07）：183.

[5] 毕丹. 大学生亲子冲突的一般特点研究 [D]. 长春：东北师范大学，2009.

[6] 吴蕊，蒋浩艺. 假期"宅家"引发的大学生亲子冲突及其应对措施 [J]. 现代职业教育，2020（39）：98-99.

[7] 林语堂. 人生的盛宴 [M]. 北京：中国国际广播出版社，1993.

[8] 胡平，孟昭兰. 依恋研究的新进展 [J]. 心理学动态，2000，8（2）：26-32.

[9]李同归，加藤和生．成人依恋的测量：亲密关系经理量表（ECR）中文版[J]．心理学报，2006（03）：399-406.

[10]高兰，等．大学生心理健康教育：心灵成长自助手册[M]．北京：教育科学出版社，2015.

[11]刘登攀．二十年来中国大陆地区大学生亲子关系研究现状与展望[J]．才智，2013（28）：298+300.

[12]张作记．行为医学量表[M]．北京：中华医学电子音像出版社，2005.

[13]费涓洪．健康家庭的特征[J]．福建论坛（经济社会版），1985（05）：60.

[14]高婷婷．父母教养方式及亲子关系对大学生职业生涯观的影响研究[D]．南京邮电大学，2019.

[15]唐文辉．大学生亲子冲突及其建设性转化的研究[D]．南京：南京师范大学，2018.

[16]罗瑞奎．新冠肺炎疫情期间大学生社交隔离与亲子冲突的关系[J]．温州职业技术学院学报，2020，20（03）：21-25.

[17]俞国良，周雪梅．青春期亲子冲突及其相关因素[J]．北京师范大学学报（社会科学版），2003（06）：33-39.

# 第十章 大学生互联网行为的自我管理

## 心理 引言

小章从14岁起就开始接触某款网络游戏,但由于学校有严格的作息时间,只能每天抽空玩10分钟左右,学习未受到明显影响。进入大学后,小章面对陌生的环境、不一样的学习方式和更加自由的课外生活。小章开始把持不住自己,渐渐对游戏开始着迷,最后发展到夜宿网吧。沉溺于网络游戏的同时,他的学习成绩也一落千丈,而且与周围同学交流越来越少,同父母的矛盾也越来越大。

小章的问题是一种典型的网络游戏成瘾问题,由于沉迷于网络,造成心理受损和学业荒废。现代大学生网络心理健康问题除了有网络成瘾外,还有网络迷失和认同混乱、网络情感等问题。

信息时代,大学生们更渴求发展、创造、享受生活,希望用自己的力量主宰自己的命运。这些美好的憧憬可能会被错误的社会意识形态所控制,但永远不可能成为社会的主导。互联网是一把双刃剑,我们必须以辩证的、建设性的态度来面对网络时代,它在给人类带来福祉的同时,也给人类的伦理道德、心理带来了巨大的影响和冲击。

因此，在网络时代了解大学生心理健康状况，迎接和回应网络时代的挑战，探索高校心理健康教育的对策，对于维护并促进大学生心理健康，提升学校实施心理健康教育措施的工作水平都具有极其重要的现实意义。引发当代大学生网络心理问题的因素和牵涉的层面是多方面的，因此，解决当代大学生网络心理问题需要学校、社会和学生本人共同努力，构建起当代大学生网络心理问题解决的长效机制，促进大学生网络心理健康地成长。

### 思考

1. 网络已经成为我们生活、学习、工作、人际交往的重要组成部分，极大地影响和改变着我们的生活、生产、交往、学习和思维方式以及价值观。高校大学生是网络社会的主力军，互联网里面充斥着良莠不齐的信息，而其包含的暴力、色情、拜金以及犯罪等不良信息和错误的价值观会削弱大学生的道德意识，造成大学生责任感缺失以及人格弱化，甚至走上犯罪的道路。那么如何应对网络中良莠不齐的信息呢？

2. 钱铭怡教授进行了一项研究，在北京几所高校中进行抽样调查，抽取了近500名大学本科生。研究结果表明，在被调查的大学生当中，存在网络成瘾现象的大概占6.4%，大学生应该如何避免沉溺网络呢？

### 名人说

所谓青春，就是心理的年轻。　　　　　　　　　　　——松下幸之助

心的距离若是如此遥远，即使网络再快，也没有用。　　——蔡智恒

# 第一节
# 网络对大学生的影响

信息网络重塑了当今的世界。随着互联网的不断进步与发展，如今的人们已经可以做到在网络上就能读万卷书和行万里路了，大学生也不必再像从前的勤奋书生一样要耗费大量的时间、金钱去读书和赶路，利用网络，大学生便能足不出户地了解到

世界各地的新闻及资讯；大学生可以便捷地利用网络来搜取我们想要的信息。与此同时，网络的虚拟世界也可能使大学生沉溺于其中无法自拔；网络上的不良信息对缺乏辨别能力的学生也会产生极大的负面影响……网络深刻地改变了大学生学习、生活的模式，不可避免地对大学生产生了多方面的影响。

## 一 积极影响

### （一）促使大学生开阔眼界

大学生使用网络的过程能够帮助他们加深自己对世界的理解。主要有两个方面：其一是可以让大学生通过网络认知到世界的各个地区；其二是可以使大学生认识并交往到与自己志同道合但又相隔千里的网友或与自己风格差异明显的朋友。这两个方面都是大学生利用网络开阔眼界的方向，一个是开阔视野，另一个则是认识世界上还有许许多多与自己不同的人。通过查询地图或观看其他国家、地区的视频或者书籍，大学生能真正了解到书本上所没有提到的地区的真正细节，在这个任何事情都求快的时代趋势下，就连老师在课堂上讲课其实也不能很好地讲解清楚每个地方的具体情况，如果大学生们感兴趣的话，就只能去搜寻各种有关自己所想要了解地方的资料，而这些资料在哪里能检索得更全面呢？当然就是大家眼中"无所不能"的互联网，因为它掌握着数不胜数的各个地区的人们上传的信息，并且将其做出一个信息整合，所以大学生们能很好地看到各个地区的风土人情，从而开阔视野。在网络上我们其实可以发现形形色色的人，他们在很多地方与我们有着区别和差异。根据行为主义流派的观点来看，环境对于人格发展的影响是占主导地位的，由于我们每个人出生在不同的家庭中，我们的生活环境和教育环境也就处在不一样的境地。大学生需要与不同类型的人交流，才能认识到世界上人与人之间的差异是巨大的，而达成这种认识最便捷的途径依旧还是通过网络。

网络拓宽了大学生的眼界，所以大学生更加能够理解这个世界的千变万化，更加能够认识到这个世界上的人也是差别很大的。

### （二）便利大学生的人际交往

在互联网发达的今天，交朋友不再是一件特别难的事，两个人之间哪怕在现实生活中没有任何的交集，但只要在网络上来回对话几句便可能发展成为日后经常联系的网友。网络的出现促进了各类通信工具的发展，除了传统的写信、电话、短信等通信手段，众多的聊天软件也应运而生。这些借助网络发展起来的通信软件，成为不仅是

大学生甚至是基本上拥有智能手机的人群的主要通信工具，它们的优点就是快捷、便利，这与网络的特点是完全相符合的。

对于大学生而言，各类聊天程序之于他们的意义不仅只是一个普普通通的通信工具，甚至是他们的一个情感依靠和交际需要。离开家里的大学生利用它们可以加强自己与家人的情感联系，时常通过网络上的交流也会让家长和大学生感受到彼此亲情的温暖。在刚刚进入大学这个小社会的大学生，有的性格并不是那么的外向，所以在此时不免地会遇上社交关系障碍，而通过网络上的交流，大学生们可以不再像以往那样面对面的交流，只需要通过一块屏幕后所接连的网络便能达到与他人交流的目的。借助它，害羞腼腆的大学生可以不用担心那种面面相觑的尴尬场景，反而可以更好地表达出自己平时不敢与他人所说的真实情感，也不用担心对方会给予自己异样的眼光，可以更好地做自己、表露自己，激发其与他人交际的愿望。当然，除了方便不善交际的大学生，网络通信工具同样也能便利善于交际的大学生。那些善于交际的大学生需要与许许多多的不同的人进行沟通和交流，而众多网络通信工具的方便、快捷、费用低，为大学生的频繁交流提供了可能。

在大学生的日常生活中，交际和沟通是必备的，当大学生很好地完成交际和交流，他们便能找到自我存在感，而如何促使这一交际能力的提高则是大学生需要攻克的问题，并不是一定要让自己变得很外向，但是一定要利用好身边的网络和通信工具来帮助自己加强巩固这一能力。

### （三）促使大学生获得积极关注

积极关注，在心理学上的定义是指在心理咨询过程中对求助者的言语和行为的积极、正向的方面予以关注，从而使来访者的价值观更加积极向上，并拥有改变自己的内在动力。而日常生活中所谓的积极关注是对一个人进行特别的关注，并在此过程中给予其一定的鼓励，让其感到心情舒畅、身心放松和情绪释放。进入大学后，由于大学实行走班制，每个人都是一个独立的个体，不再像高中一样受到多种的限制。但是，也正是因为这个缘由，大学生们往往会感受不到积极关注，他们有时会觉得在大学里也没人真正地注意到你，大家都在各自忙于自己的任务。而网络的出现，可以让大学生获得多一些在现实生活中无法收获的积极关注。

我们在社交平台上发表自己的状态，希望获取他人的点赞和评论，而他人点赞和评论的这一过程其实就会让我们感到一种被注意、被关注的感觉。大学生在学习生活中其实也有很多事情是需要与他人进行分享的，不管是开心的事还是难过的事，只要当他们发现有人在给予积极关注时，便会感到欣慰，因为这些在网络上获得的积极关注让他们实现了马斯洛需要层次理论中的尊重需要。还有的大学生具备一些特殊的才能，但由于自己的性格或身边的种种原因，从来没有将这些才能表现给亲近的人看，但有了网络这一有效途径，这些才能根本不缺展示的平台，许多网络平台提供给大学生充分自我展示的机会，甚至有的高校还借助这些平台举办一些相关比赛来促进学生展示，而大学生们在展示过程中不仅能收获到身边人的关注，还能在网络中收到来自五湖四海的欣赏自己的人的积极关注与赞美。

这样一来，大学生在网络上获得的积极关注便能给其展现才能和能力的信心，促使其更好地释放自己，也会增加其在网络上发布与自己相关的文字和视频的频率，这些关注在行为主义流派看来是正强化物，会增加大学生们展示自我的频率和自信。所以，很多大学生网络上收获的积极关注相较于现实生活中会更多一些，在网络这个虚拟世界中可以感受到的快乐或者高峰体验会略微多一些。

### （四）增强大学生的自我意识和全面发展

人格的核心内容是自我意识，而推动人格发展的重要因素也是自我意识的发展。崇尚和追求个性化是大学生群体的特点之一，网络可以大大强化大学生的自我意识。每个大学生都有自我意识，但自我意识薄弱的大学生不管是在学校还是社会，都是一个不积极的形象，他们无法感受到自我价值，因此又会产生迷茫、自卑的心理。网络的存在可以使得他们在线上感受到自我意识，与受到积极关注所述一样，在积极关注下，大学生们可以很快地找到自我，这样他们知道如何更好地去实现自我价值以及意识到自己存在于世界上的真正意义是什么，也会减少一定的茫然感和自我贬低现象的出现，同时也能丰富自我体验，提高对自我评价的能力。

互联网由于内容丰富、形式多样，堪称超级百科全书，它能提供大学生们需要的绝大部分学习内容，也能为其提供不计其数的自我发展的途径，可以说"只要你想，基本上在互联网上你能找到任何你想知道的东西"。所以，借助互联网的发展和智能平台，想要实现"琴棋书画，样样精通"，并不是什么天方夜谭，网络上的教学视频数不胜数，坐在家中看着网络上自己感兴趣的内容就可以实现自我学习。所以网络是促进大学生全面发展的重要工具，但关键还是取决于学生们如何将互联网的资源利用起来。当他们有不会做的题了，教学视频里的老师和搜题软件中的解答能够给他们一个清晰有效的回应；当他们碰到生活坎坷了，搞笑视频和放松方法，乃至网络路人都会给予其积极的安慰和提供解决方案；当他们遇到想要倾诉但又苦于身边没有一个知心朋友的存在时，他们可以通过在网上与网友们交流、发帖子甚至于录制一个属于自己倾诉真心话的短视频，网络都可以很好地给他们提供一个广阔的、能容纳他们所有

想说但又说不出的言语的平台。

在这个网络的虚拟而又真实的世界中，大学生可以发现自己想要学的许多技能和感兴趣的事物，也能在其中感受到自我意识的充分发展，促使他们更好地迈向成为新时代中国青年的道路，成为将来建设这个社会的中流砥柱。

### （五）方便在校大学生的课余生活

全日制在校的大学生基本上是住在学校宿舍中的，他们远离前十几年那种在家的舒适环境，而住进了与他人共同相处四年的宿舍当中，他们的衣食住行、吃喝玩乐都是在大学期间独立自主完成的，而大学生活课余时间丰富，且都由大学生自己支配，而网络则可以成为他们课余生活的"主理人"。

衣食住行方面。借助网络蓬勃发展的电商平台也成为大学生购置各类生活用品、服饰衣物、食品饮料等种种生活所需用品的最好去处。当代大学生成长于网络高速发展的时代，其消费和娱乐存在明显的互联网印记，据相关资料显示：大学生年度消费规模达3800亿元。而在这里面，电商平台则是占据主导地位的受益者。

吃喝玩乐方面。随着手机支付的不断发展，大学生出门只需要一部手机和移动网络数据就足以满足大部分的娱乐、购物等需求，手机支付省去了金钱丢失风险而且也简化了购物方式。而在课余生活中，大学生还会借助互联网进行娱乐消遣，例如线上唱歌、看电影、看电子书、玩游戏等数不尽的娱乐放松方式，但也要求大学生需要提高自控能力，这样，互联网所带来的娱乐才能真的起到丰富其课余生活的积极作用。

互联网确确实实方便了大学生的在校生活，这是没有人能够轻易否认的，它增加了大学生娱乐放松的各种方式，让其在大学生活中真正感受到小社会也是具有丰富闲暇的令人愉快的活动的，做到了帮助大学生适当释放一些来自学业、家庭以及前途的各种压力，促使其适时卸下重担从而走向更远的道路。

## 二 消极影响

### （一）促使大学生沉迷网络

任何事物的发展都是具有两面性的，互联网的发展当然也有利有弊的，它对于大学生来说其实也是一把双刃剑。虽然网络的出现使大学生获得了许多益处，但也是因为它的存在，许多缺乏自控力的大学生在大学里变得不学无术、沉迷于虚拟的网络世界中。迈入大学后，自控能力对于一个大学生来说就是重中之重，我们经常能听闻"大学生进大学就自由了"的言论，但这些是对那些管不住自己的学生而言，他们对逃课、迟到、不交作业等缺失责任感的事情习以为常，好像他们好不容易摆脱了高中的束缚就只为进大学混一张毕业证和学位证一样。

一些大学生沉迷于网络游戏，不能自拔。网络游戏是一种使人放松的方式，但大学生们切不可让自己沉迷于网络游戏中，如果这样的话，那么网络游戏就会从令人放松的"天使"变为吞噬精力的"恶魔"。除了沉迷网络游戏，当然还有盲目的网恋，先不论网恋对象的真实性，就因为其使大学生沉迷网络交友而忽略现实生活层面而言，这就已经对大学生产生极其不良的影响，更不用说有的网恋对象根本就不是真正与大学生谈恋爱的，他们背后的真正目的可能只是想要诱骗对现实生活认识不足的大学生的金钱及感情。

网络成瘾是指许多大学生对互联网产生极度沉迷的一种状态，上网者由于长时间、习惯性地沉迷在网络世界中，对互联网产生强烈的依赖，对互联网达到了痴迷的程度。一旦网络成瘾，会极大破坏大学生的正常学习生活，甚至造成他们社交中的行为扭曲。大学生的主要任务当然还是学习，虽然学习方式由从家长、老师的督促变成自我的监督，但也应该管控好自己、保持初心，利用四年的大学时光，去多学点知识，掌握技能，切勿沉迷网络。

### （二）造成情感情绪冲突

虽然网络能使人际交往更加便利，但它也同样能在此过程中影响大学生的情绪情感，甚至使大学生的情感受到伤害或情绪崩溃。在网络上的交流，大部分是文字信息的沟通，"对方正在输入中"在现在的大学生看来就是一种对他们的精神慰藉，能感觉到自己的聊天对象在认真回复自己，可当自己的消息得不到及时的回应，或者当自己明明已经将情感情绪都表现出一种不好的状态时，而对方冷冰冰的符号文字却让自己感受不到真情实感和共情，就可能会造成大学生情感情绪冲突。

网络上的表达可能确实快捷迅速，但只面对简单的言语文字，大学生们确实难以真正领悟自己聊天对象的真实想法，它使他们减少了面对面的及时交流，所以看不到对方的表情、动作等五官和肢体语言时，会频繁增加猜测、怀疑的次数。久而久之还可能与人产生矛盾，更有甚者还因此丢失了与他人在现实生活中交流对话的能力，在线上与他人的交流使他们觉得舒服安逸，所以他们在网络上滔滔不绝；可到了线下他们又变成一个沉默寡言的人，失去了活力和生机。这个现象其实也是网络造成的情感情绪影响，大学生们若只注重线上的对话，那他们在线下交际能力下降时，往往会变得自卑，而越自卑则越不敢与他人在线下交流，从而形成一个情感情绪的恶性循环。再者，当大学生上网时，面对的是没有情绪情感的机器，无论网页有多精彩与生动，那也只不过是不切实际的虚拟场景，无法使学生提起兴趣来，反倒会造成更加消极的情绪。网络只是以程序化的方式展示和传递信息，而哪怕这些信息看起来多么丰富生动，它们也不可能通过现实中人际交流的过程来弥补信息的感情色彩，所以这必然会引起情感的倦怠和冷漠，进而使人产生焦虑的情绪。

正处于青年期的大学生，有着好像使不完的力气和情绪，所以如果只是面对无思想无情感以及不能及时反馈情感信息的网络，那他们的情感需要和情绪宣泄将无法得到满足，从而导致他们情感矛盾以及引起失落、悲伤、愤怒等负面情绪。

### （三）淡化大学生的现实人际关系

网络使大学生突破了自己现实生活中的交友小圈子，它不受时间和空间的限制便能将学生们与网上的其他人建立人际关系，但它在建立网上联系的同时，也在淡薄大学生现实生活中的人际关系。心理学家拜克拉提出，人们如果沉迷网络，减少与外界用语言交谈的人际接触机会，又缺乏与家长的沟通，那么，这很大程度上将改变家庭价值、人际交往观念。

由于网络的存在，大学生们再也不需要什么事情都约出来谈话，好像只需要一个信息就能说清楚自己的事，只需要一个信息就能让关心自己的父母得到回应，只要一个信息就能让自己拥有数不胜数的所谓知心朋友。但真实的情况是什么呢？大部分朋友不约出来一起相聚聊聊天，就不能保持长期稳定的关系；自己不在意现实里的人际关系变化，就会渐渐淡化甚至于丢掉了自己身边真真切切的人际关系。因为学生们经常喜欢在网络上与自己网友联系，从而导致忽略了自己身边的同学、朋友、父母以及所有关心自己的人，但其实他们上网的一个重要目的就是想加强自己的人际关系，这是一个具有矛盾和冲突的问题。除此之外，即便大学生虽然联系人列表里朋友也是现实生活中的朋友，但因为他们经常在网上进行对话而又没有进行现实中的见面，所以当他们在线下见到彼此时却会产生一种莫名的尴尬感，就好像眼前这位朋友自己根本不认识，陷入了一种"线上无话不谈，线下无话可说"的怪圈。

人是一切社会关系的总和。每个人都离不开与其他人的联系，大学生当然也一样。学生们在现实生活中的人际关系淡化了，会导致他们在生活中遇到更多的困难。若因网络大学生疏远了与身边人的关系的话，那么因网络淡化了的人际关系对大学生的影响可能就不只是失去一个朋友，而可能导致学生产生抑郁、焦虑和社交障碍等心理问题。

### （四）对大学生造成身心威胁

互联网中的内容虽然丰富多彩、包罗万象，但凡事都是有两面的，网络中也存在一定的漏洞和不良信息，这些不良的信息可能包含色情、暴力和违法犯罪等对大学生造成身心威胁的信息。"互联网不是非法之地"，的确互联网是一个有着种种可以暗藏危险的地方，但它不是我们利用其来触及法律底线的借口。常常有不法分子借着互联网这个途径，穿着虚假的外衣来对大学生进行一些骚扰和攻击。

　　大学生即使大部分已经是成年人了，可有许多大学生的心智仍是不成熟的，他们在进入大学前的目标就是高考考取高分从而进入一个好的大学，所以根本不了解外面真实存在的世界，而大学生又是一个基本上每日使用互联网的群体，此时不法分子就会抓住大学生的"无知"来进行伤害。就拿网络诈骗来说，诈骗人往往抓住大学生想要赚钱但又不想工作太过劳累的心理来进行引诱，拿出例如刷单、电脑打字、代理等简单而又轻松的工作来吸引大学生，而当学生们上钩后，不法分子就开始诱骗大学生的财物。当学生们真正意识到自己被骗时，不法分子早就卷款逃离了。在这过程中，不法分子和学生甚至都未曾谋面，只是依靠互联网的沟通，就让大学生的生活费落入他们口袋，这个就是互联网威胁大学生身边财物的一个例子。

　　而互联网对大学生心理的威胁的最明显的例子就是大学生网贷。大学生或多或少都会有与他人进行攀比的心理，当看到同学换上最新款的球鞋和手机时，有的学生由于经济条件不允许便萌生出一种超额消费的想法，以至于被不法分子抓住其急切需要用钱的心理而给出无抵押式的大学生网贷，但当学生真正去借网贷时又会发现跟自己起初所了解的信息不匹配。网贷公司会获取大学生的所有信息以及其通讯录的信息，在大学生还不了钱时会使用通知其每个联系人这种恶劣行径来威胁学生抓紧还钱，学生们当然在此过程中也会萌生担心、害怕以及无助的感觉。

　　互联网对大学生的身心危害绝不只是诈骗和网贷，它以一种千变万化的形式来接近大学生，只要学生们卸下防备，它便伺机出动诱骗学生们落入圈套，而大学生们一旦深陷其中，就难以抽身离开。所以，来自互联网的威胁从来都不是简简单单的，大学生在使用互联网的过程中，也需学会辨别是非。

# 第二节
## 大学生网络使用中的自我管理问题

### 一 网络成瘾

#### （一）虚拟网络的吸引力

随着高新技术的快速发展，虚拟网络也越发丰富和精彩。虚拟网络的吸引力体现在其丰富性，比如游戏、音乐、影视、网友互动等，都给当代大学生带来莫大的吸引力，是大学生网络上瘾的重要因素。虚拟网络对大学生的吸引力有以下几个方面。

1. 身份的隐私性和复杂性

在现实社会中，每个大学生都有自己的固定身份，且为大家和社会所共同认知。但是，在虚拟网络中，大学生可以隐匿自己在社会中的真实身份，以自己所想的角色身份参与虚拟网络社交，甚至大学生还可以虚构扮演一个没存在过的角色。可不要小瞧这一身份的隐私性和复杂性，正是基于这点，大学生能够在个人的网络世界中不受现实约束，随自己本意切换自己的网络角色身份，戴上不同的阶层面具，感受不同身份带来的体验和感觉，尽情地沉浸在现实社会身份无法带来的权利和自由，得到自己所渴望的东西。"在现实，我可能只是一个普普通通的大学生，一旦进入虚拟网络社会之中，我可以是商业巨子，拥有别人无法仰望的财富；我可以是秘密特工，知晓他人毫不知情的机密；我可以是有着悲惨身世的可怜人，经历别人未曾经历的痛苦。"网络世界这一身份的隐私性和复杂性给大学生所需的目标感、自由感带来极大的满足，致使他们迷失在网络虚拟身份之中，无法自拔，深陷网络泥潭之中，任由自己堕落。

2. 应用的丰富性

应用的丰富性在于大学生一打开电脑，点开网页便能下载自己想要的应用软件，如果一个大学生喜欢看电影，那么"某某影音""某某影院"应用软件便能满足他的需求；如果一个大学生喜欢打游戏，下载一个游戏平台软件或者上网搜索下载游戏，便能在游戏世界之中释放自我；如果一个大学生喜欢与人交流，发表自己的评论，只要在网络论坛上敲字发表，便能与网友谈天说地。网络世界的部分应用丰富性是现实社会无法带来的，现实中大学生总不能通过对他人拳打脚踢，甚至进行某些暴力行为来发泄自我，但是虚拟网络的游戏可以满足大学生这一要求，同时，为了更好地获得与满足自身相关的需要，那么大学生便会逐渐沉浸在网络虚拟游戏之中，逃离社会现实。部分大学生还可能有难以与他人启齿的奇怪癖好，甚至可能会让自己身边的人感到惊讶、恶心。但是，在网络论坛中，他们能找到与自己兴趣相同的网友，与他们大胆交谈自己的经验经历，现实中无法表露的东西，可以在虚拟网络中大胆表达。网络应用的丰富性给部分大学生匮乏的社会娱乐生活带来不一样的体验，满足他们对于娱乐、放松自我的追求。那么，一旦大学生在现实中无法得到足够的愉悦，他们便能通过网络世界找到自己所需的刺激和快乐。

3. 地位的一致性

在现实生活之中，在众多社会经济和文化因素的影响之下，存在着不同的阶层和阶级，而且不同的社会阶层有着不同的地位，大学生在其中只能算是社会普通阶层群体。不过，在虚拟网络之中，没有一个明确的等级制度，没有传统社会文化的约束，所以每一个人都只是持有一致的网络身份，有着同一平等地位的普通网民。在网络世界之中，大学生可以与自己在社会中无法接触的人士进行交流，他们可能不经意间便与某世界五百强的经理讨论关于公司结构的组合，可能不经意间便与某一影视巨星争论，或者与某文学作者谈论关于对文学著作的领悟。如若自己在现实社会中过得不如意和难受，便可以在网络世界中尽情发泄自己内心的不满，抨击他人，释放自我。网络上的"键盘侠"起源离不开网络这一地位的一致性，不管在现实中的人多牛多厉害，到了网络世界之中，也只得让我随意评论和批评。在虚拟网络之中，已经全然挣脱了现实生活的各种限制和束缚，每一个人都是身份平等一致的普通网民。网络世界中的地位一致性给在真实社会活动中受到极大束缚的大学生巨大的诱惑，吸引着他们走进网络之中。

4. 信息的多样性

网络世界就像一本全知全能的百科全书，在这个地方，大学生只要点开网页，动手用键盘打字便能获得自己所需要的一切消息资料。如果想要查游戏攻略，各大游戏论坛便有着各式各样的游戏通关攻略；如果想要学习资料，进入某某文库，中国知网便能满足他们所要的文献文档；如果想要查某位学者或者某位影视明星的资料，动动手指键盘鼠标，轻轻点击搜索，某位学者的生平经历便能呈现在你眼前，某位影视明星的身高、体重、年龄全部被你知晓。大学生本身就处在一个对新事物比较好奇的学习阶段，网络世界信息更替的迅捷性，内容的新奇性，搜索的便捷性，对于当代大学生有着巨大的吸引力。但与此同时，网络世界的信息也像一个无底的黑洞不断消磨着大学生的时间，由于虚拟网络的信息更替太快，大学生一时间很难找到自己想要的消息，花费的浏览时间越长，在网络世界浪费的时间便越多。虚拟网络又像是一个巨大杂乱的垃圾堆，虽说是有着数不胜数的信息资料，但大部分信息资料又毫无意义，没

有任何用处，极易造成大学生对信息搜索的麻痹和烦躁，而为了找到自己所需要的资料，他们又不得不花费更多的时间去寻找，形成一种依赖性，导致成瘾。

5. 自由性和管理能力弱

虚拟网络世界不同于现实社会，现实社会有着各种限制，文化、法律、道德等因素相互作用限制，虚拟网络世界到目前为止监管力度较弱，所以会产生很多现实社会很难出现的现象或者其他东西，这正好"击中"大学生激进、冲动等品质特点，大学生一旦发现某些与自己产生共鸣的思想抑或活动，便积极投进这一场网络活动之中，奉献自己的"心血"，时时刻刻"奉献自己"，这也是网络成瘾的一种表现。网络社会还有着现实社会所没有的高度自由性，虽说过于危险的言论或者举动还是会引起网警的注意，但还是会有一些独特的言论或者举动被网络社会所允许。如果说现实社会是马场，那么网络世界便是一望无际的大草原，大学生就是一群骏马，骏马一旦脱离马场，看到这广阔的大草原，会自由地奔腾，放飞自我。在网络世界的大学生亦是如此，现实社会抑制了他们太多的自主性和自由性，正好网络世界能满足他们这一愿望，那么一旦在里面尝到甜头，便可能一发不可收拾，在这片"大草原"之中忘乎所以，全然不记得自己只是一匹从马场而来的家马，要是在这"草原"上遇到"狼豺虎豹"，便无法逃脱，任由他们撕碎吞食自己的身体。

## （二）大学生自身因素

1. 心理因素

大学生说到底只是一群正在接受高等教育的普通孩子，心智上尚未发育成熟，心理判断能力和本身自控能力比较弱，所以在面对虚拟网络的吸引和诱惑时，很难把控住自己。再加上大学生本身就有着对新事物的关注和探索、积极接受新事物的到来的心理特点，这一心理特点便给他们接触进入虚拟网络提供基础，甚至为以后沉迷网络奠定基础。

2. 生理因素

网络成瘾从开始到逐渐发展，已经成为一种"电脑病"。大学生在虚拟网络之中，找到与自己兴趣相关的娱乐活动，使得大脑内部的高级神经系统处于极高的亢奋状态之中，并且促使其大脑内的"多巴胺"快速分泌，并伴随一系列的剧烈生理反应，当这些生理化学反应结束之后，个体会陷入颓废、消极的身体状态之中。

## （三）社会因素

1. 家庭环境

部分大学生由于家庭环境原因，可能很少有机会接触虚拟网络，甚至可能没接触过网络世界,当他们有机会去接触网络世界,面对有着如此巨大吸引力的网络社会时,是很难不被诱惑的,甚至有部分家庭有着保守固执的观念,认为网络是毒品一样的东西,给孩子灌输一些错误观念,到了大学自由生活,没有了家长的约束,大学生便极为容易放飞自我,加上叛逆心理、极大的好奇心等因素的作祟,在面对父母口中毒品一般的东西,便越想尝试,一发不可收拾。

2. 学校环境

不同的大学管理环境不同,但基本上提倡大学生独立自主生活,大学教育不同于以往的小学、中学教育,没有老师的管束,全靠自主学习,以往学生还能有老师提醒警告,上了大学全靠大学生自己的自制力,即使上课玩手机上网,科任老师也很少管束,这一轻松自由的学习环境,也是大学生网络成瘾的因素之一。

3. 社会环境

社会环境因素对大学生网络成瘾的影响很大。首先,现实社会文化的约束,在现实社会中,大学生面对种种限制和各项规矩,自由性受到极大的压制,这是现实社会的抑制性。除了这一表现,还有现实社会巨大的压力、学习任务的繁重、社团工作的繁杂、处理人际关系的紧张等,各种因素混杂在一起给在社会学习工作的大学生带来莫大的负担,难以喘息。相反,轻松精彩的网络环境给疲惫的大学生带来一丝慰藉和放松,在这个现实社会和虚拟网络来回环境切换之中,其对网络环境的依赖性不断提高,久而久之,便不想再回到现实社会中受气,进而沉溺于轻松舒适的网络环境之中,也就是网络成瘾。除此之外,还有网吧等网络设施的吸引。

## 网络成瘾的坏处

网络成瘾的坏处很多,如道德行为低下、逃避现实、抢劫偷盗等。由于沉浸网络游戏,又没有钱去网吧上网,法律意识低下的大学生可能会铤而走险,偷盗他人的钱包,或是打劫路人的金钱等。浏览网页上不良的消息,比如色情影片、暴力血腥视频,模仿视频影视中的行为,实施强奸、伤害他人、虐待施暴等违法行为。更严重的是造成性格改变和人格的扭曲,本来安静乖巧的学生,由于网络上瘾性格变得暴躁冲动,打人、谩骂行为变成习以为常的事情。原本积极健康向上的人,一旦网络上瘾,除了性格态度变化外,人格也会发生变化,甚至诞生出反社会的变态人格。忽视现实社会的思想道德,蔑视法律条文,按照自己认为正确的事情去实践,遵循自己扭曲错误的三观去做一些不为社会所接受所忍受的事情,为所欲为,伤害了他人,破坏了社会稳定。网络成瘾者沉溺于虚拟世界,不与他人交流,思想较为极端,严重影响正常

的学习和生活。

若发现自己在接触网络之后，有不好的消极的情绪和心态改变，应当及时向朋友、亲人、老师同学求助，不能任由这种不良情绪心态发展。主动面对问题才能更好地解决问题，一味地隐藏只会加重困扰，最后造成无法挽回的局面。

## 三 网络迷失和认同混乱

### （一）网络迷失

网络迷失与网络成瘾是两个不同的概念，网络成瘾的含义是沉迷网络世界之中，无法离开虚拟网络。网络迷失是指个体在网络世界之中迷失自我，找不到真实的自我。

在网络中迷失自我造成的问题可大可小，小问题就是在虚拟网络中暂时不知道自己要干什么事情，忘记自己原本的目的，而大的问题就是在虚拟网络中找不回原来的自我，分不清现实与虚拟环境。虚拟网络的复杂性和精彩性，容易让大学生忘了上网的目的。例如，一个大学生本身上网只是为了搜查学习资料，但是网页弹窗出来的夸张的广告会分散其注意力，原本只是单纯搜索学习资料的大学生，看见这些广告便可能产生其他联想，如"这游戏感觉不错啊……""哎呀，突然忘记自己游戏为了刷副本……"等影响自己的想法。除此之外，有的应用软件会根据云计算等方法计算你以往的历史搜索，推送出你最近想要的东西和要搜索的内容，最明显的例子是"某宝""某音"。本来一开始只是打算买些卫生纸，但是往下滑推荐商品，便会发现都是自己想要的东西，不知不觉之间，原本只是一个小时的逛商品时间，扩展到两个小时以上甚至更多。而某些短视频软件亦是如此，根据算法推断出大学生想看的内容，滑完一个短视频又是下一个，原本只是抱着消遣娱乐的目的看短视频，不知不觉间反被短视频软件控制，迷失在各类短视频之中，忘记时间。这种网络迷失情况还算是比较轻的类型，严重的甚至分不清真实的自我与虚拟的自我，分不清现实世界和虚拟世界。

在现实社会人际交往的失败也会导致大学生网络迷失，现实世界人际交往复杂，需要大家有着差不多的兴趣爱好、彼此合得来的性格、价值三观契合才能够成为朋友，还要投入时间精力去经营这一段关系，同学之间的交往也要十分注意，还有对待老师、陌生人的态度要整合好，等等。有些大学生，在现实社会中的人际交往比较不如意，就很容易在网络中迷失自我，网络上的交友不需要现实社会太过繁杂的条件，合得来的话我们就能够继续聊下去，要是合不来大不了就不再联系，或者相互对骂几句就结束了。而有些大学生，在现实社会中的人际交往比较成功，在网络交往上也能得到自我的需要，找到志同道合的网友，一同交流，相比较人际交往失败的同学，具有较低的网络迷失概率。而当他们逐渐加大处理网络交往的频率后，再次面对现实生活的交往，态度会逐渐变得冷漠，毫不关心，与朋友、亲人、同学接触的次数减少，自身的生活圈子缩小；情感冷淡，一个人独来独往，很少与他人接触互动；参加社会活动的次数减少，封闭自我内心，变得不再进取，产生"就这样吧，也没什么所谓"的消极想法。在这样现实社会交往的恶性循环之中，进一步投入网络交往，迷失掉真实的自我，认为虚拟的自我才是真正的自我，逃避生活，消极应世。

### （二）认同混乱

何为认同混乱？认同混乱就是无法分清现实世界的身份与网络世界的身份，将两者身份搞混乱。在虚拟网络中，大学生可以尽情地扮演自己所想所渴望的角色身份，享受该角色在网络上带来的快乐，仿佛找到了属于自我的舞台，尽情地表演，展现自我才华；找到了属于自己的"阴暗角落"，表达自己内心的消极情绪，在现实生活中的不如意在网络上发泄；仿佛找到了自己的"精神食粮"，给贫乏无趣的灵魂补充能量。这一网络上的虚拟生活可能会使"现实的自我"与"虚拟的自我"产生冲突，正如弗洛伊德本我意识结构理论所说的，"本我""自我""超我"与现实的冲突和矛盾。"虚拟的自我"正如"本我"一般，是大学生内心本能的冲动欲望，也就是无意识。当不加以节制和控制，随意释放这一"野兽"时，它便会迅速冲出牢笼，迷失了现实的自我。将在网络上的行为带入现实社会之中，找不到自己原先的定位，其主要表现便是：在角色上的认同混乱，无法将"虚拟的自我"与"现实的自我"区分开来，任由两者相互融合纠缠，最后导致自己不能调整自身行为，无法适应现实生活而崩溃或者在现实生活中做出网络世界中所做的行为。认同混乱也不仅仅是角色扮演的混乱，还有角色扮演的矛盾、角色扮演的失败、角色扮演的模糊，等等。并伴随着一系列的焦虑、忧心、烦躁等消极情绪产生，最终导致自我认同混乱。某些大学生网络游戏上瘾，在网络游戏中迷失自我，当他们停下玩游戏以后，还未能从虚拟世界之中转换回现实世界之中，会做出一些十分疯狂的举动。网络迷失自我和认知混乱尚且可以原谅治愈，但一旦因此做出越界的行为，就已酿成大错！当代大学生虽说接受过高等教育，但其心理自主性、抵抗能力等还是十分低下，没有很强的认知判断能力，便容易造成自我认知混乱，分不清到底自己身处在现实世界还是虚拟世界之中，从而做出令人不解、社会法律所禁止的行为。若大学生真的发现自己已经有认知混乱的前兆，第一步应当迅速找老师同学，或者亲人朋友求助，寻找治疗方法，切忌将问

题埋藏,认为这没什么大事。然后就是找学校心理医生或者相关心理咨询机构进行咨询治疗,找到问题根源,进行相关治疗。重塑健康积极的心理状态,拥有美好的大学生活。

## 四 网络情感问题

虚拟网络吸引人的地方不仅仅是它的丰富性和精彩性,还因为网络世界确确实实是每个真真实实的人参与的,所以它也会有真实情感在里面,而不是一个冰冷无情、机械化的世界。既然它是一个充满情感的世界,那在这其中,也会有着许多网络情感的问题,以下就介绍几个常见的大学生网络情感问题。

1. 网恋

我们从小到大可能被父母灌输这样的观念:"学习期间不能早恋""要是你敢在初中、高中谈恋爱,你看我去不去学校揍你!",或者老师说的"一旦发现同学之间有早恋行为,立刻通报学校,进行全校批评",等等。各种校园环境抑制着青少年这颗青春躁动的心以及荷尔蒙的分泌,不敢大胆表露个人情感。一到大学,家长和老师又突然改口,"到了大学,就快点找个女朋友""大学提倡自由恋爱"。但是从小就缺乏与异性交流技巧或表达方式、方法的大学生,又怎么敢大胆表露自己的想法,因此常以失败收场。而此时,网络世界便能很好地"收容"这些失败的或者羞涩的大学生,利用聊天软件,使得他们可以在网络上与陌生网友进行交流。在交流过程中,便很容易与网友在每日的聊天互动中产生感情,发展成"网恋"。

通常来讲,只是单纯的网恋并没有什么问题,但网络的复杂性以及大学生尚未发展成熟的心理,使得网恋最终会繁衍出一系列情感问题。网恋不同于现实中的恋情,双方无法见面,只能隔着虚拟网络和电脑、手机设备维持感情,彼此也不清楚对方现实中是怎样的人,到最后,情到浓时,大学生会沉迷这个并不一定真实的人物角色之中。上课学习、日常生活都想着对方,没有心思再投入真实的社会生活之中,终日沉迷与网恋对象的聊天和爱情之中。若是分手了,可能会造成更严重的伤害,就如"明明就近在咫尺,却又相隔千里"的感觉,会对自我产生怀疑,产生"是不是我做错了什么""是不是我不够好""都怪我,是我的问题"等极端想法,甚至有的会陷入更加低迷、更加消极的情感状态,终日无所事事,心不在焉,做什么都没兴趣。而有的网恋还涉及诈骗、金钱交易等,最后可能牵扯更多的问题。大学生总保持对网恋美好的向往,却不知这一类感情的可靠性十分低,而且会产生更多的网络情感问题。

2. "兄弟朋友"感情

大学生进入网络世界，通过各种途径能认识到许许多多的网友，与形形色色的人进行交流互动。比如，大学生在使用某一音乐软件时，在某首歌曲底下的评论找到能与自己产生共鸣的评论者，便一起互相吐槽；在打游戏的过程中，和队友在游戏中有着极好的配合，便想着了解对方，互相添加好友，共同游玩，或者对于对手的惺惺相惜，敬佩他的实力；在某一论坛发帖求助，一群积极有爱心热情的网友给予你建议帮助，让你感到十分温暖。好像网络世界环境十分温馨，没有任何危险，但实际并不如此，网络世界远比大学生想象得复杂，网络交友更是如此。一开始在网络上所交的朋友还十分热情跟你互动，给你建议帮助，后来又说自己遇到困难，问你能不能给予帮助，当你帮助他以后，转过头来又是另一副面孔，与你撇清关系，拉黑删除你，当你还在珍惜保持这段"美好"的友情，对方已经把你抛下了。由于上网并不需要太高的门槛，所以网民素质也是参差不齐，当你在网络上与某一网友成为所谓的"兄弟"，一开始叫你一起出来聚聚交流一下，却没想到对方是不法分子，见到你是大学生便开始勒索；抑或是在逐渐深入的交流中，深陷所谓的"兄弟情谊"困惑之中，明知自己可能在做违法的事情，但又因为对方是你的"兄弟"，不知不觉间便无法挣脱这一关系。网络交友有风险，我们需要谨慎对待。

# 第三节
## 解决大学生网络心理问题的主要措施

### 一 加强网络心理健康教育，积极引导大学生网络行为

由于大学生在网络使用中会产生自我管理的许多问题以及互联网信息复杂多变对大学生的消极影响，学校作为管理大学生的主体，必须提供给大学生们一定的网络心理健康教育，并且提出具体的措施，切忌走向形式主义的宣讲，那样既不能解决问题，又无法令大学生对于互联网的使用方式趋向正确和积极。大学生虽然作为每个独立的个体是拥有自我管理和约束的权利的，可是当其自我控制能力下降时，网络对其的消极影响必然是大于积极影响的，而为了预防这一问题在大学生的日常生活中的出现，各个高校必须开设心理教育课程并且要注重网络心理健康教育这一主要内容，可

以通过讲解各类真实案例起到对大学生们的警示作用，从而培养他们正确健康上网的意识，改善其沉迷网络的行为。

高校在增强网络心理健康教育的过程中，可以从以下几个方面来着手引导：培养大学生的网络认知辨别能力、建立并完善大学生网络心理辅导体系以及开展更加多样的校园文化活动。完成这三个方面的任务后，大学生们就能对网络心理健康教育更加深入了解，而大学生更能从其中真正感受到网络的具体作用和有价值的方面，也能从体系活动中认识到错误使用网络的危害，从而打消他们自己以不健康的方式上网的念头，只有让大学生主动意识到网络的两面性以及增强他们自我辨识能力才是解决问题的关键。

至于积极引导大学生网络行为，可以布置一些任务给学生，通过让其自己阅读有关网络心理的书籍、分小组制作网络心理健康认知的相关视频，并展示分享。同时也可以举办有关网络心理的知识竞赛等各类活动去实现积极引导，而不是靠教师在讲台上枯燥地单向性输出书本上的知识，若要大学生真正学会正确看待网络，那么该针对他们这一群体的特点去采取不同措施向他们分析并解释引导。

### （一）培养大学生的网络认知辨别能力

网络时代，有益信息和有害信息都呈几何级数同步爆炸，如果在这个网络时代的大学生不能独立思考、提升自己鉴别能力，那他们只会被时代裹挟、随波逐流。高校培养大学生自身网络认知辨别能力对于大学生的自我发展具有积极作用，目的不仅是让学生学会筛选出互联网中的有益信息和有害信息，还要让其真正认识到有害信息对自己的具体危害以及为什么这些危害会让大学生苦不堪言；最重要的是还得让大学生掌握如何使用对自己真正有价值的信息，从而推动充分自我实现。当然，这一培养的重担就只能落到各个高校的日常管教中，高校采取不同的培养方式，也会对大学生的网络认知辨别能力产生不同程度的影响。而帮助大学生提高这一能力，不仅有利于大学生个人的自我成长和成才，更对社会的稳定和国家的发展具有重要意义。

首先，在教导的过程中要向大学生们强调作为一位大学生网民，当我们面对网络上一些还未下定论的信息时，千万不能对其进行主观评价、妄下论断，更不能在事情的来龙去脉还未了解清楚时便已经开始转发传播，因为这有可能触摸到互联网法律的"红线"。当铺天盖地的谣言在网络传播发酵时，不仅是谣言的制造者要承担法律责任，随手转发的网民也可能要承担相应的法律责任，所以高校一定要向大学生们讲明白作为公民要对自己的言行负责，当然也包括网络上的言行。

其次，锻炼大学生在互联网发现信息、判断信息、筛选信息并学会拒绝的能力。

据相关调查显示：50%以上的大学生无法抵挡网络色情、暴力、哄骗及反动等互联网负面信息，近40%的大学生才会认真对待。所以，高校不仅要在日常生活中教授学生们网络心理理论知识，更需要提高他们在使用互联网的过程中锻炼实操能力，看看他们是否能真正辨别各类信息的性质并学会拒绝接收负面信息。

最后，可以适当增加网络技术应用的知识和能力的培养。有的大学生其实并不是不知道如何分辨互联网上的错误和不良信息，而是因为缺乏有关于网络技术的知识以及处理解决网络问题的能力。比如，一些广告弹窗、新闻推送的出现，导致无法自控以及不懂网络知识的大学生就这样被迫灌输了一些自己原来没想接收的信息，甚至最后可能还沉迷于此。所以，开设相关网络技术应用的理论课程并提高大学生网络技术能力，对认知辨别网络信息也具有重要意义。

### （二）建立并完善大学生网络心理辅导体系

就客观社会发展现实来说，各大高校网络心理的教育处于起步阶段，未能跟上互联网日新月异的发展速度，大学生的网络心理素养教育也严重滞后，所以高校建立并完善大学生网络心理辅导体系对加强大学生网络心理教育至关重要，只有当有了一个完善成熟的网络心理辅导体系，网络心理教育才能以多种灵活的方式进行普及，这样大学生才能在网络环境中朝向积极的方向更深远地发展。

高校可以在自己学校的官网以及公众号上开设一个网络心理辅导的板块，并且安排相关教师和工作人员在线上或者线下负责解答大学生们关于网络心理的相关困惑或问题，以及将那些学生们普遍存在的问题收集起来，并针对这些问题的具体解决方法和应对策略提供专业的建议和指导，然后制作相关知识手册分发给各个学生让其自我学习。而学校开设相关网络心理辅导的课程也应该作为必修课程，毕竟关于大学生对网络的认知教育建设与思想政治建设密切相关、紧密联系，而学生们也需要积极参与这些相关课程，以预防消极网络行为带来的负面影响，还有就是组成大学生自我探讨的小组，组织大学生们积极讨论有关于网络心理和行为的问题，自身的热烈讨论其实也是大学生认知网络的途径之一，从中还能一起分享相关经历和经验，共同成长。

这样，学校就建立了一个以网络心理问题为导向，线上结合线下、学校教育结合学生探讨的网络心理辅导体系，而这一体系的建立和完善，能促使大学生的网络心理趋于正向及健康。

### （三）开展丰富多样的校园文化活动

环境对于大学生的成长是至关重要的，良好的校园文化环境更有利于大学生寻求自我突破。在大学校园中开展更加丰富多样的校园文化活动能够营造一个正向活泼、积极向上的校园文化氛围,同时让大学生参加这些活动也能改善其看待事物的态度,使其变得更加乐观,从而转移自己的注意力,不再沉溺于虚拟的网络世界,切实体会真实存在的大学校园活动。

要在校园文化活动中结合思想政治教育,大学生网络信息辨别和使用教育中要融入思想政治教育中的精华部分,而结合教育的方式当然不可能是单线作战,要体现社会主义核心价值观。将校园文化活动与网络信息识别相结合开创一些知识竞赛,或者建设相关网络文化平台,让大学生在不违反道德和法律的情况下畅所欲言,自由民主地营造一种全校上下协同应对网络相关问题的阵营,共同抵御不良互联网信息的入侵,推崇有价值、有意义的话题,引导学生对此产生自我独立的思考,从而使其从中获得网络意义的自我理解。

以学校宣传部门为主导,发动各类学生社团宣传网络的知识、作用、意义等相关内容,张贴相关海报或条幅来带动全校学习热潮。鼓励学生们在这些校园文化中积极发言,发挥大学生的主体作用,互相交流学习关于网络发展时代下的大学生应该如何做等相关问题。

## 二 加强网络管理,协同营造良好的网络环境

由于互联网的快速发展,目前国家对于互联网的监管以及相关法律法规还不够健全完善,经常会被不法分子"钻空子",牟取非法利益,而且有时由于互联网的违法事件不断增加,监管部门对其难以一网打尽,一些非法信息也就是在这种情况下传播并影响大学生的网络行为。所以网络环境的建设不能只靠网络监管部门,还要依赖社会共同协作营造良好的网络环境,以最大限度地减小网络的负面信息对大学生乃至全社会的影响。

面对汹涌澎湃的信息潮以及这个信息量爆炸的时代,网络监管部门在信息审核的源头就杜绝负面信息的产生和出现,将它们扼杀在摇篮之中,这样不良信息就难以被散发传播。若在处理信息根源方面出现问题,那么就得在信息过滤和实时监控上做到细致再细致,要比那些企图破坏网络秩序的不法分子更加注重细节,发现问题时及时解决应对,也需要准备好相关应急对策,让这些侵害网络社会的人没有任何可乘之机。而在监管过程中发现的违法犯罪行为,也不能轻易放过,要将这些污染网络环境、破坏网络秩序以及影响网络健康发展的人绳之以法,给予严厉的惩罚。

当然,仅靠网络监管部门的力量是难以杜绝那么多的网络垃圾产生的,还需要整个社会的共同努力,每个人都需要培养良好的上网意识,切忌登录违法页面或做任何有碍

于网络健康发展的行为。处于网络社会的我们，还需要做到有正义感和责任感，因为事关大学生和整个网络环境的发展，所以当我们发现不良信息或错误信息在网上产生并迅速传播时，要主动向网络监管部门举报，让其能快速确定问题出现的根源从而督促解决该问题。每个人在网络环境中都要做一个遵纪守法的网民，就像爱护我们日常生活中的环境一样爱护我们共同的网络环境，我们不能容忍任何污染网络环境的事物或行为，更不能容忍这些负面信息所带给整个社会的消极影响。

在结合了网络监管部门和社会营造良好网络环境之外，我们还需要加强对相关法律法规的完善，利用网络法律规范人们上网的行为，净化网络环境，从而促使大学生不被负面的、错误的、消极的信息诱导做出有损社会和谐的事情。这样，也能确保大学生在获取丰富的网络内容的情况下，提高其所接受的信息的深度与质量，保证自己能借助网络实现自己的人生目标，踏上真正属于自己的正确道路。在网络的监管和执行部门、社会和学生自己的三方努力下，整个社会的网络环境必然会像我们这个蓬勃发展的社会主义国家一样迅速发展，到那时我们对于网络的应对能力也就能匹配这个属于互联网的时代，我们的大学生也就能借助网络所得到的丰富资源成为国家建设的中流砥柱。

## （一）培养正确的网络认知和网络使用心态

### 1. 大学生个体推动

培养正确健康积极的网络认知，最重要的一点就是大学生本身要学会树立健康向上的心理状态，以及规范好自身行为。形成良好的网络认知离不开一个健康向上的心理，可以说，一个良好积极的心理状态是有正确的网络认知的重要前提，无异于一栋高楼大厦的根基，只有当根基搭建好，日后高楼大厦的建设才不会倾斜甚至倒塌。如何培养一个正确的网络认知呢？大学生可以积极参加大学举办的相关网络健康课程活动，认真观察学习课程或者活动中讲授的方法，领悟各种奥妙，培养正确的网络认知。大学生还可以请教老师同学，与老师同学共同探讨寻找出一个效率高，且积极向上的方法来培养正确的网络认知。还可以上网查找相关资料，或者去图书馆查阅有关的文献等。若是大学生发现自己的网络认知出现了偏离甚至感到自己网络认知出现了问题，这时候就应该主动去相关心理治疗机构进行咨询，向治疗师真诚袒露自己的问题，方便治疗师找到问题的根源，对症下药，解决网络认知出现的问题。

### 2. 社会外部因素推动

除了大学生个体推动外，社会外部推动的因素也十分重要，朋友、亲人和老师在大学生培养正确的网络认知过程中也要发挥重要的作用。朋友能够树立良好的榜样，

有助于大学生从中吸取经验，主动学习；老师则是大学生的"灯塔"，引导帮助大学生前进的指路人，那么帮助大学生培养积极良好的网络认知也是任务之一；亲人可以在大学生对网络认知建立过程中产生问题和困难时，给予鼓励和帮助，让大学生不畏惧对网络认知的问题，树立培养坚定的积极向上的网络认知。

3. 网络使用心态

正确的网络使用心态与正确的网络认知相互作用，相互联系，两者互补，相得益彰。正确的网络使用心态能够促进正确的网络认知的培养，正确的网络认知是正确的网络使用心态的基础。大部分大学生的网络使用心态都不够规范、正确。他们的网络使用心态大多充斥着抑郁、暴戾、焦虑等消极负面情绪，正确的网络使用心态应该是心平气和的，与他人友好相处的一种心态。

怎样培养正确的网络使用心态呢？首先需要端正好自己的态度；其次，在网络上遇到不顺心的事情，或者一些令自己烦躁的事情，可以试着在发泄之前，深呼吸几口气，换另一种角度看待这一问题，说不定就能缓和调整好自己的心态。再次，当自己实在忍不住发泄了消极情绪，也要学会总结自我反思，哪里可以做得更好，争取下次更迅速、更好地调整心态。

2019年9月份，有人在互联网上"灌水"，称"广州大学城有女学生被强奸"。此消息是真是假？学生家长一时间惶恐不安。"谣言！"广州市公安局揭穿谜底，散布谣言的两名大学生顾某和蔡某也受到了治安处罚。

2019年9月以来，外地一些网站论坛先后出现关于"广州大学城强奸案"的消息。消息称广州大学城中出现了四起强奸案，受害女生有四五名之多。这些谣言流传于广州大学城高校的部分学生中，并演化出了多个版本。仔细一看，在论坛里发布消息的网名是"roswell"和"出世作"。

根据这一"线索"，广东省公安厅、广州市公安局、番禺区公安分局迅速组织警力进行核实工作。调查证实，自9月1日开学以来，整个广州大学城各高校生活、教学和工作井然有序，所有在大学城校区的学生都正常学习和生活，各高校均未发生恶性案件，更没有发生网上所说的女生被强奸案件。

公安机关的统计资料表明，9月1日开学以来至10月底，在大学城内立案的刑事案件中，涉及师生的共有4宗，其中1宗为诈骗案件，另外3宗为盗窃案件。警方表示：所谓"大学城中民工强奸女学生"的说法，纯属恶意的谣言。此谣言的传播不仅败坏了大学城的声誉，损害了大学城的形象，而且使部分学生及家长惶恐不安，影响了社会安定。

### 分析

1. 从以上这个案例，你认为这两名大学生造谣的原因有哪些？
2. 讨论一下你有什么辨别谣言的方法，和大家一起交流。

### （二）文明上网，安全上网，科学上网

大学生培养自身健康的网络心理要秉持"三上网"原则，即"文明上网，安全上网，科学上网"。

何谓文明上网？文明上网就是抱持一种和谐相处的心态上网，遇到对自己不利或者令自己糟心的事情，不是选择使用污言秽语去漫骂对方，而是心平气和地看待事件。即使在网络上对方对自己并不礼貌，甚至很粗鲁地对待自己，我们也可以置之不理，而不是选择与对方在网络中"对线"。

安全上网，顾名思义，要学会在保护自身安全的前提下上网，保护好自己的隐私权，不主动泄露自己的隐私资料到网络上，比如家庭地址、身份证号码等重要的个人信息属于自己上网的核心隐私。大学生需要认真上好学校开办的网络信息安全教育课程，可以积极地参加相关自身网络安全保护的活动课程，完善网络上保护自己的方法。网络世界虽说不一定是洪水猛兽，但也不一定是福泽之地。大学生在接触网络世界的过程中，要时刻保持警惕，切忌在网络中毫无保留地展现自我，生怕别人不认识自己。

科学上网，指的是大学生要学会制订上网计划，每次上网前确认自己的目的是什么，不要在上网的过程中迷失了自我；除此之外，还要制订规划好上网时间，每次上网最好明确自己可以有多长的上网时间，一旦超过特定的上网时间，便主动关闭电脑，要是自身做不到这一点，可以叫身边同学亲友提醒自己，还可以在电脑设定自动关闭时间，即使自制力不行，由于有强制的手段进行关闭，不需要过于担心。不仅如此，大学生还可以通过自身的上网规律和时间，了解清楚个中本质，制定效率高的科学上网方式，更好地利用自己的时间，组织各项事情，这样不但有利于大学生更好地控制网络上的自我，还能培养良好的习惯并学会一项有效的技能。

### （三）增强自制力

自制力指的是自我控制的能力，高自制力的大学生能很好地控制自我，分配好时

间和各项事情安排；低自制力的大学生便缺乏这一能力，他们不能很好地分配自己的时间，面对繁杂无序的事情陷入无力感，不知道该怎么办。增强自制力针对的便是自制力普通的大学生以及自制力差的大学生。

第一，要经常观察自己的状态，有时候暴躁或者情绪低下，可能不是因为自己性格使然，而是单纯的身体不舒服或者没有休息好，这种时候可以做些令自己轻松愉快的事情，如听听音乐，或者小憩一会儿。

第二，树立积极明确的人生目标，一个积极明确的人生目标等同于一盏时时刻刻激励向前的明灯，这个目标最好是努力一下就能达到的，不需要太过远大，也不能太过容易，需要自己努力才能达到，在逐渐追逐实现目标的过程中，不仅能感受实现目标的这一过程，还能享受目标到达后的喜悦感，这种方法很容易便能有效改善自身较差的自制力。

第三，可以考虑使用心理治疗的方法，比如理性情绪疗法、人本主义疗法、认知行为疗法，等等。如果发现自己的认知理念有问题，可以用理性情绪疗法来帮助自己改变自己不合理的认知等，要是发现自己是行为出现差错，可以用行为主义为主的治疗方法进行治疗，有利于改善提高自身的自制力。

第四，学会制订学习等方面的计划，与其不切实际地空想，不如主动制订实践的方法方案，一个根据自己实际制订的方案，能够有效契合自己，按照自己制订的方案一步一个脚印，只要每天坚持，自制力便能够得到很好的改善。强制性地做某一件事，设定做某件事的目标和要求，一旦超过这一事件的要求或者时间，便立刻停止做这件事，让本人可以更好地反思自我。加强思想修养，人的自制力一定程度上取决他们思维的高度，通常来讲，有着深刻思想和远大抱负的人不会因为一点点小事或者诱惑而停止自己的追求，历史上的伟人取得成功无一不如此，"延迟满足"远比"即时满足"奖励更为诱人，延迟满足需要参与者有着极大的自制力，我们要更加努力坚持。树立正确的人生观、价值观、世界观，也有利于个体提高自身自制力。

（四）掌握积极的自我调节方法

要学会调节自我心理的方法，每当自身遇到困难或者问题时，自我调节是一种帮助自己扭转不良心态的方法和心理防御机制，不让自己消沉下去。如若缺乏积极的自我调节方法，个体可能陷入无休止的自我怀疑和不断沉沦中，甚至自暴自弃，失去对生活的希望，产生自杀的念头，等等。而如果拥有积极的自我调节方法，个体在面对生活难题中，就能有效地调节不良情绪，根据不同程度的困难问题调节自我，从消极快速转换成积极向上的状态中，对生活充满希望和向往。由此可见，掌握积极的自我调节方法非常重要。

我们可以进行自我心理暗示，在遇到问题时不要慌张，给自己打气加油，认为自己是最棒的，想不出解决问题的方法是暂时的。多接触交往积极向上的人，与他们交朋友，自己感受消极情绪的阈限便会降低，能更好地体验感受到积极情绪，除此之外，还能共同探讨自我调节方法，相互学习，互帮互助。我们还可以转移注意力，分散自身注意，当自身陷入自我怀疑和抑郁的心态之中，可以选择做其他事情来分散自己，出去散散步、趴在桌子上聆听音乐歌曲或者看看窗外的风景、打开窗户呼吸新鲜空气。适当的运动也是积极的自我调节方法，适量的运动可以加快身体的新陈代谢，刺激大脑分泌多巴胺，使个体愉悦。看着自己的身体日益健康，心里便不知不觉高兴起来，还能培养良好的锻炼习惯，当自己心情不好，或者遇到挫折无法调整时，运动可以给自己提供莫大的帮助。多参加社交活动，人本质是社交动物，离开社交的人也不能称之为真正意义上的人，多与人交流沟通互动，提高自己的社交技能，有利于自己得到他人的认同，培养一个积极的自我。观看幽默风趣的电视节目能很好地调节心情，让自己高兴起来，而不是整天沉浸在不开心等消极的情绪状态之中。同时，身边的同学、朋友、亲人也是很好的倾诉对象，要是自己遇到重大的心理问题或者困难，无法自己解决，可以主动向他们倾诉，使得自己内心感情与外界压力得以平衡，把压抑在内心的不良情绪发泄出来，重新调节好自我状态。还有心理防御机制提出的合理化作用，合理化不是指让我们的行为合乎社会逻辑，而是为我们所做的事情赋予合理化的逻辑和思维，使这些事看上去合情合理。在生活不如意的情况之下，找到积极的事件使自己开心。

## 参考文献

［1］车栋.论大学生网络交往行为对现实人际关系的影响［D］.长春：东北师范大学，2010.

［2］栾竞宜.个案社会工作介入青少年网络依赖的实务研究［D］.大连：大连海事大学，2019.

［3］刘宝山.试论青少年网络犯罪的类型特征与预防对策［A］.中国犯罪学学会.2005：7.

［4］王辉.过度使用网络和网络成瘾对大学生网络身心健康的影响现状分析及对策探讨［D］.苏州：苏州大学，2009.

[5]郑小冬.大学生手机网络成瘾与自我控制的相关研究[J].发明与创新(职业教育),2020(11):106+111.

[6]柳娅.网络时代:学生德育教育面临的挑战及对策[J].煤炭高等教育,2003(02):69-70.

[7]魏双锋.大学生网络社交的常见心理问题及对策[J].辽宁行政学院学报,2011,13(12):144-145.

[8]姜巧玲,胡凯.大学生网络心理健康教育研究进展与趋势[J].现代大学教育,2011(06):81-86+111.

# 第十一章 大学生职业生涯规划与求职心理

## 心理 引言

### 案例

一位乘客坐在车上看到旁边一辆空出租车违规撞车了,就抱怨说:"空车没有载客,还跑那么快,跟抢命似的。"

正在驾驶的司机看了他一眼说:"其实我们司机都说,就是因为空车,所以容易出事!""空车的驾驶员因为急于找客人,总是东瞅西看,不能安心驾车。而我们有了客人,虽然速度比较快,但是心里踏实,奔着目的地走就是了。"

思考

人生无非就是千万条的道路,没有目标的我们,就像没有搭载乘客的出租车,东张西望没办法安心地向前奔跑,只有找到了我们的乘客,才能心有所向、心无旁骛,配上自己那辆或好或坏的车,那手或强或弱的驾驶技术,不管前路是一马平川还是坑坑洼洼,是一路畅通还是拥堵得水泄不通,我们都有能力去奔赴,有耐心去等待,有期望去憧憬,无论遇到什么,无论是快是慢,我们终归在奔向想要的终点。

> **名人说**
>
> 在一望无际的沙漠里，一个人如果凭着感觉往前走，他会走出许多大小不一的圆圈，最后的足迹十有八九是一把卷尺的形状。

# 第一节 职业生涯规划概述

教育部公布的数据显示，2022届高校毕业生总规模达1076万人，同比增长167万人，规模和增量均创历史新高。麦可思研究院发布的《2022年中国大学生就业报告》显示，在当前严峻的就业形势下，大学生的薪资增速放缓，选择考研、考公的比例持续上升。新冠肺炎疫情对全球宏观经济产生的影响，以及对我国高校毕业生就业市场造成的冲击是绝对不容小觑的。

面对巨大的就业环境变化以及日趋严峻的就业形势，作为大学生，我们更应及早进行职业生涯以及人生生涯的规划，明确自己想要什么，要往哪个方向走，才不会在沙漠中漫无目的地绕圈。

## 一 生涯规划的概念

### （一）什么是生涯

"生涯"，在我们的日常生活中不是一个罕见的词，但"生涯"到底指的是什么呢？美国学者舒伯认为，生涯是生活里各种事态的演进方向和历程，它统合了人一生中的各种职业和生活角色。而人的一生中，职业生涯又占据了生涯的较大比重，它伴随着人的成长和心理发展。

生涯有四个特性。一是终身性。生涯发展是一生中连续不断的过程，需要终身学习、终身发展。二是独特性。生涯是个人依据其人生规划与人生目标，为自我实现而开展的独特的生命历程，每个个体的生涯历程都不尽相同。三是发展性。生涯是动态变化与发展的，不同发展阶段有着不同的生涯规划与生涯发展任务。四是综合性。生涯以个体发展为中心，包含了各个层面的社会角色。

### （二）什么是生涯规划

生涯规划是指个人在生涯发展历程中，对个人各种特质或职业与教育环境资料进行生涯探索，掌握环境资源，以逐渐发展个人的生涯认同，并建立生涯评估，形成生涯选择或生涯决定；进而以择其所爱、爱其所择的心情，投注其生涯选择，承担生涯角色，以获得生涯适应与自我实现。简单来说，就是对影响我们生涯发展的经济、社会、心理、教育、生理等各种因素的选择和创造。它通常建立在个体对自我全面、深刻的认识的基础之上，而且需要结合职业发展的一般性特点。

生涯规划包括两个层次的问题：一个是生涯角色间和生涯形态的规划，另一个是生涯角色内和生涯目标的问题。第一个层次的生涯形态问题，是在时间和空间的向度下，如何组合各种角色；第二个层次的生涯目标问题，是在各个角色中，要追求哪些职位或实现哪些目标。生涯规划的这两个问题并不是独立的，二者是相互联系的，通过对这两个层次问题的思考和规划，能够寻求满足我们生涯需求、实现人生价值的途径。

## 二 职业生涯的概念与阶段划分

### （一）职业与职业生涯

职业是人们为了谋生和发展而从事的相对稳定，有经济收入，有专门类别的社会活动。伏尔泰曾说过："工作能使人免除三大流弊——生活乏味、胡作非为、一贫如洗。"可见，工作和职业对我们来说是必不可少的，没有人可以永远不工作、终身没有职业。

职业生涯是指个人职业的发展道路，包括就业的形态、工作经历以及与职业相关的活动等，是一个人从职业学习开始到职业劳动结束的经历过程，也是个体投入时间、精力最多的人生组成部分。

广义的职业生涯包括生活中各种事件的演进方向和历程，是统合人一生中的各种职业和生活角色，也是人自青春期至退休之后，一连串有酬或无酬职位的总和，甚至包括了副业、家庭和公民的角色。而狭义的职业生涯则是指一个人终其一生的、与工作或职业有关的经验和活动。

无论是哪种定义，职业生涯都只表示一个人一生中在各种职业岗位上所度过的整个经历，并不包含成功或失败的含义，并且职业生涯对于个体而言，既包括外在的职业活动和经历的变迁，也包括内在的价值观、态度、气质、能力等的改变。这说明，职业不再只是一种谋生手段，它更多地指向个人生命的意义。

## （二）职业生涯的阶段划分

从一般的角度看，人的职业生涯可以划分为以下六个时期。

1. 职业准备期

职业准备期一般在18~24岁，是一个人就业前进行知识储备的时期。这是人生职业生涯的起点，也是素质形成的主要时期。一般来说，什么样的知识结构和能力倾向决定了一个人未来的工作类型和工作能力，此时应当以专业知识学习和专业能力训练为主要学习任务，同时也要提高人际沟通与交往能力、组织行为能力、表达与写作能力等基本素养，关注社会发展热点和行业发展动态。虽然对在校大学生进行创业教育是应该被鼓励的，但并不主张越过大学学习阶段而过早地进入社会工作。

2. 职业选择期

这一时期一般在24~27岁，这是普通人大学毕业后进行求职就业的时期。他要根据社会需要和自己的素质和愿望，做出职业选择，走上工作岗位。这是人生职业生涯的关键一步，也是个人的职业素质与社会"见面"、碰撞和获得承认的时期。在这一阶段，大学毕业生的主要任务是，在充分做好自我分析和环境分析的基础上，根据自己的求职条件，选择适合自己职业倾向和职业兴趣的工作，不要盲目与人攀比，也没有所谓最好的职业，只有实事求是，寻求最适合自己的工作，才能持久稳定，才能做得开心。职业也是谋生的岗位，不考虑工资福利显然是不实际的，但大学毕业生应将眼光放长远些，要从行业与工作单位的发展前景来看待目前的工资待遇，在能养活自己的前提下，锻炼自己的实际职业能力应作为这一阶段的主要目标。

3. 工作初期——职业适应期

职业适应期一般在27~30岁，在此阶段，人们走上职业岗位从事劳动，这是对个人的素质的实际检验。在这一时期，基本具备工作岗位要求的人，都能够顺利适应某一职业；素质较差或者素质特点与职业要求不匹配的人，可能需要通过教育培训来达到职业适应；自身的职业能力、人格特点等素质与工作岗位的要求差距较大者，难于达到职业适应，可能需要重新进行职业选择；而个人素质超过岗位要求很多或个人兴趣与现职业类别很不相符者，也可能需要重新进行职业选择。

4. 工作中期——职业稳定期

这一时期是个人的职业生涯的主体，一般在32~49岁，从时间上看也占据职业生活期的绝大部分，是职业生涯中时间最长、劳动效率最高、工作经验最丰富、事业成就最多的黄金时期。这一时期不仅是人们劳动效果最好的时期，也是人们养儿育女、担负繁重家庭责任的时期。因此，成年人往往倾向于稳定在某种职业，甚至某一特定岗位上。在职业稳定时期，如果从业者的素质能够得到发挥和提高，潜力得到体现，稳扎稳打，就可能抓住机会，逐步取得成果，获得生涯的成功。

在职业稳定期，经过长期的职业活动，还能够使自己的素质状况有较大的提高，成为某一领域的行家里手、专家权威，得到晋升，获得巨大的成就感。

5. 工作后期——职业生涯巅峰期或衰退

这一时期大多在50~55岁。经过多年的职场拼搏，不少人获得了较高的职业声誉和社会地位，知识、经验的积累越来越多，受到上级和同事的尊敬，职业生涯达到顶峰水平，专业素质进一步提升，成为某些行业领域的专家，职业生涯处于维持现状或将经验进行传帮带，由于经济上也有了一定的积累，因此，个体也进入享受人生的季节。

当然，也有可能由于生理的变化，能力发生着缓慢的减退，心理逐步降低需求而求稳妥，不少人的生涯是维持现状。但是，由于市场竞争激烈，许多用人单位裁员，一般来说年龄较大的就业者被辞退的可能性比年轻人更大，也有可能面临行业的淘汰，经历职业生涯的衰退。

6. 职业结束期

这一时期大多在55~65岁，根据不同国家、地区和组织关于退休年龄的规定，许多人在55岁前后已经不再担负重要的工作职责，加之由于身体机能退化的自然原因，个体的职业生涯进入一个衰退时期，直至退休正式结束职业工作。在这一时期，个人的主要任务是：接受老化的自然过程，以平和的心态接受放弃权力，角色更换，退居二线的事实，学会享受天伦之乐和自由自在的生活。

## 三 职业生涯规划的概念、分类与步骤

### （一）职业生涯规划的概念

职业生涯规划是指个人对自己的职业生涯设定目标，并对实现这些目标的时间、步骤进行合理安排。它不但要求规划者本人要满意，而且还需对本人的发展及成功有潜在的帮助。

美国作家盖尔·希伊在《开拓者们》这部书中，通过一份内容十分广泛的"人生历程调查问卷"，间接地访问了6万多个各行各业的精英人物，他发现那些最成功的和对自己生活最满意的人有一个非常重要的特点：他们一开始就会致力于制订一个职业生涯规划，尽管一些目标并非是当时力所能及的。"一个好的开始，是成功的一半。"大学时期做好职业生涯规划，认定自己的职业目标，认真选择第一份职业，这是我们事业成功的有力保障。

一个成功的职业生涯规划应该具备以下四个方面。

（1）可行性。规划要以客观事实为依据，切忌空想、幻想，例如"立志成为美国总统"就是种不切实际的想法。

（2）时效性。规划要有一定的时间限制，要有具体实施的步骤和完成时间顺序，以作为检查行动计划的依据。

（3）适应性。要考虑到各种可变的、发展的因素，如自己和家人的身体状况等，并注意调整自己的规划。

（4）持续性。规划要保证职业生涯的各个不同阶段的持续、连贯，不能出现跳跃，如今天还只是个销售代表，明天就想成为销售总监。

## （二）职业生涯规划的分类

职业生涯规划根据规划期长度的不同，可分为短期规划、中期规划、长期规划和人生规划。

（1）短期规划。一般是2年以内的规划，主要是确定近期目标以及具体任务。例如新员工刚入职，那么自己的短期规划可以是熟悉并融入公司环境、熟悉业务流程等。

（2）中期规划。一般是2至5年的规划，例如3年后要完成职业所需的资格考试，争取成为部门经理等。

（3）长期规划。一般是5至10年的规划，如规划35岁要成为分公司的负责人，掌握所辖地区的大客户资源等。

（4）人生规划。整个职业生涯的规划，时间长至40年左右，设定整个人生的目标和阶梯。

## （三）职业生涯规划的步骤

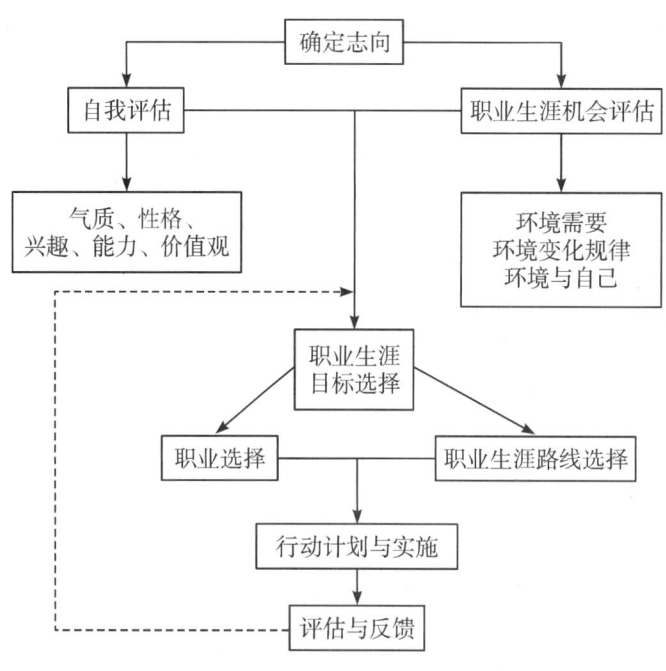

图11-1　大学生职业生涯规划的步骤

1. 确定志向

职业志向即一个人立志要从事的职业，是人们选择职业的方向。志向是事业成功的基本前提，没有志向，事业的成功也就无从谈起。"志不立，天下无可成之事。"立志是人生的起跑点，反映着一个人的理想、胸怀、情趣和价值观，影响着一个人的奋斗目标及成就的大小。在制订生涯规划时，首先要确立职业志向，这是启动职业生涯规划的关键，也是职业生涯中最重要的一点。明晰职业志向的方法可以通过思考下面三个问题来寻找答案。

（1）当我老去时，我最希望人们怎样评价我？

（2）我最希望在哪个领域有所成就？

（3）假如不需要考虑金钱和时间，我最想从事的工作是什么？

回答以上三个问题之后，请写下你将来理想的生活方式、将来要拥有的成就、将来要从事的主要行业。

我将来理想的生活方式：＿＿＿＿＿＿＿＿＿＿＿＿＿＿＿＿＿＿＿

我将来要拥有的成就：＿＿＿＿＿＿＿＿＿＿＿＿＿＿＿＿＿＿＿＿

我将来要从事的主要行业：＿＿＿＿＿＿＿＿＿＿＿＿＿＿＿＿＿＿

2. 自我评估

自我评估，是为了尽可能清晰地认识自己，为自己找到合适的职业生涯目标和发展职业生涯的路径。自我评估的内容包括个人人格特点（包括气质和性格）、兴趣、能力、职业价值观等。

3. 职业生涯机会评估

对外部环境的了解，是我们适应并利用环境的前提。在制订个人的职业生涯规划时，要分析外部环境中的宏观环境（包括政治环境、社会环境等）以及微观环境（包括行业环境、职业环境、家庭环境等）。只有对这些环境因素充分了解，才能做到在复杂环境中趋利避害，使职业规划具有个人实际意义。

（1）社会环境分析。

社会环境分析包括对国家政策、社会经济形势、技术变迁以及地区发展状况等的认识。例如，三十年前人们根本想不到互联网的产生会促进相关行业的产生和发展。又如国家政策对于中西部地区的扶持，有利于我们放弃在竞争激烈的沿海地区就业。

（2）行业分析。

行业分析包括你的价值倾向于哪个行业，哪些行业是处于衰退中，将来会出现哪些新兴行业可让你大展拳脚。

（3）职业分析。

职业分析包括你的个性和能力适合哪些职业，而这些职业又是否与你的价值观相违背。例如，有的人擅长人际交往，但他们却不适合做推销，因为他们不喜欢强迫他人做任何事。

（4）家庭环境分析。

家庭环境分析包括家庭的经济状况如何，父母期望我做什么，以及家庭的人脉关系中有哪些条件可帮助我求职。家庭是我们事业成功的重要支柱，取得父母的支持，对我们的事业会有很大的帮助。

（5）环境中的误区。

社会对职业的评价以及周围人对职业的评价，将会对大学生求职带来很大影响。在认识社会环境的过程中，我们应该避免走入以下误区。

热门职业就是"好职业"。现在IT行业、金融业等都是热门专业，公务员也成为非常令人羡慕的职业。热门职业待遇好、工作环境好、社会地位高等都成了其"美丽的外衣"，但这些职业并不是每个人都适合的。不顾自身能力和个性特征，盲目地选择热门职业很可能走向失败。

别人说"好"的职业就是"好职业"。很多大学生在面对求职时，愿意把自己的前程交付给父母、老师或职业咨询专家。例如，父母想要其从政，就放弃自己喜欢的工作去考公务员。这种指望他人帮自己决策的行为，是对自己认识不足、害怕对自己负责的表现。

薪水高的职业就是"好职业"。很多大学生在求职时只关注高工资，而不管将来这份职业对自己的发展是否会有帮助。大学生在职业生涯初始阶段，应该更多地注重经验的积累，做到"长脑袋而不长口袋"，这样才有利于自己的长远发展。

4. 职业生涯目标选择

"如果你不知道要到哪儿去，你通常哪儿都去不了。"在充分了解了自身个性和外界环境之后，我们应据此设定自己的职业目标。职业生涯目标是指个人在选定的职业领域内未来某段时间内所要达到的具体目标，包括短期目标、中期目标和长期目标。职业生涯目标一般都是在进行个人评估、组织评估和环境评估的基础上，由组织里的部门负责人或人力资源部负责人与员工个人共同商量设定。例如，你今后想做HR，那么你的人生目标是什么，为了达到这个目标，你在多少年之内应该达到什么职位，这样一步一步往回算。

确立目标是制订职业生涯规划的关键，在有了目标之后，我们便能排除干扰，全力以赴地致力于实现目标!

5. 制订行动计划与实施

没有向着目标行动，目标就没有意义，更谈不上成功。所谓的行动，是在职业生涯中落实目标的具体措施，包括工作、训练、教育、轮岗等方面。例如，学习方面，计划采取什么措施提高学习效率；能力培养方面，计划着重培养哪方面的能力，如何培养；等等。

6. 评价和反思

计划赶不上变化。任何规划都应该是灵活的，要适应外部环境而随时做出调整。根据自己的短期目标，适当地修改自己的中期目标和长期目标。在每一个目标达成后，检查前期的策略措施是否得当，总结经验以指导将来。

> 张同学2018年本科毕业于某学院贸易专业。虽然参加工作只有两年的时间，但她已经换了好几份工作。最长的一份工作才做了8个月，每次都是她主动辞职的。理由是自己不喜欢现在的工作，想找更合适的。但她总也找不到，只能不停地辞职、不停地找。现在张同学又处在谋求职业的阶段，实在不想再如此浪费时间了。她以前做过文员、外贸跟单、经理秘书等，稍微和专业有点关系的工作她几乎都做过了，迷茫的她也不知道接下来该做什么了。

分析以上案例，思考张同学为什么会感到迷茫？根据本节内容，你认为她应该首先做些什么？

## 四 疫情背景下的经济环境

### （一）疫情下的世界经济变化

畅销书《地球是平的》的作者、美国著名作家托马斯·弗里德曼指出，新冠肺炎将改变人类历史进程，或将成为"公元前和公元后"一样历史分期的起点。

而这一巨大变化的重要标志物是，全球价值链将会重组。物资、人员和服务等要素的跨国流动因控制病毒传播而停顿，从而彰显了现有产业链过长、过细带来的脆弱性和不稳定性。随着各国应对产业链危机的举措依次出台，本国、双边或区域等小范围"自力更生"局面便有可能逐渐形成，其惯性势必延续到疫情结束，乃至最终常态化。那些决心以更大规模和更高水平向世界开放的经济体，出于最小化产业链断裂风险的考虑而采取的防范措施，在一定条件下也可能使产业链进一步通向"脱钩"。疫情正在破坏全球制造业的基本原则，很多公司将会考虑缩小规模，并布局多个国家的供应链，总之会牺牲一部分利润，以换取供应的稳定性。毕马威的一份研究报告也指出，疫情之后，全球产业链将会智能化升级和重构，以提高应对突发情况的弹性和速度，产业链供应商布局也可能变得更加多元化，以降低风险和对特定供应商的依赖程度。

### （二）疫情下的中国经济变化

此次疫情中，我国经济继续展现出巨大韧性，但持续几年的疫情必然对经济运行、产业结构、民众心理等产生巨大影响，中国经济将会面临巨大的变化。

1. 产业链和供应链会出现重构

疫情之后，各国之间的不信任程度将会上升，各国着手构建更独立、完整、安全的产业链将会成为趋势。在全球产业链"客观"断裂和"主观"断裂的共同作用下，发达国家与中国正在形成两个平行体系的景象正变得愈发清晰。换言之，美国和中国正在形成两个"异质"的"全球化"动力之源，我国可能会面临一波产业转移浪潮。

2. 数字化将成为大势所趋

本次抗击疫情中，诸多新产业新业态都获得了快速发展，比如在互联网的"技术赋能"下，"云买菜""云购物""云教育""云办公"相继推出，线下消费场景逐一转移到线上，人们对线上消费模式的接受度显著提升，这将成为加速我国经济数字化转型步伐的重要契机。

## 五 疫情背景下的职业环境特点

职业水平流动的需求增加，疫情期间许多人放弃原来的工作转而到其他行业寻找工作；其次是跨区域就业流动的需求下降，疫情影响下许多人只能在当地找工作，进而放弃了外地的工作机会；最后是工作形态、工作模式也出现了新的变化，远程办公、非正式务工变得更加普遍。

## 第二节
## 如何进行自我评估

了解了职业生涯规划的步骤之后,我们自然就明白在职业生涯规划中对自我的认识和了解有多么重要,我们可以通过以下分类,借助相应的工具进行自我探索。

### 一 气质与职业的关系

区别于我们平常所说的气质,心理学上的气质不是指仪表、内涵,而更倾向于人们常说的脾气、秉性或性情。它是指个人心理活动稳定的动力特征。这些动力特征主要指心理过程的强度、速度、稳定性、指向性等方面的特点。气质没有好坏之分,每一种气质类型的人只要在工作中扬长避短,都能利用自己的优势获得职业发展。所以,大学生在职业选择中,一定要量体裁衣,找到适合自己气质类型的工作。

#### (一)气质对职业的影响

1. 气质不能决定一个人活动的社会价值和成就的高低

据研究显示,普希金有明显的胆汁质特征,赫尔金有多血质特征,克雷洛夫有黏液质特征,而果戈理有抑郁质特征,但不同气质类型并不影响他们在文学上同样取得杰出的成就。所以,虽然不同的气质类型在一定程度上适合从事一定类型的职业,但并不能决定一个人在该职业上取得多大的成就。

2. 气质可以影响人在工作中的情感和活动

气质对于形成和改造人的某种情感与行为特点,或对于形成个性特征等方面,都具有很大的影响,这就要求我们在求职的过程中充分了解自己的气质类型特征,寻找与自己特征相匹配的工作岗位,在工作中发挥自己的优势,尽量规避掉气质特征中的不足之处。

#### (二)气质的"体液说"

早在古希腊时期,著名医生希波克拉底就提出了著名的"体液说"。四体液理论认为人体内有四种性质不同的体液:血液、黏液、黄胆汁和黑胆汁,这四种体液以不同的比例混合,就形成了人不同的体液,这也是近代气质概念的来源。后人发展了他的体液说,形成了流行于今的四种气质类型:多血质、胆汁质、黏液质和抑郁质。四种类型对应的特点和适合的职业如表11-1所示。

表11-1　职业与个体气质的关系表

| 气质类型 | 个性特点 | 职业特点 | 适合的职业 |
| --- | --- | --- | --- |
| 胆汁质 | 直率热情、精力旺盛、易冲动、脾气暴躁；思维敏捷，但准确性差；感情明显外露，但持续时间不长 | 能适应竞争激烈、应激性强、繁杂、难度大、高风险的工作，但对长期安坐的细致工作很难胜任 | 探险、地质勘探、体育运动、节目主持、营销、消防、警察、冒险家等 |
| 多血质 | 活泼好动、不甘寂寞、善于交际、思维敏捷；易接受新鲜事物，但印象不深；情感易产生也易变化、易外露，但体验不深刻 | 适合从事要求迅速灵活反应的工作，但不适宜从事单调机械的工作和要求细致的工作 | 外交、公关工作、公安侦查、文艺工作者、记者、服务员等 |
| 黏液质 | 安静沉稳，态度稳重，能埋头苦干，但反应速度慢、偏固执、冷漠 | 适合于从事要求稳定、细致、持久性的职业，不适宜从事具有冒险性的工作 | 会计、法官、医生、播音员等 |
| 抑郁质 | 敏感，行动缓慢，观察力敏锐，易疲倦、孤僻，工作耐受性差，做事谨慎小心 | 适合做持久细致的工作，不适合做反应灵敏、需要果断处理的工作 | 档案管理、雕刻工、化验员、文档编辑校对、文秘等 |

我们必须看到，以上所列的是四种典型的气质类型，多数人的气质类型没有这么典型，而是接近某种类型，或者是两种甚至三种类型相结合的中间型，比如胆汁—多血质、多血—黏液质、黏液—抑郁质等。我们需要更多地去把握相对主导的气质类型。同时，四种气质类型与职业的关联仅仅是相对的，也没有好坏之分。如今，很多职业的人员素质要求也是复合的，因此不能绝对地去理解这种匹配方式。

## 二　性格与职业的选择

### （一）性格的定义

性格是具有核心意义的个性心理特征，类似于我们日常说的个性。性格是人的态度和行为方面较稳定的心理特征，是指一个人在生活中形成的对现实的稳定的态度，以及与之相应的行为方式。

心理学家说：性格决定命运。从某种程度上来说的确如此，性格直接影响了个体处理外部信息和采取行为的方式。不同性格的人面对同样的情境，可能会采取截然不同的做法，从而产生截然不同的结果。性格与气质不同，它不仅有类别的不同，还有优劣的区别。面对不同的事件，个体可能产生积极的态度和行为，也可能产生消极的态度和行为。个体的性格就有积极和消极的区别。

性格的特点决定了它不是先天赋予的，而是在先天素质的基础上通过家庭、教育和社会环境的影响，以及人的自身积极活动，才逐渐形成的。所以尽管性格不会被轻易改变，但也是可以培养的。我们除了要认识到自身性格上的缺陷，避免去选择不适合的职业外，也应明白性格具有可塑性，改正自己不良的性格特征，完善自己的性格，让我们的性格帮助我们成就自己的事业。"性格决定命运"，这就是我们改变命运的途径。

### （二）性格的分类

MBTI（迈尔斯-布里格斯类型指标）是目前国际上使用最普遍的性格类型测试，MBTI性格类型理论始于著名心理学家荣格，基于荣格关于人格知觉、判断和态度的观点，后经美国心理学家布里格斯和迈尔斯母女深入研究而发展成型。

MBTI理论认为，日常生活中，我们会把注意力指向外部世界，也会指向自己的内心世界。在注意的基础上，我们通过感觉和直觉来获取外界的信息，并利用这些信息结合自己的价值观对事情做出选择和判断，最后组织自己的行为，实施行动。基于MBTI理论，我们可以从以下四个维度来理解人们的性格，每种维度都有两种相对的表现，基于不同的表现特征，我们可以寻找相应的比较适合自己的职业，如表11-2、图11-2所示。

1. 注意指向维度：内向型（E）和外向型（I）

内向型的人更关注自己的内心，情绪稳重、不善于言辞；而外向型的人则更关注外部，热情开朗、善于交际。一般来说，外向型的人比较适合从事销售、涉外、教育、服务等方面的工作；而内向型的人相对深沉、严谨、认真，比较适合做财务、人事、行政、党务之类的工作。

2. 获取信息的维度：感觉型（S）和直觉型（N）

感觉型的人关注由感觉器官获取的具体信息，即那些看到的、听到的、闻到的、尝到的、触摸到的事物。他们关注细节，喜欢运用和琢磨已有的技能。这类人适合从事技术性的工作。直觉型的人关注事物的整体和发展变化趋势，他们善于用灵感来预测，并重视推理。他们更适合从事创造性的工作。

3. 加工和决策的维度：思维型（T）和情感型（F）

思维型的人重视事物之间的逻辑关系，喜欢通过客观分析作决定评价，而常被认为是漠不关心、麻木不仁的。这种类型的人不适合从事人际沟通工作。而情感型的人以自己和他人的感受为重,将价值观作为判定标准,他们可能被视为过于感情化、无逻辑和脆弱,因此策划之类的工作不太适合他们。

4. 行动的维度:判断型(J)和知觉型(P)

根据个体行事方式的不同,性格可分为判断型和知觉型。判断型的人喜欢作计划和决定,愿意进行管理和控制,希望生活井然有序。这类人能够胜任规划、决策类的工作。而知觉型的人灵活,能很快适应环境,做事不喜欢计划而任事情自由发展。这种类型的人不太适合一成不变的工作。

表11-2 MBTI类型指标介绍

| 维度 | 类型 | 对应的英文及缩写 |
| --- | --- | --- |
| 注意指向 | 外倾 | E(Extrovert) |
|  | 内倾 | I(Introvert) |
| 获取信息的方式 | 感觉 | S(Sensing) |
|  | 直觉 | N(Intuition) |
| 加工和决策的方式 | 思维 | T(Thinking) |
|  | 情感 | F(Feeling) |
| 行动的方式 | 判断 | J(Judgment) |
|  | 知觉 | P(Perceiving) |

图11-2 性格类型及对应职业

## 三 兴趣与职业的关系

你喜欢竞争激烈的职业，还是喜欢相对稳定的职业？你喜欢从事与人打交道的工作，还是喜欢独处的工作？你喜欢做管理型的工作，还是喜欢做技术型的工作？你喜欢做轻松的工作，还是喜欢具有挑战性的工作？要回答这些问题，必须先了解我们的职业兴趣。

### （一）兴趣的定义

兴趣是人们非常熟悉的概念，"爱一行、干一行"说的就是兴趣对职业的重要作用。兴趣是指人们力求认识某种事物和从事某项活动的心理倾向，是个体对特定的事物、活动及人所产生的积极的、带有倾向性的、选择性的态度和情绪。简单地说，兴趣就是人们为了快乐，主动想做的事情。

如果一个人对某种工作产生了兴趣，在工作中就会具有高度的自觉性和积极性，在工作中做出成绩。反之，则会影响工作的积极性，有可能一事无成。走自己的路，做自己喜欢的事情，选择自己感兴趣的职业，是当今社会最具有典型性的求职观念。

### （二）兴趣的分类

约翰·霍兰德是美国约翰·霍普金斯大学心理学教授，美国著名的职业指导专家。他于1959年提出了具有广泛社会影响的职业兴趣理论。认为人的人格类型、兴趣与职业密切相关，兴趣是人们活动的巨大动力，凡是具有职业兴趣的职业，都可以提高人们的积极性，促使人们积极地、愉快地从事该职业，且职业兴趣与人格之间存在很高的相关性。霍兰认为人格可分为实际型、研究型、艺术型、社会型、企业型和常规型六种类型，每种职业兴趣都有相适应的工作类型。他还提出了测量职业兴趣的量表——霍兰德职业兴趣测验。

霍兰德所划分的六大类型，并非是并列的、有着明晰的边界。他以六边形标示出六大类型的关系，如图11-3所示。

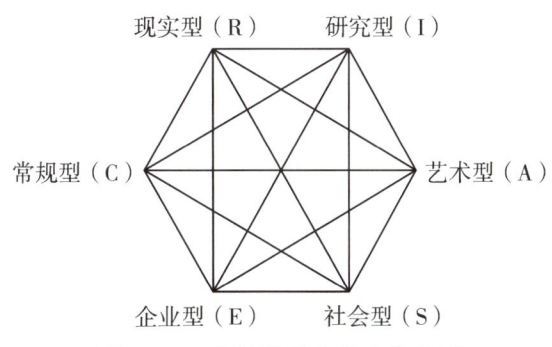

图11-3 霍兰德的六种人格类型

1. 相邻关系，如RI、IR、IA、AI、AS、SA、SE、ES、EC、CE、RC及CR。属于这种关系的两种类型的个体之间共同点较多，实际型R、研究型I的人就都不太偏好人际交往，这两种职业环境中也都较少机会与人接触。

2. 相隔关系，如RA、RE、IC、IS、AR、AE、SI、SC、EA、ER、CI及CS，属于这种关系的两种类型个体之间共同点较相邻关系少。

3. 相对关系，在六边形上处于对角位置的类型之间即为相对关系，比如常规型C和艺术型A的共同点就很低，两者所具有的特点完全是不同的，前者顺从性大，后者独创性强。因此，一个人同时对处于相对关系的两种职业环境都兴趣很浓的情况较为少见。

人们通常倾向选择与自我兴趣类型匹配的职业环境，如具有实际型兴趣的人希望在实际型的职业环境中工作，可以最好地发挥个人的潜能（见表11-3）。但职业选择中，个体并非一定要选择与自己兴趣完全对应的职业环境。一则因为个体本身常是多种兴趣类型的综合体，单一类型显著突出的情况不多，因此评价个体的兴趣类型时也时常以其在六大类型中得分居前三位的类型组合而成，组合时根据分数的高低依次排列字母，构成其兴趣组型，如RCA、AIS等；二则因为影响职业选择的因素是多方面的，不完全依据兴趣类型，还要参照社会的职业需求及获得职业的实际可能性。因此，职业选择时会不断妥协，寻求与相邻职业环境，甚至相隔职业环境，在这种环境中，个体需要逐渐适应工作环境。但如果个体寻找的是相对的职业环境，意味着所进入的是与自我兴趣完全不同的职业环境，则我们工作起来可能难以适应，或者难以做到工作时觉得很快乐，甚至可能会每天工作得很痛苦。

表11-3 兴趣与职业的关系

| 人格类型 | 个性特点 | 职业要求 | 职业特点 | 适合职业 |
| --- | --- | --- | --- | --- |
| 现实型 | 喜欢以物、工作、机械等为对象，从事明确的、有序的活动 | 要求明确、具体的任务，具备较强的操作技能，人际关系要求不高 | 运用手工工具或机器进行手工和技术工作 | 工程师、飞机机械师、自动化技师、电工、机械工、木工等 |
| 研究型 | 具备从事观察、评价、推理等方面活动的能力，喜欢抽象的创造研究活动 | 要求具备思考和创造能力，社交要求不高 | 科学研究和试验工作，研究自然界、人类社会的构成和变化 | 科研人员、试验员、数学家、物理学者、化学家、动植物学家、科学报刊编辑等 |

（续表）

| 人格类型 | 个性特点 | 职业要求 | 职业特点 | 适合职业 |
|---|---|---|---|---|
| 艺术型 | 具有艺术性的、独创性的表达和直觉能力，不喜欢硬性任务，情绪性强 | 通过语言、动作、色彩和形状来表达审美原则，单独工作 | 通过动作、语言来创造艺术作品 | 作家、演员、记者、画家、编剧、舞蹈家、音乐教师、摄影师、服装设计师等 |
| 社会型 | 喜欢从事与人打交道的活动，喜欢训练人、教育人和给人做咨询 | 要求具备高水平的沟通技能，热情助人 | 通过命令、教育、培训咨询等方式帮助、教育、服务人 | 外交工作者、教师、导游、社会福利机构工作者、咨询人员、思想工作者等 |
| 企业型 | 喜欢实现组织目标，或者为获得经济利益而操纵他人、驱动他人 | 具备较好的说服和管理能力，精力充沛、自信，善作言行反应 | 劝说他人、指派他人去做事情的工作 | 管理、政治、律师、推销员、调度员、广告宣传员等 |
| 常规型 | 注重细节，讲究精确，具备记录和归档能力 | 要求系统、常规的行为，具体体力要求低，人际技能要求低 | 一般是各种办公室、事务性工作 | 会计、统计、办公室职员、秘书、计算机操作员、法庭速记员等 |

## 四 能力和职业的关系

你善于与人沟通吗？你善于影响并激励他人吗？你动手能力强，是一个技术好手吗？你善于书面表达吗？你精于数字计算吗？这些都是由我们自身所具备的能力决定的。

### （一）能力的定义

能力是指才干、技能或能胜任某项工作的主观条件，人们成功地完成某种活动所必须具备的个性心理特征，是人们在社会实践中所表现出的身心力量。一个人的能力高低会影响他掌握各种活动的成绩，影响一个人的活动效果。大学生除了要认识自己"想干什么"，还得认识自己"能干什么"。

## （二）能力的分类

能力可以分为很多种类，这里介绍人们普遍认可的一种分类。能力按照它的倾向性可以划分为一般能力和特殊能力。

### 1. 一般能力

一般能力和人们的认知活动有着密切联系，并保证人们比较容易地、有效地掌握知识。它包括观察力、记忆力、思维力、想象力和注意力，并以抽象概括能力为核心。我们通常讲的智力就是各种一般能力的整体结构。常见的一般能力的测试有《一般能力倾向成套测验》（GATB）和《区分能力倾向成套测验》（DAT）。

### 2. 特殊能力

特殊能力是指从事某项专门活动所必需的能力，如数学能力、音乐能力、专业技术能力等。因此，特殊能力直接决定了专业技能的熟练程度，是影响一个人职业选择的重要因素。例如，语言能力强的人适合从事作家、编辑、广告人等职业，而人际沟通能力强的人适合从事教师、社会工作者、推销员等职业，手指灵活能力较强的人则适于从事外科医生、乐师、雕刻家等职业。对于特殊能力的测量有很多，包括西肖尔等人开发的音乐能力测验、梅尔的美术能力测验、克鲁捷茨基等人编制的数学能力测验等。

一般能力能促进特殊能力的形成和发展，在各种活动中，特殊能力的发展也会促进一般能力的发展。因此，充分认识自己的能力，并不断提高自己的能力，在求职时扬长避短，选准与自己职业能力倾向相匹配的职业，是我们事业成功的关键。正如我国近代教育学家黄炎培所说："就社会而言，一个人职业和才能要是相当，不晓得增加多少效能，要是不相当，不晓得埋没了多少人才；就个人而言，相当，不晓得有多少快乐，不相当，不晓得有多少怨苦。"

叶辰，2018年考取了某高校的会计学专业。叶辰性格外向，兴趣广泛，平时乐于与各种人结交。进入大学后，叶辰在学生会、社团等学生组织中表现优秀，多次获得"优秀学生干部"的荣誉。但在专业学习方面，叶辰总是提不起兴趣。会计专业的大部分课程对于数理能力较弱的她来说难度很大，此外专业学习过程中枯燥的数据计算、分析，各种账目的整理等使她格外厌烦。到大二下学期期末考试结束时，她已经有5门专业课不及格。

叶辰重修补考了不及格的课程后，总算及格，顺利毕业了，同时找了一份银行出纳的工作。她每天在办公室只是做各种事务性的、琐碎的账目管理，没有任何成就感。叶辰感觉目前的工作非常机械，与自己的性格完全不符。她感到很迷茫，但又不敢辞职。因为一旦辞职就意味着失业，而现在找一份类似待遇的工作格外艰难。

**思考**

1. 如果你是叶辰，你会做什么样的选择？
2. 你觉得叶辰的性格可以选择什么专业方向或职业方向？

## 第三节
## 大学生求职心理问题及调适

美国心理学之父威廉·詹姆斯说："这一时代最重大的发现，是我们可以因改变心态而改变生活。"造成大学生就业难的一个重要原因就是大学生不良的就业心态。调整不良的就业心态是当代大学生走向成功的必经之路，只有拥有良好的心态，我们才能找到最适合的位置，实现我们的人生理想！

### 一、求职自负心理与调适

#### （一）求职自负心理概述

大学生经过在学校的学习实践，对自己的知识水平和能力有了一定信心，表现出较强的成就欲望。在求职时，很多大学生常会表现出优越感，把自己的学历、知识作为资本，好高骛远，一味追求"高起点、高薪水、高职位"的"三高"工作，对用人单位提出过分的要求。但往往现实中他们的工作能力和社会经验不足，难以找到自己满意的工作，一旦未能如愿，情绪就会一落千丈，产生孤独、失落、烦躁、抑郁等心理。

#### （二）求职自负心理产生的原因

1. 主观认识不清

求职自负心理是由于大学生不能对自己的兴趣爱好、性格气质、专业特点及当下

社会就业形势做一个全面客观的分析判断，对自我评价过高，没有自知之明。因此脱离了现实，高不成低不就，遭受不必要的挫折。

2. 外来文化冲击求职价值取向

由于青年大学生生理和心理正处于发展成熟阶段，一些社会上存在的个人主义和功利主义不可避免地会对他们产生影响，使一些大学生求职价值错位，表现为急功近利，急于求成，在求职中期望一步到位，忽视了个人才智的成长和发挥。

（三）求职自负心理调适

1. 全面客观地认识和评价自己

（1）自我定位

面对求职中的各种矛盾和问题，我们首先要正确认识和评价自我，在明确自己今后的职业发展方向、自己的性格气质特点的同时，正确评价自己各方面的能力，了解自己的优劣势，从而减少求职的盲目性，以才能的增长为职业目标，避免出现高不成低不就的状况。

（2）社会定位

正确对社会环境、就业环境、就业现状进行分析，适当与他人进行比较以了解自己客观的市场定位。首先，与自己条件、情况类似的人进行比较来认识自己，避免孤立地认识和评价自己；其次，通过他人的评价和态度来认识自己，找出自己的优势和不足；再次，通过自己在社会活动中的表现来分析和评价自己，如社会实践、毕业实习等，寻找客观的评价标准来认识自己。

2. 树立正确的求职观

大学生在求职时期望谋求到理想职业本是可以理解的，但要使期望变为现实，必须认清形势，正确把握就业期望值。当前，大学招生规模不断扩大，全球金融危机致使就业形势异常严峻。因此，在求职时，不应盲目乐观、急功近利、虚荣攀比、眼高手低。只有把个人职业发展与社会要求有机地结合起来，才能提高自身能力。

## 二 求职自卑心理与调适

（一）求职自卑心理概述

自卑心理是大学生就业过程中常见的心理现象。一些大学生自我评价过低，在就业过程中，对自己缺乏自信，过于拘谨，缩手缩脚，优柔寡断，不能向用人单位充分展示自我，从而错失良机。对部分求职困难的大学生来说，强烈的自卑心理会成为他们择业乃至生活的最大障碍。

### （二）求职自卑心理产生的原因

1. 个人原因

（1）个人素质缺陷

自卑心理的产生，主要是由于一些大学生知识面狭窄，文科生不懂得基本的自然科学知识，理科生不了解基本的人文社科知识。此外，一些大学生欠缺基本的人际交往能力、口头表达能力、开拓创新能力、实践动手能力，这些短处都给他们带来了或多或少的自卑。

（2）对自我认识不足

很多大学生对自己评价过低，忽视自身的优势，缺乏自信。他们会因学习成绩平平或较差，缺乏实际工作能力和社会活动经验而对自身条件缺乏信心。

2. 客观人才供求矛盾突出

随着近年来高校大众化背景下高校毕业生数量大幅增加，供需矛盾愈演愈烈，毕业生求职竞争非常激烈，这给很多心理素质不好的学生带来更大的压力，在求职场上越发没有自信，畏首畏尾。

### （三）求职自卑心理调适

1. 提升自信

自信的基础是能力，能力的基础是经验。每做一次便多一次经验，就算失败也是经验的积累、能力的增加。失败不会是满盘皆输，只会是某个阶段性的失败（如某一个步骤没有成功）或是程度上的失败（未能达到某个完成度）。因此在建立自信时，要多尝试，不要惧怕失败，多思考如何再往下一步骤前进，再多达到一点完成度即可。下面我们将探讨如何提升能力从而提升自信。

（1）客观认识自己的能力

客观列举自己到目前为止所取得的成绩，包括学习、工作中的成绩或进步，某次演出或比赛的成功，甚至是自己所做的某件事受到师长、同学的赞许等，把这些归纳成自己的优势。对自己的优点了然于心，便于求职中自我介绍，展现自己的优势。同时，对自己的不足之处也做客观列举，而不是在心里感觉"我哪哪都不行""我有很多缺点"。只有做到对自己现有的能力进行客观的认识和评价，才有可能将自己在求职中的心态摆到客观、合理的未知，相应地去寻求符合自己实力的工作，也就不用因为担心自己达不到招聘单位的要求而拘谨、怯懦了。

（2）提升自己的能力

实力就是自信，懂得越多，会得越多，在求职中越具有优势。以三个月为一个阶

段，每个阶段都定下一些学习目标，你最想拥有而尚未满意的能力有哪些？想出三条可掌握这些能力的途径，然后在每条途径上定下三个可行的步骤。

2. 接受自己的不足

在求职中有些学生底气不足，往往是由于他们害怕别人知道自己的缺点。"每个人都是上帝咬过一口的苹果，都是有缺陷的。有的人缺口特别大，只是因为上帝特别喜爱他的芬芳。"每个人都有自己的优点和缺点，坦然地说出自己的才能和不足，不造作虚假，也不遮遮掩掩，直率地承认自己年轻幼稚、缺乏锻炼，这反而会给用人单位留下好印象。

## 三 求职焦虑心理与调适

### （一）求职焦虑心理概述

焦虑是由于个人应付环境无把握并且感受到某种威胁时的一种情绪反应。一般来说，程度适中的焦虑对工作、学习、生活均有一定的促进作用，但过度焦虑会对人的心理健康和工作、学习效率产生不良的影响。求职时的焦虑心理是大学生就业时相关因素引发的对自身就业前景无把握的一种内心不安的状态。

### （二）求职焦虑心理产生的原因

1. 个体承受能力较差

很多大学生在求职时，在面对各种选择和诱惑时无所适从；或职业期望过高，不切合实际；或希望尽快落实就业单位，急于求成；或幻想无须付出很大的努力就能得到称心如意的工作，而实际生活中往往事与愿违。当面对这一切不确定自身又难以承受的时候，求职时的焦虑心理可能会在很大程度上影响大学生的求职进展。

2. 客观就业形势严峻

在就业市场中，择业自由度越大，择业行为的责任越重，学生求职时的心理压力也就越大。在严峻的就业形势下，不论什么学校、什么专业的大学生，都面临着求职的考验。不容乐观的就业形势无疑成为大学生求职焦虑的客观原因。

### （三）求职焦虑心理调适

1. 排解焦虑情绪

（1）调整认知——去灾难化法

焦虑，往往是我们对求职过程中的各种可能性的结果做出了灾难化的解读。例如，如果我连这家公司都应聘不上，那我之后也别指望应聘上什么别的公司了；如果错过了秋招，那就要找不到工作了；我刚刚笔试的时候有个题目没回答好，以后再怎么表现都没用了……调节自己的认知，去除自己的灾难化想法的其中一个很有效的方法，是我们可以试着停下来，识别我们的想法里面哪些部分是真正发生了的客观事实，哪些其实只是我们自己的解读和评价，并且认真思考这种评价出现的概率，客观地认识每一个场景的实际意义。

（2）松弛练习法

松弛练习是一种通过练习学会在心理和躯体上放松的方法，常用的有肌肉松弛训练、意念放松训练等放松练习方法。网络上也可以下载一些专门的放松指导音乐，帮助身体解压。放松练习可以帮助人们减轻和消除各种不良心反应，如焦虑、恐惧、紧张、失眠等症状。如果在求职中遇到较严重的焦虑问题，可在专业人员如学校心理指导中心老师等的指导下通过放松练习来解决。

2. 克服急躁心理

个体感到就业压力较大，这多是由于其有急于求成的思想，想一步完成自己的职业生涯发展。抱着这种思想，会让大学生在求职时举棋不定、畏首畏尾。因此，大学生应正视就业中存在的客观困难，降低对工作的期望，例如，面对有的用人单位不能按约定给予相应待遇时，应正确看待。"罗马不是一天建成的"，第一份工作也不太可能就是你最理想的终身职业。在求职时正确看待自己和工作，不急于求成，这是克服求职焦虑的关键。

## 四 求职挫折心理与调适

### （一）求职挫折心理概述

求职挫折心理是指大学生求职的需求不能得到满足，行动受到阻碍，目标未能达成的失落性心理状态。这在大学生求职过程中是很常见的。投出上百份简历却没有得到一个面试的机会，在面试中被拒、经过层层选拔却最终未能通过，在工作之初自己未能得到重用、能力不能发挥……这些挫折无疑会给大学生带来较大的挫败感。挫折本身当然不是好事，但生涯成功、人生辉煌的"好事多磨"恰恰"磨"在这些挫折上。

### （二）求职挫折心理产生的原因

1. 过高的求职期望

过高的求职期望引导的求职行为必然导致求职过程中的屡屡受挫，挫折心理油

然而生。例如，一些毕业生在求职意向上不切实际，求职过程中总是过多看重就业地域、职业、收入、工作条件，忽略自己的专业，不愿到基层就业，更不会考虑艰苦创业和自主创业之路，即便是从贫困地区出来的同学也很少愿意再回到生源地工作。这种想法，往往给自己带来挫败。

2. 个体承受能力差

部分大学生从小就很少受到挫折教育，成长基本是一帆风顺，没经历过什么大挫折，因此个体在心理上承受挫折能力较差。在面对就业这样的人生课题时，更是显得不堪一击。

### （三）求职挫折心理调适

1. 正确认识挫折

在自由度高、竞争激烈的就业环境中，求职活动必然受到种种条件的限制，不可能毫无障碍地完全实现。因而，提早对受挫做好充分的心理准备，是我们避免挫折心理的重要方法。其次，求职是一个双向选择的过程，毕业生和用人单位其实只是在短暂的接触中尽可能地选择相互匹配的对象，落选，未必是自身能力不足，也可能只是不匹配，借助每一次的落选认真思考、评价自己的实际状况，检验自己的职业规划，将使得每一次不尽如人意的面试成为我们最重要的面试工具。

2. 疏解挫折情绪

面对挫败，低落在所难免，且短时间内情绪总是很难被快速改变的，但我们需要避免自己的行为和总体状态过多地受到情绪的影响，所以适当的放松、外出，脱离受挫环境，变换活动内容，会是非常不错的转移注意力的方法。等情绪平稳了再重新看待挫败，就有可能开启对挫败的客观认识和"利用"。

3. 提高应对挫折的能力

建立积极的求职心态，通过陶冶情操、宽阔胸襟、加强修养、培养意志等方式，提高自己应对挫折的能力。其次，尽可能让自己保持良好、规律的作息，定期进行适当的体育运动，促使自己保持一个良好的身体状态也是提高应付情绪变化能力的重要方法。

求职过程中的各种情绪变化都是非常常见的现象，所有的情绪变化都不需要我们去刻意压制或者避免，正确看待它们，才是我们借助这些情绪信号帮我们更好地在就业市场中拔得头筹，寻得心仪工作岗位的正确之路。

 **案例分析**

小王是一个性格内向的应届毕业生,一到人多的场合就脸红。最初的时候,他一接到面试通知,心里就打鼓,面试官一问话他就浑身僵硬、思维停滞,平时的机敏全不见了。尽管他每次都告诉自己"要自信、放轻松,我比他们都强",但一到关键时刻还是会很紧张,为此,在刚开始求职的三个月里,他没有收到任何一家心仪公司的录用通知。

最后,他心灰意冷,不抱任何希望地去参加了最后一次面试,对自己说:就这样吧,面试完就回老家,不在这里混了。由于对这次面试没有任何期待,面试的时候很随意,想着面试官不过就是个路人而已,于是甚至跟人事经理聊了起来。一放松下来,思路就清晰了,最后走出来的时候,小王说,他感到了前所未有的放松。

回去后小王就收拾行李,前往火车站,没想到,就在他准备踏上返程的火车时,收到了面试公司人事处的信息。最后,他成了那位人事经理的同事。

思考:分析以上案例,思考小王为什么在最初的三个月里都没能找到心仪的工作?最后一次又是为什么能够应聘成功?以后小王可以做些什么以避免自己在类似的情形中遇到困难?

 **参考文献**

[1]王静文,朱桥.后疫情时代的宏观形势分析与展望[J].华北金融,2020(05):1-8.

[2]臧志军.后疫情条件下的职业教育改革:公共政策的视角[J].世界职业技术教育,2020,41(12):8-11.

[3]李金亮,杨芳,周欣.大学生职业生涯规划[M].长沙:湖南教育出版社,2019.

[4]张晓蕊,马晓娣,岳志春.大学生职业生涯规划[M].北京:北京理工大学出版社,2019.

[5]张将星,曾庆.大学生心理健康教育[M].广州:暨南大学出版社,2013.

[6]邱鸿钟.大学生心理健康教育[M].广州:广东高等教育出版社,2012.

# 第十二章 疫情下大学生心理问题及调适

## 心理引言

> **案例**
>
> 小张目前是某大学的一名大三男生,在读大一、大二期间表现中规中矩,学习方面可以胜任,考试没有挂科的现象,平时的作业也能自己按时完成;在与人交往方面虽然不是特别好,但也属于正常状态,跟宿舍里的同学关系也还不错。
>
> 但在进入大三之后,他开始出现了比较严重的拖延症,自己感觉也挺沮丧,想改又没有办法改掉。每天晚上洗澡、洗衣服要耗费大量时间,且一般要等到同一层楼的同学基本洗澡、洗衣服结束之后才开始去洗澡、洗衣服(所住学生宿舍没有独立卫生间,只有在每个楼层的两端才有公共卫生间),但又很享受一个人在公共卫生间的感觉,觉得很自在。做完这些回到宿舍睡觉前玩手机也要很长时间,因此基本上每天都要到凌晨一点多才能去睡觉,导致第二天学习的精力受到较大影响。虽然学习还算正常,能坚持去上课,但开始有些吃力,感觉有点跟不上了。
>
> 期末考试时首次出现挂科现象,尤其到了大三下学期开始后,出现了比较明显的抑郁症状:兴趣丧失、极度缺乏精力、情绪低落,甚至有时候有轻生念头,尤其是与人产生争执时,时有较强烈的摔东西的想法,偶有实际行为。

## 思考

这是抑郁症的一个典型案例。抑郁症是大学生中常见的一种精神疾病。它的突出特点就是心境悲观,自身感觉不良,自责自罪,态度冷淡,兴趣减低。有些患者伴有失眠、不思饮食、体重减轻、性欲下降等特点。尤其我们应该高度关注的一点是,抑郁症是精神科疾病中自杀率最高的疾病,比一般人群的自杀率高20倍,社会自杀人群中可能有一半以上是抑郁症患者。据调查研究表明,80%以上的抑郁症患者有过自杀的想法或行为,不幸的是现实中有不少人却经常把抑郁症看作是"短暂的心情不好"或者是"性格问题"而被忽视,这就导致了因为患上抑郁症而自杀的悲剧时有发生。所以,大学生们有必要学习一些关于抑郁症的知识,从而及早地甄别、预防和治疗。

## 名人说

当传统的价值标准沦丧的时候,许多人采取接受那些背离社会准则的信仰和生活方式的方法,去试图寻找生活的意义与社会认同。

——[美]文森特·帕里罗

有时,我们突然莫名其妙地感到悲伤,世界变得那样灰暗,连嘴里都有一丝苦涩,从往事的追忆中传来的钟声在耳畔悠然回荡,这时,我们期待着能有一只安抚的手向我们伸来,可到头来却发现我们仍是孑然一身,孤立无援。对一些人来说,这种体验或稍纵即逝,或可以投身于实际事物中使其消散。但对另一些人来说,这种体验就像隐匿不露的魔鬼,时时缠绕在心头。而且,这种感觉就像心灵的牢狱的墙壁,虽不可见,却无法穿透。

——[英]特罗茜·罗尔

假如你心中充满了沮丧,假如你一味地退缩和逃避,那么诉苦就只能给你一时的轻松,它甚至还可能纵容你的痛苦。这个世界上黑暗的隧道虽然很多,却没有一个是走不到尽头的,阳光普照的地方毕竟更多些。克服苦恼的最好办法莫过于找到自己的爱好,克服自卑的最好办法莫过于培养起自己的专长,两者结合,我找到了阅读和写作。这时,我那颗似乎枯死的心又复活了。

——佚名

# 第一节
# 疫情下大学生的心理问题

外部世界的重大事件总是容易给人的心理造成巨大的冲击和影响。新冠肺炎疫情来势凶猛，让人猝不及防，加上病毒的破坏性较大、传染性较强，对身处其中的每一个人来说都是一个很大的威胁。自然而然地，它也导致了人们的心理变化。因为本身的年龄、阅历、思维水平、应对方式甚至是在社会中所扮演的角色不同，面对疫情的影响，不同的个体和群体会表现出不同的心理变化。

## 一 疫情暴发期个体常见的身心反应

面对危及生命的灾难时，我们都可能出现一些与平常不一样的心理、行为反应，严重者还会因此寝食难安，不能正常地生活和工作，部分人还会出现出冷汗、心悸、呕吐等生理不适的症状。下面我们列举一些与疫情有关的最为常见的身心反应。

（一）情绪反应

面对关乎生命健康的大疫情，每个人都不免产生情绪反应，产生担心、害怕、焦虑、自责、抱怨、愤怒等情绪。常见的情绪反应有以下几种。

1. 焦虑

焦虑是疫情下最常出现的情绪反应。焦虑是预期到某种可怕的、可能会给自己带来威胁的事物或情境即将来临，而又感到无法预防和制止时，所产生的紧张、不安、忧虑等情绪体验。

适度的焦虑是必要的，但过度的焦虑就会使人注意力难以集中，记忆力下降，烦躁，易激惹，提心吊胆，惶惶不安；同时还可能出现失眠、食欲减退、坐立不安、肌肉紧张，以及植物性神经功能的紊乱，如心跳加快、呼吸紧迫、心悸心慌、多汗等症状。

2. 恐惧

恐惧是一种遇到灾难时惊慌害怕、惶惶不安的情绪反应，没有信心和能力战胜危险，想要回避或逃跑。过度或持久的恐惧会对人的身心产生不利影响。

在新冠肺炎疫情期间，很多人担心自己或者家人的健康受到威胁而产生恐慌、担忧、害怕等情绪。人们会觉得自己难以保障自身和家人的健康，从而安全感下降，担心、恐惧等情绪增加。此外，过度的与疫情相关的信息输入也可以加重人们的这种恐惧情绪，导致生活作息紊乱等更严重的问题。

3. 抑郁

抑郁是一种感到无力应付外界压力而产生的心境持久低落的情绪状态，常伴有悲观、痛苦、羞愧、自卑、孤独、无助等消极情绪体验，以及躯体不适和睡眠障碍等外部症状，严重者会有悲观厌世的想法。长期的抑郁情绪会严重影响学习、工作和生活，还可能导致抑郁性神经症。

居家生活、工作和学习过程中，很多人会感到情绪低落，出现孤独、无助、悲伤等情绪，并且对周围的一切都提不起兴趣，就连平时最喜欢的电视剧、电影等也觉得无趣，甚至与家人交流也感到厌烦，每天精神不振，很难集中注意力。

4. 愤怒

愤怒是由于主体愿望的实现受客观事物的阻碍时所产生的激烈的情绪反应，其程度可以从不满、生气、恼怒、愤怒到暴怒。愤怒不仅有损自己的身心健康，而且容易引发不理智的冲动行为和攻击行为。

面对来势凶猛的疫情而自身又无力应对时，人们容易产生愤怒的情绪。此时，人们容易对社交媒体上的一些"戾气"较重的信息更为关注，也更容易受其影响，产生不满、愤怒等情绪反应。

（二）认知反应

认知因素在应激过程中起至关重要的作用。网络、电视等媒体每天传播大量疫情信息，大众在能够快速获取疫情资讯的同时，也可能因为信息过载而导致出现不良认知反应。另外，一些与疫情相关的"贩卖焦虑"的文章也容易造成人们的认知冲突，引发不合理信念。

1. 触景动情

高应激状态下，适量的危机信息能激活人们的共情反应，即产生同理心，引发如在社交平台上发布体谅患者的焦虑、感谢致敬医务人员的辛苦等行为。但是，由于媒体每天有大量疫情相关信息传播，信息过载可能引发人们产生认知偏差，觉得生活危险、生命脆弱。有些人可能还会觉得疫情下自己什么忙也帮不上，产生内疚自责和无能为力感，无法安心过好自己的生活，甚至无法忍受他人进行正常的娱乐活动。

2. 逃避现实

疫情危机给人们的生活带来了持续的压力，当人们觉得压力超过自身的应对能力，通常会产生不知所措的感受。与此同时，人们内心深处强烈的求生本能也被激活，人们很想做些什么来改变现状。这两股强大但矛盾的力量产生对抗。有些人可能会在这种情况下产生逃避现实的想法，像鸵鸟一样把头埋进沙里，不愿面对，制造一种"可控和安全"的假象以暂时缓解焦虑。

3. 思维紊乱

持续的信息过载或逃避会影响人们的思维和记忆，如思维过程缓慢、注意力不集中、记忆下降等。有人还会表现出精神反刍（像食草动物消化食物那样反复咀嚼），反复思考跟疫情相关的问题，如疫情发生的原因、病毒如何传播、何为有效治疗药物等，甚至有人会用"灾难性思维"看待疫情，产生"糟糕至极"的想法。

4. 神经紧绷

新型冠状病毒尚充满大量未知，在疫情蔓延尚未终止的境况下，有些人，尤其是在疫情下坚守工作岗位或即将返工的人员，可能会终日担忧不已，高度警觉，感觉到处都被病毒充斥。有些人会出现格外关注自己和家人以及工作和公共场所的卫生状况、对自己及周围人员的身体反应极度敏感、时刻关注媒体报道，处于神经高度紧绷的状态。

## （三）行为反应

心理应激反应中，随着情绪和认知的改变，人们的外在行为也会发生改变，这是机体为了缓冲应激带来的影响，摆脱身心紧张状态而采取的应对行为。疫情下人们的常见行为反应有以下几种。

1. 强迫行为

由于现代网络和舆论的发达，疫情带来的压力使得个体感到自己忍不住去做某些事情，以此来消除自身的不确定感和不安全感，如反复上网查看疫情的进展消息、反复比对报道描述的症状与自己身体出现的情况是否一致、反复测量体温或频繁洗手、不断喷洒酒精消毒、不停地检查口罩的佩戴等。

2. 回避行为

由于对病毒和疫情的担心和恐惧，人们可能会过于回避一些信息或者场景，如不敢出门，不再去一些平常生活可能会去的地方（如超市、菜市场等）。不可否认的是，适当而且必要的回避行为能够有效地保障个体安全。

3. 物质依赖

为了减少焦虑或分散转移对压力源的关注，人们可能会比以往更加频繁地吸烟、饮酒、吃零食，使用精神类处方药甚至做出违反法律的行为，如吸食毒品，借此缓解或回避痛的感受。

4. 生活异常

随着疫情的发展，大量人群被迫居家隔离，通常会出现生活懒散、作息紊乱、失眠梦魇、暴饮暴食、刻意节食等现象。同时，机体活动大量减少，沉迷于看电视打游戏、反复刷朋友圈、不断转发各种疫情相关消息等。此外，抢购口罩、大米、双黄连等"焦点产品"的现象也日益增多。

5. 人际关系和社交异常

由于疫情引发的日常生活和心理上的各种变化，加之人们居家在相对狭小空间内导致家庭内接触交流日益增多、家庭外社交减少，可能会变得易躁易怒，平素隐藏在冰山下的家庭矛盾浮出水面，引发家人间的抱怨、发脾气、争吵等。有些人则可能在疫情下变得与人疏离、拒绝与他人来往等。

### （四）身体反应

疫情压力的持续也会加剧人们身体的应激状态，出现一些平常没有的身体反应。疫情下人们的常见身体反应有以下几种。

1. 无明显原因的疼痛问题

肚子、头部、肩颈腰背等肌肉处，会因为压力和情绪的影响出现无明确原因（如没有外伤、没有生理疾病）的疼痛。

2. 消化系统问题

在巨大的压力和情绪下，加上长期在家，活动范围受限，部分人群会出现食欲不振、腹胀、腹泻、胃胀、便秘等症状。

3. 神经系统和内分泌系统问题

巨大的压力会影响有机体的神经系统和内分泌系统，部分人群会出现胸闷、出汗、肌肉紧张、发抖发冷、轻微气短、尿频、性欲减退等，有些人则会出现心慌、心悸等情况。

4. 睡眠问题

疫情期间，由于精神紧张或未合理安排作息，有些人会出现睡眠问题，引发睡眠困扰，如花更多时间入睡、睡眠浅易醒来、失眠多梦、早醒等。

需要注意的是，以上疫情下可能产生的各项反应，是人们在突发状况下的正常反应，每个人都会或多或少地出现，要相信这些反应会随着时间的推移而慢慢消退。它们的出现并不说明我们的大脑或身体出了问题，不必过于紧张害怕从而引发身心状态的恶性循环。当然，我们要对这些反应有科学理性的认识，做好疫情下自己和家人的身心状况监控，以便及时调整和求助。

## 二 疫情暴发期大学生的心理变化

大学生作为时代的青年先锋，好奇心强，信息灵敏，在毫无防备的情况下被疫情裹挟，被网络淹没，表现出大学生群体在突发疫情之下的心理特点。

## （一）积极关注分享，认知存有偏差

当今时代是信息社会，电视机、电脑、手机无时无刻不在向人们传递着有关疫情的各类信息。这里面就包含着坏消息，也就是我们说的负面消息。对于此类负面消息如果接收者处理不当，很可能对自己造成伤害或出现抑郁、焦虑、愤怒等负面情绪，甚至造成传染等次生伤害。

"认知偏差"从来就与个体相伴，无论你我。人们在知觉自身、他人或外部环境时，因为各种原因导致认知出现失真的现象。诸如"我从没得过传染病，不会有事的"就是代表性的偏差。当某件事或某个结果更容易被人们记起、更常见的时候，他会被判断为更常出现，或者更受到人们的关注和看重，这在大学生身上也会出现，即便在非疫情时期。

在新冠肺炎疫情期间，年轻大学生主要通过微博、公众号、朋友圈、知乎等新媒体获得信息，阅读者同时是评价者、传播者。信息的叠加、重复的曝光，令读者陡增对其的信任度，表现为对疫情的数据变化、感染症状等的记忆更深、情绪波动、行为冲动。当然，所有人群都存在"乐观偏差"。也就是在事件发生概率相同的条件下，与他人相比，人们倾向于认为坏事不会轮到自己。

## （二）乐于主动宣泄，情绪控制不住

大学生是名副其实的手机一族，经常通过各种平台、公众号、微博等获取大量关于疫情进展、心理应对的知识，因此，阅读与互动成为大学生主动出击、积极宣泄的主要而有效的途径。朋友圈最大的玩笑或许就是：终于等到了"睡在家里就是为国家作贡献的时候，这样机会不多，且睡且珍惜"。为了做好防护工作，疫情期间，我们基本上选择少出门，不聚集，因此，绝大部分时间，我们都只能待在家里，封闭空间造成了压抑感；时间一长，很多负面情绪（无助、焦虑、抑郁情绪）就会不断蔓延。一些缺乏完整有效系统心理调节能力的大学生，很容易出现暴躁情绪，陡增与家人的矛盾或冲突，更有一些学生沉迷网络和刷剧。

## （三）投身居家公益，行动更需扶持

以华南师范大学"心晴热线"为例，自2020年1月29日开通以来，近200位研究生、本科生担任公益服务，居家学习、抱团成长。在心理学院和心理咨询研究中心专家的系统指导下，他们接受网络培训、小组分享、接受督导、聆听网课，令参与"心晴热线"的大学生快速成长，自助助人。每天的热线服务时间"朝九晚九"。的确，新时代的青年大学生不负韶华，只争朝夕！通过热线服务，他们得到全面的成长——坚定了信念，强化了专业，锻炼了品格，创新了实践。作为人才培养的大专院校，承担着立德树人的职责，因此，也必须妥善组织、充分引导、主动点赞、促进发展。

### （四）学习发展在线，生涯规划凸显

疫情期间，大学生们以"读"攻"毒"！"停课不停学，开学不返校"对于所有人都是第一次。各级政府和教育管理部门，包括我们大家所在的学校，提供了大量的在线学习平台、公共学习资源、网上课程系统，如学习强国、国图公开课、中国大学慕课平台、网易云课堂、智慧树、中国知网、好大学在线等。因此，绝大多数同学积极投入，制订学习计划、读书讨论写论文，适应居家学习，成为新型的学习模式，但也有一部分学生出现焦虑心理。低年级大学生，对自己信心不足，自主学习能力欠缺，造成心理压力过大。而毕业班同学则担忧复试、就业问题，在华南师范大学"心晴热线"辅导平台上，接到不少此类的咨询求助电话。

## 三 大学生心理危机

### （一）什么是心理危机

心理危机主要指个体运用常规的应付方式不能处理目前所遇到的内外部应激时所发生的一种反应。它是由心理冲突引起的一种内部心理状态或生理反应，是指当事人遭遇超过其承受能力的紧张刺激而陷于极度焦虑、抑郁、失去控制、不能自拔的状态。

大学生心理危机包括的核心要素有：（1）大学生面临或认为自己面临重大生活事件。（2）大学生出现一些生理心理反应，但都不符合任何精神病的诊断标准。（3）大学生自己感到无法应付、难以控制。

随着社会经济、文化的快速发展，激烈的竞争给人们的生活、学习、工作带来诸多压力。心理危机已成了非常严重的社会性问题，大学校园同样不可避免地受到影响。

### （二）大学生心理危机的特点

当今社会经历着急剧变化，大学生也面临着前所未有的严峻挑战。由于大学生的文化水平较高，心理发展水平正处在埃里克森所谓的"自我同一性对角色混乱"的时期，他们遇到的心理危机的特征既有普遍性，也有特殊性。一般来说，大学生心理危机的特点主要表现在以下几个方面。

1. 易察性

大学生的生活空间均是在教室、宿舍、食堂、运动场等公众场所，接触对象主要是同学、老师。如有异常现象，较容易被同学、老师发现。

2. 突发性

危机总是来得突然，常常是出人意料，具有不可控制性。

3. 无助性

心理危机的降临，先前的应对经验无法应对危机，常常使人觉得无所适从，再加上社会支持系统不完善，常常使大学生感到无助、绝望。

4. 危险性

当危机出现时，人们原有的身心平衡状态受到破坏，人就会处在危机状态，出现思维不清、意志失控、情感紊乱等情况。大学生因情绪的失控，会出现一些过激行为，诸如自杀、杀人等极端危机表现形式。

5. 潜在性

心理危机并非以直接暴发的方式体现，而是潜藏于个体内心，当遭遇特定应激事件时，容易引发心理危机。例如，马加爵杀人事件，由于马加爵不良情绪长期没有得到宣泄和疏导，最终因为和同学打牌发生争执的这件小事成为导火索，导致了心理危机的爆发。

（三）大学生心理危机的常见症状

处于心理危机里的个体一般会出现一系列的精神症状和身心反应，持续时间也长短不一，短则几天时间，长则半年一年之久，因人而异，因事不同。主要有以下表现。

1. 感知觉障碍

常出现错觉和幻觉；对危机事件相关的声音、图像、气味等过分敏感或警觉；对痛觉刺激反应迟钝。

2. 情绪情感障碍

危机事件不同，情绪表现也不一样，或悲伤痛苦，或冷漠麻木，或内疚自责，或愤怒易激惹，或恐惧焦虑，或无助绝望，等等。

3. 行为障碍

以精神运动性障碍为多见，如激动尖叫、缄默木僵、行为退缩、暴饮暴食和责怪他人等。

4. 思维障碍

表现为不同程度的意识障碍、思维迟钝，重复性地回忆一些画面；灾难的画面在脑海中反复出现（即"闪回"）；自言自语，难以与人沟通；记忆力减退；等等。

5. 躯体化症状

手脚发抖、心悸、头痛、易疲劳、肠胃不适、食欲下降、失眠、做噩梦、容易从噩梦中惊醒等。

## 第二节
## 大学生常见的心理障碍及防治

在上一节我们谈到了疫情影响下大学生的身心反应和心理变化，可以知道，大学生心理问题是比较普遍存在的，一般情况下程度也不严重，很大可能通过自我的心理调适就可以解决。但如果出现了心理障碍（一般也称心理疾病），仅仅靠学生自己的调节就很难处理了，这时需要求助专业的心理咨询，甚至需要去到医院心理科进行诊断和药物治疗。

### 一 常见的神经症

神经症也称神经官能症，是一组主要表现为焦虑、抑郁、恐惧、强迫、疑病症状，或神经衰弱症状的精神障碍。具有一定人格基础，起病常受心理社会（环境）因素影响。症状没有可证实的器质性病变作基础，与病人的现实处境不相称，但病人对存在的症状感到痛苦和无能为力，社会功能相对良好；自知力完整或基本完整。大学生常见的神经症包括焦虑症、抑郁症、强迫症、恐怖症、疑病症等。

（一）焦虑症

焦虑症是一种以焦虑情绪为主的神经症，主要特征是发作性或持续性的情绪焦虑、紧张，包括惊恐性障碍和广泛性焦虑障碍。惊恐性障碍的基本症状是反复的惊恐发作，表现为突发性的紧张性忧虑、害怕或恐惧，常伴有即将大祸临头的感觉。广泛性焦虑障碍则表现为持续的紧张不安，并趋向慢性过程。焦虑症除了呈现持续性或发作性惊恐状态外，同时伴多种躯体症状。

正常人也有焦虑情绪，但焦虑症与正常焦虑情绪反应不同：第一，它是无缘无故的、没有明确对象和内容的焦急、紧张和恐惧；第二，它是指向未来，似乎某些威胁即将来临，病人自己说不出究竟存在何种威胁或危险；第三，它持续时间很长，如不进行积极有效的治疗，则迁延难愈。

焦虑症会严重危害大学生的身心健康，如果长期处于焦虑状态，甚至会出现许多身心疾病，因此必须及时给予治疗。焦虑症以心理治疗为主，需要时给予适当的药物辅助治疗。

### （二）抑郁症

在很多人的心目中，抑郁症根本不是一种病，仅仅被认为是心情不好，而事实上，抑郁症与糖尿病、冠心病、高血压病、消化性溃疡等一样是一种严重危害人类健康的疾病。抑郁症是一种常见的精神疾病，是精神科自杀率最高的疾病，它的发病率很高，几乎每十个成年人中就有两个抑郁症患者。但只有少部分人接受药物治疗，而没有经过规范治疗的抑郁症患者有较高的自杀风险，这种情况必须引起我们的高度重视。另外，由于精神卫生知识不普及，在我国高校中大学生的抑郁症常常被当作思想或性格问题而被忽略。

抑郁症是以情绪低落且持续两周以上为主要症状的情感性精神障碍，并伴有相应的思维与行为改变，严重者可以出现幻觉、妄想等精神型症状，但没有任何可证实的器质性病变。

如果一个人在两周或更长时间内，以心境低落为主，同时至少存在四个下述症状，且社会功能受损，给本人造成痛苦或不良后果，可诊断为抑郁症。

（1）兴趣丧失、无愉快感。

（2）精力减退或疲乏感。

（3）精神运动性迟滞或激越。

（4）自我评价过低、自责，或有内疚感。

（5）联想困难或自觉思考能力下降。

（6）反复出现想死的念头或有自杀、自伤行为。

（7）睡眠障碍，如失眠、早醒，或睡眠过多。

（8）食欲降低或体重明显减轻。

（9）性欲减退。

抑郁症的形成与遗传因素有着密切的关系，如经调查后发现，抑郁症患者的亲属发病率明显高于其他群体的发病率。抑郁症还具有一定的生物化学基础，一般认为抑郁症与生物胶活性物质变化有密切关系；有研究还表明抑郁症患者的生长激素水平血浆皮质醇含量与正常人群相比明显不同。同时，不同类型的抑郁症患者表现出不同的性格特征，如急性抑郁症患者在患病前多表现出绝望、违拗，或是被动的攻击性人格；慢性抑郁症患者在患病前多表现出无能、被动、依赖和孤独的性格特点。此外，重大的生活事件、童年不幸的遭遇、缺乏社会支持等因素都可能在原有遗传素质的基础上促使抑郁症这类情感性障碍的发生。

研究表明，抑郁症的终生患病率为6%～10%，约15%的人一生中曾有过一次抑郁体验。它不但影响人的工作、生活，造成经济损失，而且约有15%的患者因此自杀而结束生命，给家庭带来无尽的痛苦。

### （三）恐怖症

恐怖症是指病人表现出在正常情况下对某一特定的物体、人际交往或情境，产生异乎寻常的让人难以理解的强烈恐惧或紧张不安的内心体验，这种恐惧感与引起恐惧的情境通常极不相称，患者自己也明知自己的恐惧不切实际，但仍不能自我控制。常见的恐怖症有社交恐怖、旷野恐怖和动物恐怖等。

社交恐怖症是大学生中经常出现的一类恐怖症，它的特点是强迫性的恐惧情绪，患者表现为在公共场合情绪紧张、脸红、不敢正视别人的视线，担心自己的面部表情难看或行为不得体，因此，总是不想与人接触，回避一切与人的交往活动。

### （四）强迫症

强迫症是以强迫症状为特征的神经症，其特点是有意识的自我强迫和反强迫并存，二者强烈冲突使病人感到焦虑和痛苦。虽然患者同时能够清醒地认识到这些观念、情绪、意向或行为都是毫无意义和没有必要的，但仍无法控制和摆脱。

强迫症的症状从广泛的意义区分，主要可分为强迫观念、强迫意向、强迫情绪及强迫行为或动作。依据临床表现主要有三类：

第一类是"洗涤者"。这类患者特别怕脏，过分爱清洁，具有洁癖，要反复洗手、洗衣服以及清洗家里任何一件东西，更有甚者有些患者常常会因为洗涤过多而导致手部糜烂仍然不肯罢休。

第二类是"反复检查者"。这类患者总是担心门没关好、电灯会漏电、水龙头会滴水、煤气会泄漏等而经常反复地检查，一些学生会反复检查自己的作业做好了没有。

第三类为"强迫观念者"。经常想一些荒谬的问题，诸如"人为什么有两条腿""是先有鸡还是先有蛋""人为什么要死"等毫无意义的问题。这类患者对很小的事情都要反复思考，明知毫无必要，但是却无法控制，深感痛苦。

强迫症的治疗以心理治疗为主，配合药物治疗。如，对于患者要冷静分析本人的

人格特点和发病原因，包括童年有无产生强迫症的心理创伤。如果能找出原因，应树立必胜信心，尽力克服心理上的诱因，以消除焦虑情绪。认真配合医生，找出心理因素，进行系统心理治疗或药物治疗。另外，行为疗法的疗效也较好，如厌恶疗法、操作性行为改造疗法，但是不管采用何种疗法，关键是患者要坚持治疗。

平时，大学生应注意心理卫生，努力学习对付各种压力的积极方法和技巧，增强自信，不回避困难，培养敢于承受艰苦和挫折的心理品质，这是预防的关键。

### （五）疑病症

疑病症指对自身感觉或征象做出患有不切实际的病态解释，致使整个身心被由此产生的疑虑、烦恼和恐惧所占据的一种神经症，以对自身健康的过分关心和持难以消除的成见为特点。例如，通常患者极为焦虑，反复陈述躯体症状，不断要求给予医学检查，无视反复检查的阴性结果，不相信医生的无躯体疾病的再三保证，又去找其他医生。

疑病症状常常是患者不自觉地希望从家庭或周围寻求对自己的注意、关心和同情，同时也作为满足某些欲望的手段，在疑病症的背后实质上往往是一种潜在的不安全感及内心的矛盾、冲突和困扰。患者对健康过分关注是对现实生活的转移和逃避，他们常常把一切挫折、失败归结于"病"，从而减少个人心理上的压力、内疚和自责，避免对自己能力的怀疑和否认，以求心安理得。可见，疑病症实际上是一种自我心理防御机制作用的结果。

对确诊为疑病症的患者，以心理治疗为主，结合其他综合措施，才能有效地促使其恢复健康，消除疑病观念。其中提高患者的认知水平、掌握对抗疑病症的科学方法是至关重要的心理治疗措施。疑病症还需要药物治疗，通过药物治疗可以消除身心不适症状，增强病人的自信心，加速康复时间，不少病人在心理治疗和药物配合下得以康复。

## 二 常见的人格障碍

人格障碍指不伴有精神症状的人格适应缺陷，主要表现为行为怪僻、奇异，情感强烈而不稳定，紧张、退缩等，明显影响其社会功能和职业功能，可造成对社会环境的适应不良，病人为此感到痛苦。

### （一）人格障碍的类型

人格障碍的情况十分复杂，根据《中国精神疾病分类方案与诊断标准》，常见的人格障碍有以下类型。

1. 偏执型人格障碍

以猜疑和偏执为特点的人格障碍。主要表现为多疑、敏感、主观报复心强，过分警惕与防卫，易产生病态嫉妒。过分自负，若有挫折或失败则归咎于人，总认为自己正确。脱离实际，固执地追求个人不够合理的"权力"或利益。忽视或不相信与自己不一致的客观证据，因而很难通过说理或事实改变其想法。

2. 分裂型人格障碍

以奇怪反常的观念、行为、外貌装饰、情感冷漠，人际关系明显缺陷为特征。性格明显内向或孤僻；对人比较冷漠，缺少温暖体贴。言语怪异，行为古怪，不修边幅，多单独活动，主动与人交往仅限于生活或工作中必需的接触，除亲属外无亲密友人。

3. 强迫型人格障碍

以要求严格和完美为主要特征。希望遵循一种自己所熟悉的常规，无法适应新的变更。缺乏想象，不会利用时机，做事过分谨慎与刻板。事先反复计划，事后反复检查，不厌其烦。经常被讨厌的思想或冲动所困扰，但尚未达到强迫症的程度。犹豫不决，优柔寡断，因循守旧，缺乏表达温情的能力。

4. 表演型人格障碍

以高度的自我中心、过分情感化和用夸张的言语和行为吸引注意为主要特点。暗示性高，很容易受他人的影响。说话夸大其词，自我中心，情感反应强烈易变，完全按个人的情感判断好坏。为了引起别人注意，不惜哗众取宠、危言耸听，或者在外貌和行为方面表现得过分吸引他人。

5. 反社会型人格障碍

以漠视他人权利和侵犯他人权利（即行为不符合社会规范）为主要特征。这种人感情冷淡，对人缺乏同情，漠不关心，缺乏正常的人间之爱；易激惹，常发生冲动性行为；即使给别人造成痛苦，也很少感到内疚，缺乏罪恶感。因此常发生不负责任的行为，甚至是违法乱纪的行为，屡教不改。临床表现的核心是缺乏自我控制能力。

6. 自恋型人格障碍

这种人自以为了不起，平时好出风头，喜欢别人的注意和称赞。好"拔尖"，只注意自己的权利而不愿尽自己的义务。他们从不考虑别人的利益，要求旁人都得按照他们的意志去做，不择手段地占人家的便宜，而不考虑对自己的名声有何影响。这种人缺乏同情心，理解不了别人的感情。

7. 回避型人格障碍

以社交抑制、情感不适当和对负面评价过分敏感为主要表现的一种人格障碍，显著特征是社会退缩。表现敏感羞涩，害怕在别人面前露出窘态。很容易因他人的批评或不赞同而受到伤害。心理自卑，行为退缩，对需要人际交往的社会活动或工作总是尽量逃避。

8. 依赖型人格障碍

以过分需要照顾有关的服从和依附行为为主要特征的人格障碍，其主要特征就是过度依赖他人，而构成这种自我淡化的原因是对遭遗弃的害怕。其表现为无独立性，无主见，很难单独进行自己的计划或做自己的事。难以接受分离，当亲密的关系中止时感到无助或崩溃。易受伤害，害怕孤独，害怕被别人遗弃，有无助感。

（二）人格障碍的防治

人格障碍一般始于童年或青少年，而持续到成年或终生。一般认为是在不良先天素质的基础上遭受到环境的有害因素影响而形成的，在大学生心理咨询门诊中并不罕见。

尽管人格障碍的类型比较复杂，但也有一些共同的特点：人格障碍一般意识是清醒的，认识能力也保持完整，是在没有意识障碍和记忆力、智力活动无明显缺陷的情况下出现的情感与行为活动的明显障碍。一般能正常处理自己的日常生活和工作，能理解自己的行为后果。但由于对自己的人格缺陷缺乏自知力，很难从错误中、从过去的生活经验中吸取教训，加以纠正。因此，不能适应周围的社会环境。其次，人格障碍有相对的稳定性，一旦形成就不易改变，且矫治困难。

从生物、心理、社会的医学模式角度看，人格障碍往往由生物学因素、心理发育和社会环境的影响三方面的因素综合形成，但往往是幼年期心理发育因素起主要作用。人格障碍以心理治疗为主。人格障碍形成之后，虽然矫治困难，但通过适应环境能力的训练、选择适当职业的建立与行为方式的指导、剖析最易产生矛盾冲突的情境（以避免屡犯同样的错误）、人际关系的调整与改善以及优点特长的发挥等心理治疗，可以逐步得到一定程度的缓解与改善。药物治疗可起临时对症的效果，应在专业医生指导下进行。

## 第三节
## 疫情下大学生心理的调适

进入21世纪，国际间的科技、教育、人才的竞争趋向白热化，面对日趋激烈的竞争和日益严峻的挑战，作为跨世纪的青年必须主动适应社会发展的要求，促进自己的全面发展。实际上，国家之间的竞争，就是人才的竞争。作为新时代优秀青年的代表，大学生们要提高心理自我调适能力，提升自己的综合素质，才能为我们国家的发展作出应有的贡献。

### 一 大学生心理健康素养的提升

为了顺应时代和国家发展的要求，我们一直在致力于教育改革，变应试教育为素质教育。这里的素质一般认为包括身体素质、文化素质和心理素质，其中心理素质主要是指一个人的创新能力、自信心、合作精神和完整统一的人格。现代社会是合作的社会，任何一个人不能离开其他社会支持而独立地发展。因此，个体在与他人交往时，他的思维方式、行为举止、情绪反应以及自我意识都必须能为社会所认可，这样才能使他与现实环境保持良好的接触，而这些特质都属于人格的范畴。由此可见，在心理学范式下对当代大学生进行人格塑造是很有必要的。

从心理学角度来看，为了使之能胜任今后的工作，提高生活质量，我们必须从以下几个方面来塑造大学生的人格。

（1）悦纳。判断一个人的心理是否健康，其中的一条标准是看这个人能否悦纳别人，同时也悦纳自己。对别人宽容，对环境感恩的人，是值得我们尊敬的；对自己满意，能悦纳自我的人，更是我们所羡慕的。吹毛求疵的人总是痛苦的。很多事物是客观存在的，不管我们是否喜欢，这就是现实。我们只有接受现实、正视现实，才有可能适应现实，改变现实。

（2）独立。社会的分工逐渐精细，生存的压力逐渐加大，各种竞争也日趋激烈。独立能力是每一个成年人必须具备的。我们需要独立思考，独立工作，独立负责。依赖心理过强，只会阻碍我们的发展。竞争需要独立，合作也需要独立。当今的合作不是昔日的大锅饭，只有其中的任一个体均是独立的，才能实现真正的合作。

（3）乐观。乐观不仅是我们每个人所应有的生活态度，也是我们每个人人格健康的前提。乐观的人常常能看到生活的光明面，对前途充满希望和信心，从来不会被眼

前的困境所吓倒。一个有着乐观向上生活态度的人内心充满阳光，也总是能给别人以微笑。

（4）理性。作为一个成熟的人，应该是理智的。一个理性的人，能成就事业，完美生活，更能自我实现。一个真正的理性之人，应该是与赌博、酗酒、毒品无染的。在一个快节奏的社会里，理性更显其重要性。冲动带给我们的只有后悔，理性积淀的却是永恒的韵味。

同时，我们所处的社会又是充满竞争的。学习上、工作上和生活上，竞争无所不在，无处不是。然而，我们能不能以此为理由，为了获取竞争中的优势地位而不择手段？我们能不能以此为借口，为了追求自身利益最大化而不顾他人集体利益？答案不言自明。时代要求每一个人不仅要能合作，也要能在合作的基础上展开竞争；不仅要能在观念上接受竞争，更要知道竞争是为了更好的合作，而不是恶性竞争。因此，个体在通过竞争追求自身发展时，他的思想观念、方法手段以及处世方式都应该是符合法律法规、遵循伦理道德规范的。说到底，他的人格应该是高尚的。为了维护自身发展和社会的秩序，在思想品德教育范畴中对大学生进行人格塑造同样是必要的。

从思想品德教育的角度来看，我们培养出来的大学生，就其社会身份来说，应该算是典型的知识分子，这是一个相对特殊的群体。我们应该从以下方面对他们进行人格塑造。

（1）立志与勤奋。有志向才能有目标，有目标才有奋斗的动力。高尔基曾说过："一个人追求的目标越高，他的才智就发展得越快，对社会就越有益。"当然，仅仅有志向还不行，必须要有实现志向的意志。任何一个人都不要幻想一步登天，必须从小事做起，在一点一滴的行动中磨炼自己的意志，健全自己的人格。要有勤奋踏实的精神，不要好高骛远。一个真正的大学生，不仅要在年轻时勤于学习，而且应终生持之以恒地勤于研究，勤于追求事业。

（2）为人良善。一个人怎样对待别人，决定了别人如何对待他。在一个急功近利的年代里，良善似乎很难得，而正是这种难得的东西，却足以让一个人受益不尽。友善地对待别人，我们会发现有意外的收获，靠坑蒙拐骗是不可能永立于不败之地的。

（3）诚信有礼。虽然人与人之间的竞争加剧了，但我们不能把这种竞争变成恶性竞争，变成尔虞我诈。只有人人讲诚信，我们才可能获得诚信给我们带来的安全感。一次不讲诚信，似乎占到了一些便宜，殊不知，这种违反游戏规则的行为最终会损害到自身的利益。

（4）忧国忧民，服务社会。作为一个新时代的大学生，不仅要着眼于自身的发展，更要关注国家的发展，密切注意社会的动态。"天下兴亡，匹夫有责。"顾炎武所说的"匹夫",在今天看来,主要是指大学生,自然这些人应该对社会负有较多的职责。

我们可以看出,新时代的大学生要想维护自己的心理健康、增加自身的心理素质,必须从心理学的角度让自己的人格更健全,从德育的角度使自己的人格更高尚,做到内在协调和外在适应的统一,真正提升自身的心理健康素养。杰何达(Jahoda)在对文献进行研究的基础上,提出了六条心理健康的标准:①对自身的态度;②成长、发展或自我实现的方式及程度;③主要心理机能的整合程度;④自主性或对于各种社会影响的独立性;⑤对现实知觉的适应性;⑥对环境的控制能力。这些标准既包含了个人内在心理、人格的和谐,也涉及一个人如何处理与别人和周围环境的关系,揭示了心理健康素养的实质。新时代大学生只有增强自己的心理保健意识,提高自身的心理调适能力,才能提升自己的心理健康素养,开拓属于自己的美好人生。

## 疫情下大学生心理障碍的应对

前已述及,大学生心理问题是相对普遍存在的,且程度也不会很严重,基本上可以通过自我的心理调适就能解决。但如果出现了心理障碍(特别是后疫情时代下,心理障碍的发生率可能会更高),仅靠学生自己的调节很难解决,这时需要求助专业的心理咨询,甚至需要到医院心理科进行诊断和药物治疗。那么,什么情况下需要向专业人员和机构求助呢?

### (一)陷入"过度的压力应激反应"的人群

民众面对疫情,很自然地会产生系列身心症状,表现最普遍的是恐慌、焦虑等情绪症状,有人甚至形象地比喻为"情绪的瘟疫"。心理学相关的研究表明,当一个人经历了重大的社会创伤(比如汶川地震、非典疫情、新冠肺炎疫情等),就容易在大脑中产生荷尔蒙的改变,从而产生系列的身心反应,这是一种压力应激反应现象。这种应激反应是自然产生的社会现象,但并非所有人都能轻松地从情绪的沼泽地中自行走出来。许多人会在不自知的情况下,陷入"过度的压力应激反应"困境,他们需要专业人士的帮助才能走出这一困境。

那如何判断自己是否已经陷入了"过度的压力应激反应",是否需要寻求专业的心理帮助呢?你可以参照美国精神卫生服务中心(CMHS,Center for Mental Health Services,2004)的建议进行快速的自我评估,当你或家人出现以下症状表现时,就需要引起注意。

1. 在躯体症状上

感到过度紧张、恐慌，担心被传染，心里不踏实，容易将身体的不舒服与疫情联系起来，胡思乱想，出现心慌、胸闷、头痛、发抖、肠胃问题、睡眠变差、易出汗或发冷、易疲倦等症状。

2. 在行为上

经常留意疫情相关信息，刷手机停不下来，看到相关信息就要转发给周围人，无法安心做其他事情，做事时注意力不集中，思维过程变慢，难以做决定。

3. 在社会功能上

感到生活充满危险，生命如此脆弱，不敢出门，回避社交，为正在经历困难的人们感到很难过、着急、自责，强烈的无能为力感，无法安心享受快乐。

4. 在情绪上

情绪不稳定，易激惹，容易烦躁发脾气，对人失去耐心，对疫情或相关人员感到愤怒、埋怨，吸烟、饮酒行为增多，甚至做出违反社会规则的举动，如谩骂医护人员等。

当你或家人出现以上症状表现时，不必过于慌张，一般来说这些症状都会随着时间的推移，或者我们有意识地进行一些自我心理调适逐渐得到缓解。但是，如果这些症状有五项以上且持续时间超过两个星期，经过有意识的自我调适也无法缓解，并影响到正常的家庭生活和工作学习、人际交往的时候，建议你及时地寻求专业的心理咨询机构帮助。

## （二）心理疾病的易感人群

此外，我们要十分关注那些原本就存在一定程度心理疾病的易感人群。新冠肺炎疫情的不断发酵会像"扳机"一样激发原有的心理症状或使症状不断加重。如果你或家人中曾被医院的精神科或心理科被诊断为以下心理疾病，就必须要引起充分的关注。

那么，新冠肺炎疫情对于心理疾病的易感人群会造成什么样的影响呢？

我们来看看对于一些原本有着某些心理疾病的人群，他们分别会有什么样的反应。

1. 广泛性焦虑症

这类人群容易因疫情的心理压力而引起焦虑症状复发，常会出现经常提心吊胆、常有不安的预感，对自身躯体和内脏情况过分关注、容易激动、注意力不集中、失眠、心里不断担心新型冠状病毒可能会影响到自己。经常表现为过分地关注有关疫情的各类消息，容易受到各种媒体的心理暗示，抢完口罩抢双黄连口服液，过分担心自己或家人是否受到影响，一有什么风吹草动就变得惶惶不可终日，恐慌焦虑。

2. 恐怖症

尤其是合并广场恐怖症人群，原本到人多的地方就容易惊恐发作而不敢出门，现在可能担心新型冠状病毒感染产生异常的强烈恐惧或紧张不安的内心体验，更加不敢出门，或出门后因压力大，心情紧张，更易导致惊恐发作，需要随时带药在身上。

3. 强迫症

他们的突出症状很多时候就是怕脏，常常要洗手洗很久，现在可能碰到什么东西就害怕有新型冠状病毒而洗得更频繁更久，而导致双手脱皮，严重者不敢出家门，反复检查、清洁和消毒家中物品，不敢跟人说话。

4. 疑病症

此类人群本身就对自身健康状况或身体某一部分功能过分关注，怀疑自己患上某种躯体或精神疾病，但与其实际健康状况不符；医生对疾病的解释或客观检查，常不足以消除人群的固有成见。因而疫情的各类信息会让人群不断怀疑自己已经感染了新型冠状病毒，并描述自己出现了肺炎相关症状，比如鼻塞、咳嗽、发烧等，虽然体温测试显示体温正常，但他们会不断期望去医院做检查，又怕去了医院增加患病风险，导致内心冲突严重，症状加重。

5. 抑郁症

抑郁人群原本就心情长期低落，对什么都没有兴趣，部分人群有自杀想法，现在因为疫情事件，会更加觉得活在世上确实是多灾多难，加重了无意义感和绝望感，加上隔离的环境下无法出门，与家人相处原本就不太愉快，此刻需要时时刻刻装笑脸，或者就只能把自己关在自己的房间里，更是觉得无望无助。

6. 躁郁症

处于躁狂期间会认为自己身体很好，不需要戴口罩，不需要任何防护措施，情绪易波动，更暴躁，容易与他人发生冲突和争执，也可能未经仔细评估就主动想帮忙做防疫工作，使自己暴露于被感染的风险中。

7. 精神分裂症

妄想型精神分裂症人群可能会出现肺炎的相关妄想征兆，如认为恐怖分子在空气中散发病毒、食物中有病毒污染，或对手要用病毒害自己等。类似于"中国的疫情是国外对我们的生物战"这样的谣言，最容易让妄想型精神分裂症人群确信自己确实遭受到被害。

8. 创伤后压力症候

过去受到重大创伤（比如经历过非典事件）的人群，容易受到疫情事件影响，再度产生强烈的害怕、无助和惊慌。例如，亲身经历过2003年SARS的人群，很容易就会不断回想起SARS事件期间经历的恐慌、无助、绝望等情绪，无法集中注意力，造成失眠等心理症状。

9. 物质相关及成瘾障碍

疫情及限制活动更容易触发此类人群试图通过烟酒、赌博、药物等方式缓解紧张、焦虑的情绪，随着疫情的持续而物质或非物质滥用更加严重。

## 参考文献

[1] 郑日昌，等. 大学生心理健康自助手册[M]. 北京：高等教育出版社，2007.

[2] 周莉，赵妍. 大学生心理健康教育[M]. 北京：中国人民大学出版社 2010.

[3] 蒋琳. 当代大学生常见心理问题探析[J]. 时代教育（教育教学版），2009（03）：276-277.

[4] 陈国海，徐国彬，肖沛雄. 大学生心理与心理训练[M]. 广州：中山大学出版社，2006.

[5] 李江雪. 大学生情绪管理与辅导[M]. 北京：北京师范大学出版社，2010.

[6] 郭斯萍. 大学生心理发展辅导[M]. 广州：暨南大学出版社，2008.

[7] 陈晶，等. 大学生学习管理与辅导[M]. 北京：北京师范大学出版社，2010.

[8] 雷敏. 当代大学生心理疾病报告[M]. 长沙：中南大学出版社，2005.

[9] 邱鸿钟，梁瑞琼. 应激与心理危机干预[M]. 广州：暨南大学出版社，2008.

[10] 高兰. 大学生心理健康教育[M]. 北京：教育科学出版社，2018.

[11] 陈官章. 以职业生涯规划引导大学生完善学习动力系统的思考[J]. 四川文理学院学报，2007（06）：93-95.

[12] 莫雷，何先友，等. 家庭抗疫心理自助指南[M]. 武汉：华中科技大学出版社，2020.

[13] 苏斌原，等. 新冠肺炎疫情不同时间进程下民众的心理应激反应特征[J].华南师范大学学报（社会科学版），2020（03）：79-94.